主　编：余　敦　付永琦　刘　辉
副主编：王检萍　查元华　徐建晖　张永寿　魏　鹏
编　委：余　敦　王检萍　魏　鹏　付永琦　查元华
徐建晖　刘　辉　梁宇轩　高英晓　胡海洋
唐诗宇　张永寿　雷凯星

乡村振兴背景下
农地利用效率研究

余　敦　付永琦　刘　辉◎主编

江西人民出版社
Jiangxi People's Publishing House
全国百佳出版社

图书在版编目（CIP）数据

乡村振兴背景下农地利用效率研究 / 余敦，付永琦，刘辉主编. -- 南昌 ：江西人民出版社，2024. 5
ISBN 978-7-210-15543-0

Ⅰ. ①乡… Ⅱ. ①余… ②付… ③刘… Ⅲ. ①农业用地-土地利用-研究-中国 Ⅳ. ①F321. 1

中国国家版本馆 CIP 数据核字(2024)第 110368 号

乡村振兴背景下农地利用效率研究
XIANGCUN ZHENXING BEIJING XIA NONGDI LIYONG XIAOLÜ YANJIU
余　敦　付永琦　刘　辉　主编

责任编辑:徐　旻
封面设计:回归线视觉传达
江西人民出版社 Jiangxi People's Publishing House 全国百佳出版社 出版发行
地　　址:江西省南昌市三经路 47 号附 1 号(邮编:330006)
网　　址:www. jxpph. com
电子信箱:jxpph@ tom. com
编辑部电话:0791-88629871
发行部电话:0791-86898815
承 印 厂:北京虎彩文化传播有限公司
经　　销:各地新华书店

开　　本:720 毫米×1000 毫米　1/16
印　　张:15
字　　数:210 千字
版　　次:2024 年 5 月第 1 版
印　　次:2024 年 5 月第 1 次印刷
书　　号:ISBN 978-7-210-15543-0
定　　价:68. 00 元
赣版权登字-01-2024-619

前　言

土地资源是人类赖以生存的基础条件，其中的农地（也可称为农用地）资源更与人类的温饱问题息息相关，关乎着人类族群的生存发展。然而，随着土地资源与人口扩张及城市建设的冲突在全球工业化、城镇化进程提速后逐渐凸显，土地资源特别是优质的农地资源逐年减少，人类面临粮食安全与环境保护的双重挑战。我国作为农业大国，以不足世界平均水平40%的人均耕地面积养活了约占世界20%的人口。然而随着改革开放以来我国城市的快速发展，人类活动的加剧及对土地资源的不合理开发利用，农地的质量及数量均面临严重威胁。此外，传统的农地低效利用模式制约着我国农业发展及粮食生产。因此，为有效改善当下农地资源利用不合理且低效的局面，保护农地生态环境，必须对农地利用效率的时空演化及影响因素进行探究并提出针对性的调控对策。

一直以来，国家对于乡村发展十分关注，陆续出台了一系列支持“三农”发展的政策措施，并在2017年党的十九大报告中首次提出“实施乡村振兴战略”，明确了乡村发展的原则及定位。统筹乡村发展的第一步即统筹高效利用农业空间，充分发挥农业空间生产、景观等功能。

江西省南昌市进贤县毗邻我国最大的淡水湖——鄱阳湖，农地资源丰富，气候条件优越，是南昌市重要的粮食产地。在乡村振兴背景下，探究进贤县农地利用效率及其时空演化规律，并就其影响因素进行分析，提出相应的调控对策，具备相当程度的理论及现实意义。

本书在国家自然科学基金项目“鄱阳湖生态经济区土地生态系统健康演

变机理、预警与调控研究(41561107)”,江西省社会科学规划办公室项目“鄱阳湖生态经济区的耕地利用生态风险评价(20GL08)”,江西省教育厅项目“乡村振兴背景下江西省农地利用效率时空动态、影响因素及调控研究(GL19128)”,地方政府合作项目“德兴市国土空间总体规划生态修复与自然资源专题”“兴国县乡村振兴与农业农村布局专题研究”等相关课题成果支持下完成,较系统地研究了乡村振兴背景下的农地利用效率。

本书共分十二章。第一章主要介绍研究背景、意义及技术路线;第二章主要介绍有关农地利用效率的研究进展;第三章主要介绍农地利用效率相关概念,并从效率理论、土地报酬递减规律、可持续发展理论、生态经济理论、人地关系理论、生态承载力理论、系统科学理论、土地资源稀缺理论、安全科学理论及投入产出理论等方面阐述本研究理论基础;第四章主要从地理位置、气候资源、水资源、土地资源、生物资源、社会经济等方面介绍研究区概况;第五章介绍遥感技术在农业中的应用、遥感分类方法并对研究区农地利用空间数据库进行构建;第六章主要介绍研究模型;第七章探讨研究区农业发展与农地利用现状;第八章介绍研究区农地利用效率测度,分析其时空动态变化;第九章对农地利用效率的影响因素展开分析;第十章、第十一章对大南昌都市圈农业空间利用效率及南昌市耕地利用效率进行拓展研究;第十二章提出乡村振兴背景下提高农地利用效率的调控对策。

本书编撰过程中,得到了江西农业大学国土资源与环境学院诸多领导、老师、同学与朋友的帮助与支持,在此一并致谢!由于水平有限,书中遗漏之处在所难免,恳请有关专家、学者批评指正!

编　者

2023 年 10 月

目　录

第一章
引　言

第一节　研究背景

一、粮食安全与环境保护的双重挑战

我国面临着巨大的粮食生产压力，以不足世界平均水平 40%的人均耕地面积养活了约占世界 20%的人口。自新中国成立以来，我国人口数量整体处于上升趋势，由 1949 年的 5. 42 亿到 1996 年的 12. 24 亿，再到 2022 年的 14. 12 亿，1949—2022 年的人口增长率达到 160. 52%；相对来看，耕地在 1996 年第一次全国土地调查时的面积达到 19. 51 亿亩，2022 年全国耕地保有量为 19. 14 亿亩，相比第一次全国土地调查减少 0. 37 亿亩。我国人均耕地面积继续呈现下降趋势，由 1996 年的 1. 59 亩/人降至 2022 年的 1. 36 亩/人，与 2016 年世界平均水平（3. 15 亩/人）差距加大，庞大的人口数量与有限的农地资源给我国带来了巨大的挑战。尽管在过去的 70 多年，尤其是改革开放后的 40 多年，我国科学技术事业繁荣发展，助力粮食产量从 1949 年每公顷 1 吨增加到 2022 年每公顷 5. 38 吨。2022 年，中国粮食产量占全球粮食产量的 24. 89%，稳定了国家安全，为缓解全球饥饿、贫困问题做出了重要贡献。与此同时，随着生活水平的提高，人们对饮食有了更高的要求。2000 年以来，人们对肉类、奶类、豆类需求增

加，中国粮食生产难以满足人们多样化的饮食需求。2020 年，中国进口了价值 1300 亿美元的食品，其中大豆、玉米及肉类等种类进口量较多，成为全球最大进口国。人口基数大、农地资源有限、人们饮食结构的改变及大比例的进口依赖，这些因素给我国粮食安全带来了重大挑战。

与此同时，中国面临严重的农业面源污染问题。农业面源污染又称非点源污染，指在农业生产和农村生活活动中产生的各种污染物（如泥沙、营养盐、农药、畜禽排泄物等）通过诸如地表径流、壤中流、农田排水和地下渗漏等途径进入水体而形成的污染（全为民等，2002）。农业面源污染具有发生分散、随机，排放不确定，污染物浓度波动大、类型复杂，污染面广量大等特点，其综合防治一直是世界性难题（施卫明等，2023）。我国长期以来均为小农（农地规模小于 2 公顷）经营为主，农民作为理性经济人，会自发选择方便、高效的农药、化肥（陈美球等，2023），尤其在南方地区，漫灌为主，过量的农药、化肥流失到环境中，造成了水体富营养化（Zhang et al.，2013）、土壤板结与酸化（Guo et al.，2010）以及雾霾（Wang et al.，2017）等，威胁着人类的身体健康与生态环境。据 EPS 数据平台整理统计，1952 年我国化肥施用量（折纯量）为 7.80 万吨，到 2021 年飙升至 5191.30 万吨，尤其从 2017 年起我国大量进口农药，且呈上升趋势。有学者统计，中国农业大约消耗了全球 30%的化肥，且单位面积氮肥使用量是欧美的两倍，但是产量却只有他们的 80%左右，农地利用效率亟待提高。农田系统农药化肥的过度施用，地面覆盖薄膜的低效使用，近年来已造成中国各大水域产生富营养化问题，带来了严重的环境影响。

综上可知，我国正面临着粮食安全与保护环境的双重挑战。

二、农地利用效率的重要影响

农地利用效率被认定为实现粮食安全与环境安全的重点要素之一（王微恒等，2018）。过去 70 多年，尤其是改革开放后的 40 多年，中国农村经济取得显著发展，农民的生活发生了翻天覆地的变化，但也存在一些亟待解决的问题与矛盾（叶裕民等，2018）。工业与建设用地乱占滥用农用地、农用地污染严重、农用地利用粗放等问题愈发严峻。但是农用地作为粮食作物的载体，对人民的生活有着举足轻重的作用。农地利用效率不仅影响整体土地利用效率高低，还影响农业产业结构的分布与调整。乡村经济的进一步发展离不开农用地的高效利用，农用地的高效利用往往说明农业产业结构合理，能最大化发挥当地的特色（朱海英等，2017）。因此，要实现乡村经济的可持续发展必须逐步推进农地结构优化，不断提高农地利用效率。

同时，国家非常关注农村发展，自 2004 年起，党中央陆续出台了一系列支持“三农”发展的政策措施。2015 年“中央一号文件”明确提出要把产业链、价值链等现代产业组织方式引入农业，以促进农村农业进一步发展。2017 年党的十九大报告首度提出“实施乡村振兴战略”，明确“产业兴旺、生态宜居、乡风文明、治理有效、生活富裕”的总要求，旨在让农业成为有奔头的产业、让农民成为有吸引力的职业、让农村成为安居乐业的美丽家园。乡村振兴战略中，产业兴旺是重点，需要夯实农业生产能力基础，包括农地本身质量提升、技术投入增加、劳动技能提升等，实际上为多方面共同促进农地利用效率的提升。2018 年“中央一号文件”进一步细化了乡村振兴的总体要求、内涵、目标与任务，再一次重申要把“三农”问题作为全党工作的重中之重；同年《乡村振兴战略规划（2018—2022 年）》出台，对乡村发展原则、目标和如何构建乡村振兴新格局提出了具体思路。其中第八章第一节就强调必须统筹利用生产空间，充分发挥各地比较优势，意为农用地必须因地制宜、合理利用，从而充分发挥最大效用。这一系列政策充分体现国家非常重视乡村振兴战略，极力推进农业供给侧结构性改革，尤其重视如何促进农用地发挥最大效用问题。

综上可知，农地利用效率对于农村经济、农业生产及粮食安全均有重要影响。

三、本书拟解决的关键问题

鉴于我国乃至全球各国面临粮食安全与环境保护双重挑战的紧迫性，农地利用效率在保障农业生产与保护环境中的重要性，以及寻找粮食安全与环境保

护双赢策略的迫切性,本研究主要探究以下科学问题:

(1)农地利用效率对农业生产和环境的影响机理是什么?明确农地利用效率在保障粮食产量的前提下减轻环境污染的途径。

(2)如何促进农用地发挥最大效用问题,即如何提高农地利用效率是当前亟待解决的问题。乡村振兴战略要求优化乡村发展布局,尤其注重统筹利用生产空间、合理布局生活空间及严格保护生态空间,其实质为发挥农用地的最大效用。因此,有必要了解目前的农地利用效率,并知晓其影响因素。

(3)如何通过提高农地利用效率实现粮食安全与环境保护?鉴于现有对农地利用效率的研究多集中在国家或省市层面,对县域乃至乡镇的研究鲜少。实际上,农民是农地利用的主体,农民行为集中于乡镇,乡镇是实现各类管控要素精准落地的重要一环,研究乡镇更有利于直接反映现代农村农用地的利用效率。

鉴于以上科学问题,本研究旨在基于实施乡村振兴战略背景,探究农地利用效率对农业生产与环境的影响机理,并定性定量掌握进贤县农地利用效率,尝试按照乡村振兴战略的总要求及投入产出模型构建农地利用效率评价指标体系,利用非期望产出的超效率 SBM 模型对进贤县 21 个乡镇、红壤所及省五里垦殖场农用地进行比较静态和动态变化的实证分析,并做空间分异分析;然后运用 EViews 8.0 软件中的 Tobit 模型对影响农地利用效率的因素进行回归分析;最后,结合进贤县县域实情,在乡村振兴战略规划的振兴内容下提出具有进贤县特色的针对性对策与建议。又因为农地利用效率的重点是耕地利用效率,故对耕地利用效率专门进行测度。总之,通过测度 2011—2017 年进贤县农地利用效率,找出影响农地利用效率的关键因素,从而提出进一步提升农地利用效率的可行性建议,以期推进乡村振兴战略的稳步实施,推动进贤县稳粮、优供、增效的农地利用结构形成,促进进贤县农业经济的可持续发展,同时也为其他乡镇农地利用效率研究提供一定理论参考。

第二节　研究目的及意义

我国目前正处于实施乡村振兴战略的背景下，国家尤其关注农村的产业融合、生态宜居、生活富裕等问题，本书研究的目的是提高农地利用效率，优化农地利用结构，为相关部门制定相关政策提供理论依据。本书通过进贤县相关部门获取农业经济的相关数据，利用 eCognition 与 ArcGIS 等软件解译获取进贤县农地利用数据，引入非期望产出的超效率 SBM 模型进行农地利用效率静态与动态分析，并运用 Tobit 模型分析影响农地利用效率的原因，以期促进进贤县各个乡镇农业产业结构的升级换代与农地利用效率的进一步提升。

农地利用效率一直以来都是学者与社会大众共同关注的问题。探测进贤县农地利用效率及分析影响农地利用效率的原因，找出目前农地利用所存在的问题具有理论与实践的双重意义。

1. 有利于进一步丰富农地利用效率研究

目前，关于大城市农地利用结构优化学者们已经做了较多研究，但是县域乃至乡镇的农地利用结构优化的研究还较少。首先，基于时间序列，从进贤县整体与各个乡镇两个角度分别分析其变化趋势。然后，运用 ArcGIS 显示功能，将进贤县划分为低效率区（$min \leqslant e < 0.6$）、中低效率区（$0.6 \leqslant e < 1$）、中高效率区（$1 \leqslant e < 1.2$）及高效率区（$1.2 \leqslant e < max$）四个区，并进行空间格局分析。时空分析有助于更有针对性地采取措施改善农业生产，优化资源配置，实现高效经营。基于效率分析，本书对农地利用效率的自然、社会经济、劳动力等影响因素进行回归分析。最后，在乡村振兴战略实施背景下提出相对应的农地利用效率提高措施。这进一步丰富了农地利用效率相关研究。

2. 有利于进一步提高进贤县农地利用效率

自凤阳县小岗村“打响”家庭联产承包责任制的“第一枪”，我国至今一直沿用该制度。在当前家庭联产承包责任制下，如何在有限的土地内实现农地利用效率的提高、增加农民的收入是全国人民共同关注的问题。农民在农村，其经济之源在于土地，只有土地利用得当才能真正增加农民收入。本书研究进贤县不同农地经营规模下的粮食生产要素效率,并对影响效率的原因进行调查,有利于提出符合县情的建设性意见,有利于实现进贤县农地利用结构的优化,从而增加农民的收入。

3. 有利于促进进贤县农业经济可持续发展

本书以进贤县为研究区域,定性分析与定量研究相结合,共同研究进贤县的农地利用效率状况与影响效率的因素。在此基础上,有助于进贤县在乡村振兴战略实施背景下发现问题,紧跟发展特色农业的步伐,为土地节约集约利用提供现实依据,使土地资源能够最大化地在农林牧渔业之间优化配置,从而全面促进进贤县的生产、生活、生态可持续发展。同时,针对发现的问题及时提出解决的方法与对策,为进贤县制定更有针对性的土地利用政策提供参考,从而提升进贤县综合实力与竞争力,促使进贤县全方位可持续发展。

4. 有利于实现粮食安全与环境保护

本书以县为研究区域,以乡镇为研究尺度,探讨进贤县农地利用效率的影响因素,提出相对应的提高粮食产量且减少环境污染的对策,为我国其他面临相同境遇的县域提供实现粮食安全和环境保护的科学路径和政策建议。

因此,本书基于乡村振兴战略实施背景,以效率理论、土地报酬递减规律等有关理论为基础,测算进贤县农地利用效率及其影响因素,对于促进农村经济健康、快速、可持续发展,提高农地利用效率具有重要的实践意义。

第三节　研究方法及技术路线

一、研究方法

1. 文献分析与资料整理相结合

文献分析法通常被用于探索某一领域的最新研究进展、理论基础、研究方法以及存在的问题和未来研究方向等。文献分析法的内涵主要涉及三个要点:首先,它是对文献进行系统性的分析研究,而非仅仅对单一的文献进行解读;其次,文献分析法要求对收集到的文献进行全面的处理和分析,以获得较为客观和准确的结果;最后,文献分析法的目标是深入探究文献中所涉及的问题、现象和规律，从而得出逻辑清晰、论据充分的结论。在使用文献分析法时，首先需要明确研究问题或目标，接着进行全面的文献检索和收集并对文献进行筛选和分类，然后对选定的文献进行深入分析和解读，最终根据分析结果得出结论，并就研究题目给出研究评述。

本研究通过查阅、分析、整理和解读相关文献，以对农地利用、效率测度、影响因素分析等领域知识进行深入了解和认识。同时通过互联网和其他途径广泛收集国内外有关农地利用效率、耕地利用效率、农业空间利用效率等方面的研究资料，充分了解国内外上述方向的研究现状。

2. 理论研究与实证研究相结合

在农地利用效率的测度过程中，主要基于系统科学、可持续发展、生态经济、投入产出等理论，选取相应指标对农地利用效率从时空动态变化和影响因素两方面进行研究；同时，对进贤县农地利用效率存在的问题进行总结分析，从乡村振兴战略的角度对农地利用效率的提升提出相应建议。

3. 多学科理论方法相结合

农地利用效率的测度关系到多种学科的理论方法，在对农地利用效率的时空动态变化和影响因素进行分析时，要综合运用经济学、生态学、数理统计、环境科学等多学科的理论与方法进行系统研究，从而对农地利用效率演变特征与规律有更为全面的关注。

4. 定性与定量方法相结合

在农地利用效率的测度研究中，要综合运用定性分析与定量分析，提高研究的可靠性与适用性。基于投入产出角度与乡村振兴战略角度选取指标，最终综合形成进贤县农地利用效率的评价指标体系。分析农地利用效率影响因素时，在影响因素指标确定的基础上，使用 Tobit 模型对各影响因素进行回归分析。

二、研究技术路线

本研究在上述研究方法的支撑下，以进贤县农地为研究对象，首先基于国内外有关农地利用效率的研究进展与最新实践进行分析，同时基于相关理论基础研究，综合探讨本研究的研究思路及可行性；在此基础上，基于 eCongnition

软件获取土地利用数据并借助 ArcGIS 软件构建数据库，再基于数据库采用非期望产出的超效率 SBM 模型对研究区农地利用效率进行测度并利用相关模型对其时空演化格局及影响因素进行分析；最后提出研究区农地利用效率的调控对策及提升路径。此外，为拓展有关农地利用效率的研究，在对进贤县农地利用效率开展评估分析的基础上，本研究还就大南昌都市圈农业空间利用效率、南昌市耕地利用效率的测度、时空演化、影响因素进行探究，以丰富研究内容。本研究拟采用的具体研究技术路线见图 1-1。

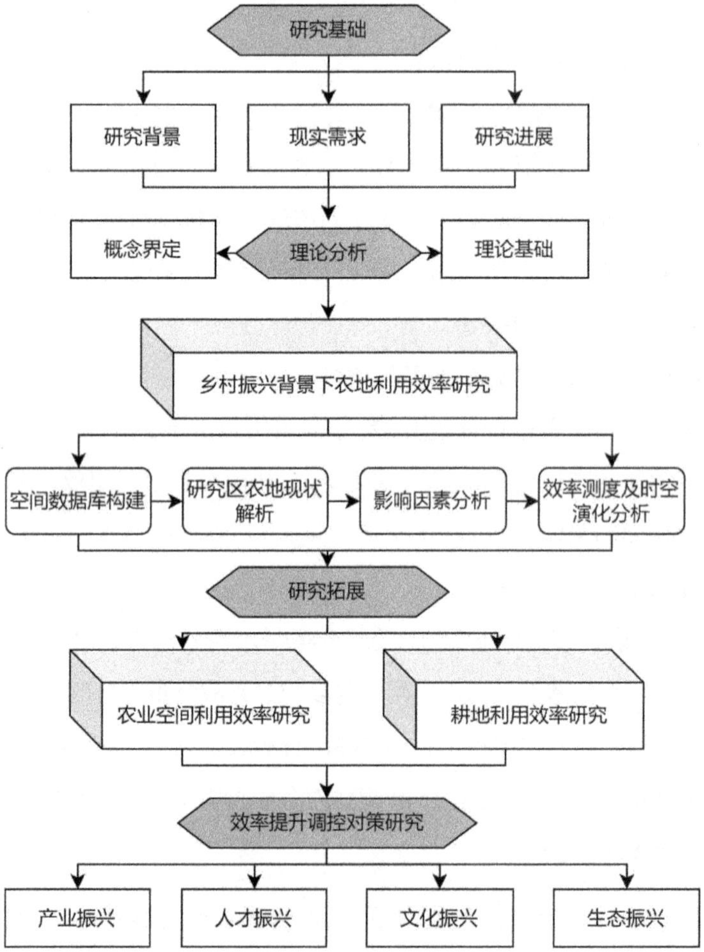

图 1-1 本书研究技术路线图

第二章
研究进展

第一节　农地利用结构研究

农地利用结构包含于土地利用结构中。在人类社会发展过程中,土地是最基础的资源,一个地区的土地利用状况是该地区经济社会发展的缩影。科学的用地结构,一方面能够促进地区土地资源配置效率的提升,另一方面也能够实现土地可持续利用,进而助推经济社会良性发展。20 世纪 70 年代以来,人口爆炸式增长伴随着的资源枯竭、环境污染接踵而至。土地利用规划已逐步成为各地政府规范各种用地类型、保障城市协调发展的一项通用政策。同时,由于政府需要科学的政策来规范和引导土地利用,所以研究土地利用数量和空间结构的优化协调问题越来越受到学者的重视。

目前,世界各国都把土地利用作为一项重要课题,进行了大量的理论和实践探索(M. A. Sharift,1994; R. T. T. Forman, 1995)。国外学者对土地利用结构的研究相比国内起步较早,研究成果也更丰富,主要包括提出土地利用结构的优化方式与研究方法的革新。

土地利用结构优化的概念最初由 L. N. Plummer 提出,他认为:土地利用结构优化,主要根据土地自身特点和土地适宜性评价结果,以获取环境和经济上的最佳效益为目的,对研究区各种土地利用类型排布较适宜的数量结构和空间位置(吕晓晓等,2012)。简单来说,这一过程就是要保证区域土地可持续利用,在此基础上以区域土地资源适宜性评价为依据,优化区域内土地资源空间分布格局和数量比例以增加效益。在土地利用结构的优化方式上,1985 年 Turner 在其著作《土地利用规划指南》中提出土地利用需要追寻一种最佳结构方案,以避免土地资源出现不安全性,由此提出了土地利用规划的概念;Farrell 在 1994 年提出可持续发展理念,认为保护土地的可持续利用与土地利用结构的最优化是土地利用规划最重要的两个内容,其专著《可持续土地利用规划》提到这一思想。

研究方法受科技水平影响,自 20 世纪 70 年代以后,遥感、计算机、航空影像、地理信息系统(GIS)等方法开始广泛应用于土地利用结构的研究当中,土地利用结构优化研究的广度与深度不断加大。其中,Martin(2009)拓展了土地利用和专家规划系统,依托 GIS 空间分析方法和多目标规划方法分析土地利用结构矛盾,并且针对性找出矛盾的解决方法;Turner(1985)提出了提升人口承载能力备选方案的 ECCO 模型,重点阐述了农地利用规划,对辅助土地利用规划起到了极大的推动作用;K. Rao(1995)首次借助遥感信息系统,对土地利用规划中出现的错误与不合理之处进行分析与调整;E. Chuvieco(1993)将地理信息系统技术运用到土地利用结构优化中,对西班牙地区的土地利用类型和面积的组合特征进行探究,运用线性规划设计土地利用结构优化方案。之后,学者常用线性规划模型来优化区域土地利用结构。目标导向也开始从单一目标向多目标控制下的土地利用结构优化转变(M. N. Neema et al. ,2010)。

《土地基本术语》(GB/T 19231—2003)规定,土地利用是人类通过一定的活动,利用土地的属性来满足自己需要的过程;土地利用结构是指一定区域内,各种土地利用类型和(或)土地覆被之间在数量上的比例关系,以各种土地利用类型和(或)土地覆被占该区域土地总面积的比重表示。郭永奇(2011)通过对新疆生产建设兵团成立以来的农地利用情况进行梳理和分析,重点基于生态安全视角对新疆生产建设兵团农地利用进行优化设计。孟梅(2014)运用格兰杰因果分析法对新疆农业产业结构调整与农地资源配置之间的互动关系进行了验证,并运用DEA模型评价农业产业结构调整过程中农地投入产出效率,最后以最优化理论为指导,利用线性规划模型确定农地资源的数量结构优化,并在此基础上,确定农业产业结构调整优化的思路、方向及保障措施。宋敏和张安录(2009)、侯薇(2012)、韩天宇(2015)分别用正外部性价值量估算、GIS和生态足迹法研究农地利用结构优化问题。

第二节　农地利用效率测度研究

国外土地以私有制为主,国有土地只占一小部分,与中国土地制度完全不同,但是对农地利用效率研究较为深入,农业土地规模化生产经验丰富。在农地利用效率测算上,国外学者较早地开展了研究。Farrell早在1957年分析英国农业生产效率时就提出了利用“非预设生产函数”去估算效率值,再运用线性规划求出效率前缘线。Cooper等人在Farrell的基础上提出了数据包络分析法(Data Envelopment Analysis, DEA)。2000年后,Colin在2003年分析非洲中南部的博茨瓦纳1981—1996年18个地区的多元农业生产情况时,发现该国整体农业生产率以每年1.7%的速度提升,而技术效率是直接推动力,此处的农业生产率计算就是运用Malmquist指数法;James在2008年研究1987—1999年挪威东部谷物的生产情况时运用DEA与Malmquist指数法,他发现农业生产率的进步主要是由生产商技术提高所带来的;Rapee等人同样在2018年运用DEA与Malmquist指数法研究泰国农产品加工效率问题,以期为农民及相关加工厂商提供基准。

国内学者对农地利用效率的研究多在研究方法与研究尺度上有不同。研究方法主要有主成分分析法、GIS、容积率指数及数据包络分析法等。比如:黄和平等(2016)运用脱钩模型对南昌市土地利用效率进行了测度,发现南昌大多数时段土地利用效率呈现下降趋势,在连续年限里呈现上升趋势,并深入探究了原因;张荣天(2017)运用DEA模型及聚类分析法研究了安徽省的农地利用效率状况,发现2000年以来,安徽省的农地利用效率呈上升态势,且技术效率明显高于综合效率及规模效率。测算方法分为单要素生产率法和全要素生产率法。单要素生产率是总产出与某一种投入要素之比；周晓林等(2009)认为全要素生产率是在多投入多产出情况下，一定时期内某行业的产出与人力、资本、土地等投入要素成本的比值。张丽峰(2013)通过对比两种方法发现，全要素生产率法更能体现人力、资本等要素之间的替代性，虽然单要素生产率法和全要素生产率法在结果排序上具有较强的一致性，但是单要素生产率法更容易高估农地利用效率。因此越来越多的学者运用全要素生产率法，其中两大衡量全要素生产率的方法即随机前沿分析法(Stochastic Frontier Approach, SFA)(王良健等，2014)和数据包络分析法(刘新平等，2008)。相较于 SFA，DEA 可以避免人为主观性，不会出现函数设定问题而产生的误差，更能体现地区差异性，故逐渐成为主流研究方法(魏下海等，2011；赵晨等，2013)。随着研究的推进，很多学者采用传统 DEA 改进后的模型，如 Hybrid 模型(赵茜宇等，2019)、三阶段 DEA 模型(周倩等，2020)、SBM-Undesirable 模型(刘罡蒙等，2022)。研究尺度多分为全国性、省域、市域，其中王良健等(2015)以全国为研究区域，并分成东部、西部、东北、西北、西南 5 个区域进行分析，发现中国整体土地利用效率有所增长，且效率较高的分布在珠三角地带；王希睿等(2015)则运用 DEA 与 Malmquist 指数法专门对江苏省建设用地利用效率进行研究，发现江苏省建设用地利用效率在空间上差异较大，且 2008 年前后依靠手段有所不同。县域研究目前还鲜少。

现有研究基于不同研究范畴构建了不同的农地利用投入产出指标体系，大部分学者基于古典经济学，将土地、资本和劳动力视为最基本的投入要素，将粮食产量和农业产值视为期望产出要素(张荣天等，2014；黄和平等，2019)。越来越多的学者将碳排放纳入投入产出指标体系中。一部分学者从隐含投入要素的角度考虑，将碳排放视为同劳动、资本一样的有价格、可交换的商品，是生产过程中所“需要投入”的碳排放量(刘传江等，2016)；一部分学者从生产过程的环境污染角度考虑，认为在期望产出保持不变的情况下，现实生产过程中产生的污染物与其他投入要素无法实现同比例下降，故将碳排放作为非期望产出，更加真实地反映现实农业生产情况（张红梅等，2019）。另外，徐勇等（2001）在研究中区分自然资源与社会资源，通过对两个资源模块进行深度全面的分析，同时将自然资源利用效率与社会资源利用效率的评价结果作为农业资源利用效率指标参数，进而实现对农业资源利用效率的深度分析；郑海霞等（2006）对于评价指标中存在指标不相容问题，在农业资源利用效率评价中引入遗传投影寻踪方法以明确各评价指标相关性以及贡献率，此举对评价体系中的指标进行了合理全面的解析，提高了各指标之间的关联系数；谢高地等（2008）通过对农业资源指标的划分确立了四类指标，并且构建相应的指标评价体系进行综合性评价，在指标构建中侧重评价模型对比研究，用以实现不同模型结果的针对性评价，体现农业资源利用效率在空间、社会、经济等不同维度的变化情况。

第三节　农地利用效率影响因素研究

国外学者对农地利用效率影响因素的研究主要从农地经营规模、农业劳动力、投入的现代化水平等方面展开。Amer 和 Andre 研究了农地经营规模对农业生产的影响，他们发现当农地规模小的时候，应该种植不同农作物以减少风险，从而使得农地利用结构合理，提高农地利用效率；Hung 在 2004 年对越南北部土地细碎化对农地利用效率的影响进行了研究，发现土地细碎化不直接影响农地利用效率，但是却会带来劳动力的增加，实际上间接加大投入，影响农地利用效率；E. Reig-Martinez 在 2004 年选取耕地规模、家庭劳动、工资劳动、农业器械投入等 9 个投入因素与农作物产量 1 个输出因素测算了 33 个样本点的农地利用效率，发现家庭劳动的影响程度超过工资劳动的影响程度；Gomes 在 2009 年运用 DEA 方法选取了大米、玉米和咖啡的种植面积作为投入因素以及它们的产量作为产出变量，研究 1999—2002 年亚马孙乡村聚落家庭农户土地利用效率的空间分异，发现农地利用效率具有空间依赖性。

目前为止，国内学者认为影响农地利用效率的因素主要有农地经营规模、劳动力投入、资金投入及技术投入。一般来说，学者赞同农地经营规模越大，农地利用效率越高。尽管也有些学者提出了反对意见,但就我国国情而言,农地经营规模与农地利用效率成正比。陈欣欣等(2000)认为细碎或者分散的地块严重影响了农地利用效率,劳动力的奔波与器械的转移也增加了成本投入;刘新平等(2008)不仅对新疆农地利用效率进行测度,也研究了其影响因素,发现规模、人力投入都有所影响,尤其水资源对当地影响最大;王丽娜等(2014)对沈阳市13个区县进行土地利用效率测度及影响因素分析,利用Tobit模型发现城镇化率、非农产业比重等对土地利用效率影响最大。也有学者对工业土地利用效率等进行了研究(熊强等,2013;郭贯成等,2014)。石玉林等(1997)通过收集资料对国内外农业资源利用现状进行深入研究,表明提高农业资源利用率对农业可持续发展具备极强的促进作用;刘慧(1998)从农业资源配置角度分析农业资源利用效率,综合考虑农业资源利用效率的影响因素,通过对比性研究确定了影响农业资源配置的内外因素,为农业资源利用效率研究提供数据支撑;李明艳(2011)结合人口普查数据和各省经济发展数据,形成一套省级层面的面板数据,通过构建计量模型估计、检验劳动力省内和省际转移对农地利用效率的影响;杨俊等(2011)采用农户家庭主要农业劳动力年龄指标,并运用超越对数随机前沿生产函数对农户耕地利用效率进行了分析,研究了不同经济发展水平地区农业劳动力年龄对农户耕地利用效率产生的影响;张乐等(2013)为了全面测算我国农业综合资源配置效率,通过收集材料获取了我国31个省份的农业生产数据,构建农业资料利用效率研究数据库,其中包含1991—2011年的农业主要数据,引用数据包络分析法对我国农业资料利用效率进行了准确的测算,通过对测算结果的定向分析,提出在众多农业指标中对我国农业综合影响最大的指标是以就业机会为主的社会因素;白志远等(2014)运用SPSS软件测度细碎化水平与耕地利用的纯技术效率和规模效率的相关关系;王丽英等(2017)通过考察农地经营规模对农地利用效率的影响,分别建立多元线性回归模型和以耕地面积为门槛变量的三重门槛模型,发现单纯扩大耕种规模并不能有效地提高农地利用效率,农地利用效率的提高主要取决于农业生产投入的资本、农技培训和种植作物类型的选择;张玉娇等(2017)基于武威市一区两县的调查数据，运用因子分析对量表进行信效度检验，采用数据包络分析法测算耕地利用效率，回归分析农民土地价值观与耕地利用效率的关系；朱明月等（2018）基于8省779户农户微观调研数据实证研究土地经营权流转农户种植偏好对农业经济效益的影响效应；杨州等（2018）对河南省108个县市2000年、2005年、2010年、2014年城镇化发展程度对耕地利用效率影响的时空分异格局、空间关联性分析与影响机制进行了研究，发现土地城镇化、城镇化发展协调度与耕地利用效率之间表现出一定的空间负相关关系，经济、人口、社会城镇化与耕地利用效率之间的空间相关关系不显著；黄和平（2020）基于面源污染和碳排放双重视角研究了江西农用地生态效率的影响因素，分析了受灾程度这一自然条件的影响；廖柳文等（2021）基于农户利用效率对平原和山区耕地形态进行比较，从地形这一角度研究农户利用土地的效率；孙学涛（2021）利用中国1869个县域的面板数据测算县域的农地利用效率，并运用SARAR模型分析非农就业对县域农地利用效率的影响。由于各地区资源禀赋和经济社会发展阶段不同，各地区农地利用效率的影响因素的作用程度也存在一定差异，现有研究未能对区域间各影响因素的时空异质性和非均衡性进行深入研究。

述评：目前国内外学者对农地利用效率及其影响因素进行了较为深入的研究。相比国内，国外对效率评价的研究起步较早，他们大多借助生产前沿面来分析决策单元的生产效率，其中很多有用的方法模型值得我们去学习借鉴。国内学者则根据我国现有农业基础运用不同方法进行了较多研究，并对农业经营规模与农地利用效率的关系提出了较多有意义的建议，给本研究提供了有价值的参考。但是，当前国内研究仍然存在一些需要进一步改进的地方。

（1）研究方法有待革新。目前学者们对农地利用效率的研究多运用DEA模型，很少结合现有政策去研究。只有符合当下国情、把握未来发展方向，农地利用效率研究才更有意义。

（2）研究尺度存在局限性。目前学者们选择的研究区域要么是宏观大区域比如全国，要么是沿海大城市，中部小城市尤其县域少之又少，以乡镇为研究单元的文章寥寥无几。对农地利用效率的研究有必要从宏观转向中观乃至微观。

(3)研究程度不够深入。目前国内外文献对农地利用效率影响因素与提升建议的研究都较为笼统,尤其针对乡镇乃至某一地块发展的研究更少,有必要对农地利用效率影响因素与提升建议进行更加符合研究区域特色、研究范围更加具体的深入研究。

第四节　耕地利用效率指标体系研究

耕地资源是人类赖以生存的基础和社会经济发展的关键要素(卢新海等,2010),其利用状况直接影响国家粮食安全及社会和谐稳定(蔡运龙等,2002)。随着社会经济的不断发展,耕地面积不断减少(谭永忠等,2017),耕地利用形式粗放、污染严重等现象日益加剧(王静等,2012),与可持续发展理念严重相悖。因此,如何提升耕地利用效率,系统解决耕地资源数量平衡与质量下降的问题,实现耕地资源的可持续利用,已成为中国耕地资源利用过程中亟须解决的一个关键问题。

耕地利用效率是指在耕地的利用过程中,以最低的土地利用成本产生的最大效益(崔许锋等,2014)。耕地利用效率相关的研究近年来刚刚兴起,整体来看系统性研究相对较少,主要以影响因素的分析为主。另外,结合土地利用效率的研究来看,进行土地利用效率测度必不可少的前提是构建合理的指标体系。科学全面的耕地利用效率指标体系往往会提高研究的准确度。因此,本书主要从耕地利用效率指标体系研究、耕地利用效率测度研究和耕地利用效率影响因素研究三个方面进行国内外研究综述。

耕地利用效率指标体系的建立是开展耕地利用效率测度的重要前提,指标体系的建立一般以满足实际研究需求为导向,兼顾层次性、综合性与可获取性(赵彦锋等,2015;辛芸娜等,2017)。在耕地利用效率研究这一领域中,学者们对于指标体系的建立进行了诸多研究,至今成果众多,但由于研究角度的不同,彼此之间仍有较大差距,尚未形成统一的范式。同时,不同类型指标体系的出现,也为后续有关耕地利用效率的研究开展提供了丰富的借鉴与参考。

国外学者对耕地利用效率指标体系的关注较早,其成果主要表现为指标体系逐渐细化,更加贴近不同研究区域及不同尺度的耕地利用状况,为耕地利用效率的研究提供了可靠的支撑。如 Echevarria(1992)研究评估了加拿大的耕地生产状况,利用数学模型构建指标体系进行研究,发现了指标体系中劳动力、土地和资本三个指标对耕地利用效率所产生的影响较显著,且这三者对各省的耕地利用效率影响差别很大;B. A. Babcock 等(1995)在研究中则以经济、社会、生态三个方面为基础,综合选取指标构建指标体系来体现农业系统各部分的效率水平和潜力;Vollrath(2007)将土地、牲畜、资本、劳动和肥料作为投入变量纳入指标体系之中,分析不同国家的耕地生产效率,从而发现规模分布与耕地生产效率之间的正相关关系;Wang 和 Zhang(2013)构建了中国河南省耕地利用效率评价体系,其指标包括平均劳动力、平均粮食产量等,对该区域耕地资源利用效率进行了综合评判;T. Skevas(2014)在分析荷兰的耕作效率时,将能源、种子成本和农药作为投入指标纳入研究指标体系;Qiu(2023)将环境约束指标引入耕地利用效率研究,在构建以碳排放为非期望产出的耕地利用效率评价指标体系的基础上,利用 2009—2019 年的数据,运用超高效 MinDS 模型对中国耕地利用效率进行了测度。

国内学者在对耕地利用效率的研究中重视指标体系的建立,关于耕地利用效率评价指标的建设研究中,学者们对耕地资源的开发也从单一的投入、输出向多个指标的综合评估转变,逐步将其纳入评价指标体系中。近年来研究建立的指标体系内涵较丰富,功能趋于多样化。如白志远等(2014)选取了第一产业人口、播种面积和耕地面积作为经济和社会两方面的投入;封永刚(2015)除了将耕地投入、劳动力投入、化肥投入、农药投入、农机投入、地膜投入、灌水投入纳入指标外,还新增了化肥投入和畜力投入,其中以农业生产投入为预期输出,而面源污染和二氧化碳排放量则以不理想的产量为主;刘轩(2015)从投入水平、耕地利用程度、产出效益三个角度出发,建立了耕地有效灌溉面积、垦殖指数和投入产出比等 11 个评估因子;祖健等(2016)结合西南山地丘陵区的农业生产现状，选取了耕作效率、灌溉效率和路程效率三个主要指标，并将其分别分解出两个二级指标，以下级指标之商表示主要指标值；杨俊等（2016）以资本、家庭劳动投入和耕地面积作为投资指数，以稻农的家庭劳动投入和耕地面积作为产出的主要指标，并将影响稻农生产规模和表现的6个稻农家庭资源禀赋变量纳入考虑；谢花林等（2016）和邹秀清等（2019）将指标分为投入和产出两个类别，投入指标选取农作物播种面积、化肥施用量、有效灌溉面积等，产出指标定为粮食总产量，从技术和规模两个角度对耕地利用效率进行评价；罗冲等（2017）从土地投入、劳动力投入、资本投入等方面，确定了播种面积、农业从业人数、农机总功率等指标，以肥料的使用量为投资标准，按农业总产值和粮食总产量来划分，把产量分成经济和社会两个方面；张玉娇等（2017）从农户观念出发，依靠问卷调查建立土地为本观、土地亲和观、土地保障观和土地致富观四类指标，分为20个可观测指标，通过因子分析探究了农户观念与耕地利用效率的关系；税丽等（2017）在研究时采取投入与产出两类指标，并分别将其细化为土地投入、资金投入、劳动力投入、经济效益和社会效益，并延伸至三级指标具体表征；戴劲等（2017）选择地租、播种面积及农机化肥等作为基本调查项目，以农业生产和粮食生产的投入为主要投资指标，以农业生产的总费用和土地利用状况为依据，以生产效益和纯收入为主要生产要素；梁雪石等（2017）根据黑龙江省土地资源的集中使用特征，以地均劳动力投入、地均资金投入、地均技术投入为投入指标，农业增加值、地均粮食产量、地均家庭经营性收入和地均农业氨氮排放量为产出指标，并将指标分为越大越好与越小越好两类；陈晨等（2018）除了选取投入与产出指标外，还加入外生环境指标，以反映社会、经济、环境等因素对耕地利用效率的影响；王海力等（2018）从投入、产出两方面选取指标时，考虑到研究区实际情况，将地形和地区经济发展水平也纳入体系中；陈丹玲等（2019）为衡量我国粮食生产基地的有效利用率，建立了4个子系统、19项评价指数；张红梅等（2019）和刘蒙罢等（2021）在建立指标体系时，将产出指标分为期望产出和非期望产出，拓展了指标体系建立的新方向；此外，王秀丽等（2021）和赵倩石等（2021）在产出指标中增加了农业产值，以期从经济效益方面更直观地对耕地利用效率进行度量。还有一些研究者则从 PSR（环境评价）的角度提出了“压力-状况-反应”的概念，认为 PSR 具有更好的逻辑因果性和更完备的内容系统。

第五节 耕地利用效率测度研究

耕地利用效率测度是展开耕地利用效率研究的基础，对于了解利用现状、发现问题及提出调控对策有着重要的作用。目前在耕地利用效率测算中使用最多的方法有两种：随机前沿分析法（SFA）与数据包络分析法（DEA）。其中，SFA 是参数估计方法的主要代表，需要先使用生产函数来确定生产前沿，学者大多采用 C-D 生产函数、超越对数生产函数来确定生产前沿面。目前，国内外对于耕地利用效率测度的研究相对较少，与其相似的更多的是土地利用效率研究，耕地利用效率研究可以参考。

国外学者较早就对土地利用效率测度开展了研究，主要集中在数据包络分析方面，衍生出多种分析模型；之后随着信息技术的发展，诸如 GIS、决策系统等技术也被应用到土地利用效率测度当中。Charnes 等在 1978 年首次提出数据包络分析方法，该方法不需要提前假设生产函数，也不需要估计相关参数，因而引起了学术界的热切关注，相关理论研究不断深入。在 DEA 方法的基础上，R. D. Banker 等（1984）建立了 BCC 模型，用于分析生产规模与技术应用之间的关系。1985 年，Charnes 等在进行创新和修正后提出了更加完善的 C2GS2 模型，此后 DEA 模型体系不断得到完善，应用领域也不断得到扩展。在土地利用效率相关研究中，K. B. Matthews 等（2004）基于 GIS 技术，结合土地利用系统模拟模型、影响评估模型和土地利用计划模型等，建立了决策支持系统来研究土地利用效率；Fetzel 等（2016）利用净初级生产力的人类占用（HANPP）框架分析非洲地区多年间的土地利用及动态变化，其中包括利用规模和效益及其社会经济框架，为后续估算农产品产量和耕地利用效率提供了基础；Herzig 等（2018）探索了优化土地利用配置和提升土地利用绩效的方式，并以此为基础建立土地利用管理支持系统来评估土地利用效率。

从不同研究尺度上看，关于耕地使用效率的相关文献比较成熟，主要集中于对耕地利用效率时间与空间演变规律的研究。在国家尺度上，国外学者 Amos K. Quaye(2010)、Skevas(2014)和 A. K. Mansoor(2016)对加纳、荷兰与亚洲发展中国家三个地区的耕地利用效率进行了研究；D. N. Ligade(2015)对印度安得拉邦和马哈拉施特拉邦的土地使用效益问题进行了研究；Yerseitova(2018)对哈萨克斯坦耕地利用效率的影响因素进行了实证研究；Haibin Han 等(2020)采用最小距离强有效前沿带非期望产出模型和 Malmquist 指数，对中国 30 个省 1997—2017 年碳排放约束下的耕地利用效率进行静态和动态多视角分析。国内学者俞勇军等(2002)以江阴市为例，开中国学者对耕地利用效率研究之先河；张立新等(2017)、盖兆雪等(2017)对中国粮食主产区的耕地利用效率进行了分析；罗冲等(2017)在此基础上，对其时空演变规律开展了进一步研究；娄诚等(2018)对长江中下游耕地利用效率进行了研究；姜晗等(2020)探讨了我国东部滨海地区的耕地利用效率空间分布特征及其主要影响因子；Feng(2023)基于 2001—2019 年长江经济带 108 个城市的数据，分析了城镇化对耕地利用效率的影响。

国内学者对耕地利用效率的研究多集中于研究方法与研究尺度的差异，并侧重于精进耕地利用效率的测算方法、指标体系构建的合理化。在省域尺度上，杨朔(2013)、宫攀(2015)、张浩(2016)、吴冬林(2020)等学者分别对陕西省、山东省、河北省、四川省的耕地利用效率进行了研究；黄和平等(2019)对江西省各市的土地资源利用效率进行了研究，并提出相应的改良途径；唐放等(2020)对贵州省经济发展水平与耕地利用效率的时空耦合关系进行了分析。在市域尺度上，胡倞等(2013)分析了湖南省 14 个市的耕地利用情况；韩超然等(2019)分析了沈阳农村的土地利用效率。在县域尺度上，冯晓红等(2011)重点分析了重庆市涪陵区的耕地利用情况；张田方等(2015)分析了璧山区耕地利用效率空间差异，并提出优化路径；包博建等(2021)对广西各县耕地利用效率的时空演变特征与影响因素进行了分析。

在研究方法上，国外学者 K. Y. Wang(2013)对耕地利用效率的研究借助主成分分析法，并采用单一指标；Jadhav（2017）对印度马拉瓦达地区的研究采用单一指标衡量效率。由于单一评价指标无法衡量耕地利用的真实水平，国内外学者对耕地利用效率的测算逐渐趋向于借助随机前沿分析法和数据包络分析法两种方法。Manjunatha（2013）采用 SFA 模型分别研究了印度南部地区土地破碎化、农场规模、土地所有权以及作物多样性对农场生产效率的影响；Moutinho（2018）分别采用 DEA 模型与 SFA 模型测算了欧洲 27 个国家的农业技术生产率。李谷成（2009）、屈小博（2009）、杨俊（2011）、叶浩（2011）、王良健（2014）等都曾采用 SFA 测算耕地利用效率。此外，还有一些学者，如国内最早对耕地利用效率进行测算的学者俞勇军（2002），使用主成分分析法对江阴市的耕地利用效率进行了估算；杨俊（2016）使用函数分析了江西赣抚平原农区的耕地利用效率状况，发现当地耕地利用效率先增加后减少的趋势。

另一主要方法是非参数方法，该类方法在测算效率前不用单独构造出具体的生产函数，而是运用样本中的优秀代表点来构造生产前沿面，如 DEA 模型。该方法运用更早也更加广泛。Bjurek（1990）采用 DEA 模型测算出了美国的耕地利用效率，之后 Coelli（1998）在此基础上提出采用两步法来测算耕地利用效率。梁流涛（2008）将 DEA 模型引入国内耕地利用效率的测算中，之后国内许多学者也多采用径向 DEA 模型来测算耕地利用效率（杨朔，2011；许玉光，2017；王海力，2018）。还有一些学者，如封永刚（2015）、卢新海（2018）、黄祥芳（2018）、徐秋（2019）将碳排放或农业面源污染作为非期望产出纳入产出指标体系中，采用非径向的改进版 SBM 模型来测算耕地利用效率。由于经典的 DEA 模型只能划分出有效单元与无效单元，无法进一步区分有效单元中的效率高低，所以何登（2018）、杨州（2018）采用超效率 DEA 模型来测算耕地利用效率，并对有效单元进一步区分。除此之外，李俏等（2016）运用 Malmquist 模型对 1992—2012 年黑龙江垦区耕地利用效率进行了测度，发现该地总体耕地利用效率较高，但其间存在不同程度的浮动，深入探究了原因，认为主要与技术投入有关；盖兆雪等（2017）以全国粮食主产区为研究区域，发现中国粮食主产区整体耕地利用效率波动下降，效率空间分异从多极化转变为点状；戴劲等

(2017)基于以数据包络分析为基础的两步法对黑龙江嫩江县进行了耕地利用效率测度,并分析了不同利用模式下的效率值与影响因素,结果表明个人承包模式下的耕地利用效率最高;周迪等(2017)则综合运用数据包络分析方法和参与式农户评价方法,对重庆市武隆区4个村的耕地利用效率进行测算,并根据其耕地利用效率大小分为四种类型,分别解析了其形成机理并提出了针对性的建议;陈海喜等(2018)采用BCC-DEA模型和灰色关联度模型分析了贵州省1998—2016年的耕地利用效率现状,从时间维度和空间维度上测算了效率均值及其分布并针对性地提出了盘活存量、加大监管的调控主张;匡兵等(2018)通过非期望SBM模型测算了中国粮食主产区耕地利用效率的区域差异及变化,发现了耕地利用效率的偏态分布与极化特征;陈丹玲等(2019)对中国粮食主产区主要城市的耕地利用效率进行分析,基于RF模型结合随机森林原理构建了耕地利用效率测度模型,发现了更适用于复杂非线性特征研究的新方法;唐放等(2020)采用随机前沿生产函数对贵州省的耕地利用效率进行测度,并引入中心模型、地理联系率、地理集中度和耦合模型等进行研究,揭示了经济发展与耕地利用效率的时空耦合关系;冀正欣等(2021)基于农业产业发展与国家粮食安全,选取南阳盆地12县(区)为研究区域,运用DEA-GWR模型分别测算了该区域三期耕地利用效率,探究了该区域规模效率、技术效率以及综合效率之间的关系。

第六节　耕地利用效率影响因素研究

耕地利用效率的高低受到自然、耕地禀赋、农业生产与社会经济等多种因素影响,并且在不同地区和不同发展阶段,不同要素对耕地利用效率的影响程度也不同。对影响因素的研究有助于探明各因素的作用机制及耕地利用效率的形成机理,有利于分析耕地利用效率的实质和内涵,从而为后续提出针对性的建议提供较科学合理的依据。影响因素分析是耕地利用效率研究的重要组成部分,当前国内外学者对于影响因素的研究做了多种有益的探索。分析现有相关研究成果,主要可将耕地利用效率的影响因素分为自然禀赋、社会政策和人为因素三种类型,归纳整理结果如表 2-1 所示。

表 2-1 相关研究中耕地利用效率影响因素汇总表

类型	影响因素
自然禀赋	土地生产力
	气候
	水文、灌溉状况
社会政策	土地权属
	区域发展水平
	制度政策
	农民人均收入
人为因素	农业技术利用水平
	经营规模
	劳动力素质
	农户行为
	机械化水平
	化肥施用量

国外学者对于耕地利用效率的研究较为丰富,而由于各研究区域自然条件及社会经济条件的不同,影响因素通常有所差别。R. Anthony 等(2006)研究发现,氮肥的合理投入可以有效提高加拿大马尼托巴省的耕地利用效率。Sanzidur Rahman(2010)以孟加拉国的农场为研究对象,发现水稻生产过程中,提升教育投资、发展农业基础设施、增强农业推广服务能够大大地提升农民的生产效率。D. S. Suryawanshi(2012)研究发现,印度纳西克东南部、中部自然条件好的地区耕地利用效率高于东北部、西部自然条件较差的地区。M. A. Anees(2015)研究发现,合理投入混合肥对提升巴基斯坦地区耕地利用效率具有显著作用。在农业基础设施方面,多数学者集中在灌溉水源等因素对耕地利用效

率产生的影响。B. Sushenjit 等(2007)发现农业生产所需大量灌溉水源,扩大有效灌溉面积有利于提高低收入农户的水稻单产。M. Ahmed Koondhar 等(2018)通过对巴基斯坦棉花区进行研究,发现扩大有效灌溉面积能够提升耕地利用效率,并增加棉花产量。Keith Wiebe 等(2006)和 V. Khai 等(2011)认为农业技术水平是耕地利用效率的主要影响因素,认为在农业生产中提高技术水平有助于提高生产力的质量,从而提升耕地利用效率。还有学者认为耕地规模也是主要因素之一,如 V. H. Linh(2012)在研究水稻种植与耕地利用效率的关系时也得出了同样的结论,认为水稻种植面积对耕地利用效率有重要影响;Oumarou 等(2016)研究发现,土地权属及农场规模对耕地利用效率提高作用显著。此外,劳动力素质也起到重要作用,T. Alemda 等(2006)发现农民年龄及受教育水平与耕地利用效率显著相关,其中年龄为正相关,受教育水平为负相关。James Odeck 等(2009)利用 Malmquist 指数法测算农业生产效率时,还发现了土地生产力、气候等影响因素。Catherine Badgley 等(2003)和 Yilmaz 等(2009)研究发现水量、灌溉情况及土壤肥力对耕地利用效率也同样具有影响力。另外,区域发展水平的作用也不可忽视,Kawagoe 等(1985)和 Du 等(2016)的研究即证明了区域发展程度对耕地利用效率的影响同样显著。H. L. Xie 等(2016)研究发现,农民纯收入的提高与人均地区生产总值的增加,可以有效激发农户的生产积极性,从而提高耕地利用效率。Nan Wang(2020)通过建立数量、质量、生态三位一体的耕地空间分区对耕地利用的变化规律进行探讨。

国内学者对于耕地利用效率影响因素的研究正逐渐兴起,近年来学者们从多个角度对多种影响因素的效果进行了探索。张立新等(2017)认为,自然条件对耕地利用效率具有正向作用。王海力等(2018)研究发现,地形制约了贵州地区耕地利用效率的提升,且提升空间较小;当投入要素一定时,地势低且平坦地区的产出高于海拔高且陡峭地区。随着农业生产技术的革新,自然因素对耕地利用效率的影响有所减弱。张鹏岩等(2013)研究发现,耕地复种指数是影响耕地利用效率极其重要的因素。雷国平等(2014)发现,农业机械总动力是对江西省耕地利用效率影响最大的因素。张浩等(2016)对河北省耕地利用效率进行测算后依据效率高低对研究区域进行分区后,发现不同分区内耕地的利用效率影响因素也不同,但其中人均播种面积、农民人均纯收入和耕地复种指数对不同分区耕地皆有影响且程度并不相同,因此提出各区域需从自身实际情况出发制订区域差别化的引导方案,促进耕地利用效率的提高。王成军等(2016)和方方等(2019)从农户行为角度出发,分别研究了中国小麦主产区和京津冀地区的耕地利用效率,结果表明农户职业非农化对耕地利用效率有负面影响,但该影响具有显著的地域差异性。徐秋等(2017)发现黑龙江省耕地利用效率受农业劳动力的影响最大。许玉光等(2017)还发现了耕地细碎化对耕地利用效率有影响,且对于小规模农户和大规模农户的影响方向相反,并指出耕地规模化经营是提高耕地利用效率的重要手段之一。罗冲等(2017)和吴冬林等(2020)从人均耕地面积和化肥施用量角度补充了新的看法。栾敬东等(2018)提出,机械总动力和耕地复种指数也是重要影响因素。卢新海等(2018)认为区域经济发展水平和科技发展水平也对耕地利用效率有影响,但在不同区域、不同条件下影响强度和影响力的方向存在差异,并认为耕地利用效率的提升离不开制度和政策的引导。王刚等(2019)认为政府政策、农户土地收入和劳动力素质也对耕地利用效率有着重要影响。姜晗等(2020)对东部沿海经济区进行研究时还发现技术效率在整体效率中占比较大,是导致综合效率变化的关键因素,且研究区域在时序上耕地利用效率的增长大多得益于技术进步的促进。从环境条件来看,耕地利用过程中受环境因素影响较大。长期以来,耕地生态问题备受学者关注(孔祥斌等,2020)。随着社会经济发展及城镇化的不断推进,环境污染对耕地利用的负面影响逐渐加深(史洋洋等,2017)。上述环境污染是由农业生产本身所产生的温室气体及农户不合理经营造成的。基于此,将环境因素纳入耕地利用效率评价指标体系,可以更加准确地测算出耕地利用效率。目前,国内外学者对环境因素的考虑主要集中于面源污染和碳排放等因素。在碳排放方面,国内学者以中国粮食主产区为研究单元,对其耕地利用效率进行分析与评价,发现考虑环境因素时,耕地利用效率值更低(盖兆雪等,2017;匡兵等,2018)。卢新海等(2018)基于碳排放约束下对中国各地区的耕地利用效率进行研究,并分析其差异特征。吴昊玥等(2019)在此基础上研究发现,中国各地区耕地利用效率值具有相关性的特点。在面源污染方面,黄祥芳等(2018)基于面源污染约束下,以中国粮食主产区为研究单元,评价其耕地利用效率。研究发现,效率值越低,对耕地利用效率的影响越大。

当前,国内外学者对于耕地利用效率开展了诸多研究,已经取得了较丰富的成果。其中,国外学者关于耕地利用效率的研究中应用并完善了多种切实可行的方法和模型,为后人提供了大量研究依据与思路,具有宝贵的借鉴意义。近年来国内学者对耕地利用效率的研究大多基于国内实际情况与背景,从不同角度以不同方法对各种尺度下的耕地利用效率进行测度与分析,沿用并改进了多种研究方法,在指标体系建立、影响因素探索等方面也提出了不少有价值的见解,对本书有宝贵的参考意义。但综合各方面来看,对耕地利用效率的研究仍存在一些亟待进一步改进的地方。

述评:综上所述,国内外对耕地利用效率的基础理论、指标体系、测度方法、影响因素以及提升路径等方面开展了广泛的研究,并且取得了丰硕的成果。国外研究耕地利用效率起步较早,为耕地利用效率的研究构建了一个大概的框架。国内学者在现有成果的基础上不断深化研究内容,弥补了耕地利用效率研究的缺陷。通过认真梳理发现,相关研究还有需要进一步完善之处。

(1)研究方法尚有优化的空间。目前,DEA 模型是用于耕地利用效率测算的主要方法,该模型在耕地利用效率研究方面应用较广泛,并且可与其他方法相结合,以达到互补的效果,因而该方法还可进一步完善和补充。传统的研究方法常常仅研究期望产出的影响,对于变量的松弛状态研究较少,且缺少对于效率值的深入挖掘;对于效率值的空间格局分析,偏重利用某个模型的单一分析。本研究选取超效率 SBM 模型,考虑了非期望产出的影响,对松弛变量进行测算与分析,以得出更客观真实的结果,并能与理想状态相对比,以分析各个指标现状与最优状态的差距。此外,利用多种空间模型分析效率值的空间格局,可从不同角度揭示效率值的空间分布状况。耕地利用效率影响因素研究方面主要集中在影响因素选择的不同,而研究方法并不统一,前人研究中出现了多种行之有效的方法，对本研究具有重要的参考意义。但对于影响因素选择，多依靠主观经验，或局限于某个方面的因素检验。本研究则选用逐步回归法进行分析，借助逐步回归基于变量重要性的选择与剔除作用，按照关联度高低对指标进行排序与筛选，从而客观合理地划分各指标对耕地利用效率的影响程度。

(2)研究尺度有待细化。现有相关研究主要集中于地区、省级尺度，对于县域耕地利用效率的格局演变及内在机理的研究相对较少，常常忽视研究区域局部的耕地利用效率。因此有必要将耕地利用效率细化至县域，丰富耕地利用效率研究体系，剖析耕地利用效率的局部发展与变化，为县域耕地资源利用与农村经济社会发展提供参考。

(3)研究内容深入程度不足。目前，国内外学者对于耕地利用效率的研究主要集中在测度方法和不同因素所造成的影响方面，不同的学者选取影响因素时存在不同方向的侧重，对于影响程度的分析和改善建议较为笼统，缺乏针对性。本研究根据当前我国实施的乡村振兴政策及研究区独特的自然条件、社会经济状况和资源禀赋进行符合区域特色的深入研究，并提出针对性的建议。

(4)指标体系构建不完善。虽然很多学者都根据自己的研究尺度和研究方向总结出不同的耕地利用效率测度指标体系，但依然没有一个统一标准答案。投入产出指标的选择具有很强的主观、随机色彩，缺乏深入的分析，无法科学、高效地反映出我国农业用地的实际使用状况。不同视角下对耕地利用效率的指标选取依旧单一，未能完全反映耕地资源的价值和贡献情况。本研究站在乡村振兴的视角，从产业兴旺、生态宜居、治理有效、生活富裕四个方面选取效率测度的指标，丰富不同视角下的耕地利用效率测度指标的选取。

第七节 农业空间利用效率研究

由于农业生产效率是衡量农业经济效益的重要指标，能直观反映区域农业生产状况，因此国外学者对农业空间利用效率的研究主要集中于对农业生产效率的探索，研究起步较早，并积累了丰硕的成果。Pierce(1983)探讨了资源和经济双重视角下加拿大城市边缘地区农业用地的分配和利用效率问题;Kawagoe 等(1985)通过对 1960 年、1970 年和 1980 年跨县农业生产函数的估计分析了发达国家和欠发达国家农业生产效率的差异来源,表明较低的人地比率是欠发达国家达到中等收入水平后进行农业结构调整的直接障碍;Wallace(2000)研究了农业用水效率,指出提高农业用水效率以促进农业生产效率提升的管理措施;Thirtle 等(2003)利用时间序列 Malmquist 指数测算了 1981—1996 年博茨瓦纳 18 个地区的多因素农业生产效率;Fafchamps 等(2005)通过对贝宁、马达加斯加和马拉维贸易商的详细调查,探讨了农产品贸易收益和市场效率;Poor 和 Brule(2007)基于县级数据进行回归分析,探讨了美国农业土地利用的经济效益,并指出县域农地保有量与居民高收入、高房价、人口增长、农地价格和农地数量呈正相关关系;Marchand(2012)测算了巴西亚马孙地区的农业技术效率,并进一步探究了土地生产力对森林砍伐的影响;Tichenor 等(2017)利用地理空间数据,在多个尺度上综合作物适宜性和产量估算探讨了美国东北部牛肉系统的土地利用效率;Lin 和 Hülsbergen(2017)提出了一种通过计算土壤吸收率来评价农业土地利用效率的新方法,并在德国南部有机和常规耕作系统中进行应用;Conradie 等(2019)基于随机生产前沿模型,采用南非卡鲁地区商业农民的调查数据衡量了 2012—2014 年农场利用效率水平,并讨论了农业效率对土地改革政策的影响;Anwar 等(2020)基于 400 名农民的田野调查数据,采用边际效益-成本比、随机生产可能性边界和线性规划方法对孟加拉国杂交水稻的生产力、利用效率和土地利用情况进行评估。

第八节　农业空间利用效率指标体系构建和测度模型研究

农业空间是以农业生产为主的功能空间,农业生产效率在一定程度上决定农业生产的经济效益,因此,国外学者围绕农业生产效率展开了大量研究。Thirtle 等(2003)利用时间序列 Malmquist 指数计算了 1981—1996 年博茨瓦纳 18 个地区的农业多要素生产率指数(MFP),研究结果表明发达地区与欠发达地区之间差距不断扩大；Coelli 和 Rao（2005）使用数据包络分析方法测度了全球 93 个国家的农业生产效率，通过分析 1980—2000 年间的农业生产力趋势研究农业生产的趋同问题；Armands 等（2007）基于欧盟农场会计数据网络（FADN）数据库信息分别评估拉脱维亚和其他欧盟成员国的农业生产效率，揭示拉脱维亚农业生产成本结构的优劣势及进一步优化农业生产效率的方向；Erdal 等（2007）通过土耳其托卡特地区甜菜生产的投入产出分析，发现增加能源消耗能提升甜菜产量，但由此产生的环境污染治理成本高于收益，建议当地政府制定新政策推动生产商优化生产效率；Molden 等（2010）通过对比不同地区的农业用水效率，发现作物种植、畜牧养殖的用水效率有待进一步提升，可通过农业水资源再利用降低用水损耗；Neumann 等（2010）借助随机前沿生产函数估算全球最大粮食生产潜力和粮食生产效率，基于二者的空间变化探讨在当前技术水平下集约化的潜力及其限制；Ringler 等（2013）基于关联思维提出水-能源-土地-食物（WELF）概念，发现相互依存的生产要素之间的反馈效应被贸易、投机行为等因素削弱，呼吁跨生产部门合作，优化资源利用效率；Ray 和 Ghose（2014）使用数据包络分析法测度了 1970—2000 年间印度农业的生产效率，发现农业机械、化肥、电力等现代要素投入不断增加，但其利用率却呈现下降趋势，而土地和灌溉用水等传统要素投入则保持着较高的利用率，在缺乏技术支撑的情况下会限制农业产出；Narinbaeva 等（2021）针对乌兹别克斯坦农业发展过程中的不足，建议将创新理念引入农业生产，进一步推进农业现代化和集约化发展，提升农业生产效率。

随着现代农业的快速发展，为了追求农业经济效益，农药、化肥等生产资料大量使用，给农业生态环境带来了一系列负面影响，碳排放、土壤退化、农业面源污染等问题日益严重，一定程度上制约了农业可持续发展（Micó et al.，2006；Chen et al.，2017；Baltas et al.，2020）。现代农业中化肥、农药等生产要素投入量不断增加，对生态环境造成了一系列负面影响，学者们的研究视角逐渐转向农业生产的环境效益。Reith 和 Guidry（2003）探讨了美国路易斯安那州中南部农场的生态效率，为改善农场生态环境提供了一定参考；Basset-Mens 等

(2009)探究了新西兰奶牛场系统的生态效率,并分析集约化对其生态效率的影响,发现集约化的奶牛场在牛奶生产和土地利用功能方面不利于生态效率的提升,并可能大大降低其与欧洲体系相比的优势;Gómez-Limón 和 Picazo-Tadeo(2012)在农场层面上评估了西班牙安达卢西亚橄榄种植的生态效率,发现其生态效率普遍较低;Todorovic 等(2016)提出了一种基于生命周期系统的农业水系统生态效率评价框架,并在意大利南部地区进行应用;Pena 等(2018)采用双曲距离函数测算了亚马孙地区的农业生态效率,表明阿卡州生态效率最高,而马拉尼昂州生态效率最低,并进一步探讨了该地区的农业环境保护成本;Coluccia 等(2020)基于 DEA 模型评估了意大利农业生态效率,研究发现意大利北部地区农场表现出强烈的生产力倾向,而南部农场更注重可持续性和生态效率。可见,生态效率是决策者衡量农业可持续性的重要指标,探究农业生态效率对区域农业环境保护、生态治理和农业可持续发展具有重要参考意义。Hansen 等(2001)回顾了丹麦有机农业的相关实证研究,发现有机农业相对于传统农业拥有更高的环境效益;Boer(2003)通过对比传统牛奶和有机牛奶的生产过程,发现有机牛奶生产有效减少了二氧化碳和一氧化二氮排放,并有效控制了农田的富营养化;Rasul 和 Thapa(2004)通过对孟加拉国的案例研究,指出传统农业和生态农业在单位面积产出上没有明显差距,而生态农业需要的农业化学品更少、为土壤提供的有机物更多,因此在生态、经济和社会方面比传统农业更具优势;Bommarco 等(2013)指出农业集约化对环境和生物多样性产生了负面反馈,生态系统服务受到影响,呼吁实行农业生态集约化以推动农业可持续发展;Contreras 等(2022)比较了三种农业集约化情景下的环境和经济效益,结果表明农业集约化发展对农业经济效益和环境效益起正向推动作用。

第九节　农业生产效率影响因素研究

农业生产效率的影响因素也是学者们的研究重点。Ball 等(2001)通过对美国和 9 个欧洲国家的农业生产效率进行比较,发现资本积累能促进农业生产率的增长；Vicente(2004)衡量了1995年巴西农业作物生产的技术、配置和经济效率水平，并指出气候、土壤条件和灌溉使用影响技术效率水平；Shanmugam和Venkataramani(2006)利用随机前沿生产方法评估了印度的农业效率，并分析了效率的影响因素，发现农业气候、灌溉等技术因素以及农作物组合是主要影响因素；Luh等(2008)以东亚8个经济体为例，通过计算Malmquist生产率增长指数及其两个组成部分来探究农业生产效率的影响因素，结果表明技术研发及其与人力资本的相互作用是影响农业效率的关键因素；Bayyur和Yılmaz(2012)采用面板数据回归分析方法探究了世界治理指标(WGI)、教育指数和国家类型对农业生产效率的影响；Ray和Ghose(2014)基于数据包络分析的非参数方法，测算了1970—2001年印度的农业生产效率，并根据各种制度和人口因素差异解释了DEA效率的时空变化；Quiroga等(2017)测算了98个欧盟地区的农业生产效率，并分析共同农业政策对效率的影响，发现共同农业政策是欧洲农业效率的主要影响因素；Ferreira和Féres(2020)探究了巴西亚马孙地区农场规模与土地利用效率之间的关系，表明农场规模和土地利用效率之间存在"U"形关系；Giannakas等(2001)采用随机分解方法检验了1987—1995年间萨斯喀彻温省100个小麦农场的农业技术效率及其驱动力，研究结果表明所有权类型、技术进步程度、劳动力构成等是主要影响因子；Latruffe等(2004)使用随机前沿分析法估算了一组波兰的个体农场2000年的农业技术效率，指出土壤质量、上下游市场的整合、劳动力的结构及质量是影响农业技术效率的关键因素；Chavas等(2005)使用Tobit模型对冈比亚农业家庭的生产效率影响因素进行计量经济学分析，结果表明劳动力和资本市场的不完善导致农户的生产力和生产效率降低；Liu和Myers(2009)使用随机前沿方法确定限制肯尼亚玉米生产技术效率的因素，研究表明教育、非农收入和农场规模等对生产效率产生了不同程度的影响；Boubacar等(2016)采用DEA-Tobit两步法测算了尼日尔南部地区水稻农场的技术效率，研究表明农场规模、种植经验、土地所有权等因素对农业生产技术效率有直接影响；Rada和Fuglie(2019)通过对比发达国家和发展中国家不同规模农场的全要素生产率(TFP)，指出不存在政策指引特定的最优农业结构,一个地区的最优农业结构取决于当地的经济发展水平和科学技术水平;Vortia 等(2021)基于孟加拉国的 200 个农户调查数据探讨农业机械化对水稻生产技术效率的影响,研究发现农业机械化可以有效提升农业生产技术效率。总的来看,农业生产效率受区域自然因素(气候、土壤、水文等)、社会经济因素(人口、资本、教育指数等)、农业技术因素(灌溉、农场规模)以及农业政策因素的共同影响。

述评:纵览国内外文献,学者对农业空间利用效率相关领域进行了大量研究,为提升农业空间利用效率提供了丰富的建议和参考。比较国内外关于国土空间利用综合效率的相关文献可以发现,国内外研究趋势相似,都主要侧重农业空间利用效率指标体系的构建、测度方法和影响因素的研究,相比之下,国外提高农业空间利用效率的途径更多的是利用模式的改变;国内偏向以政策为导向,改善资源使用规程,进而提高综合效率。在进一步的梳理下发现,国内外对农业空间利用效率的研究还有问题需要完善。

(1)农业空间利用效率研究框架问题。当前,我国进入新的发展时期,生态文明建设大力推进,对农业空间开发、利用和保护也提出了更高的要求。因此,在生态文明建设对农业空间利用效率提出要求的基础上,结合当前国家的新形势、新背景重新审视、剖析农业空间利用效率的本质内涵,并构建农业空间利用效率的研究框架是未来研究需深入和完善之处。

(2)农业空间利用效率研究尺度问题。在研究尺度上,国内外现有文献主要集中于对国家级、省(州)级层面的农业空间进行研究,缺乏对某一特定的、具有重要发展战略意义的农业经济区域开展相关研究。因此,结合国家重要发展战略开展农业空间利用效率研究,解决农业空间利用的问题、短板,对于促进不同地区农业空间高效、可持续发展具有重要意义,同时也是现阶段开展农业空间利用效率研究的焦点。

第三章
研究理论基础

第一节　农地利用效率相关概念界定

农业用地简称农地，主要指农业生产中直接或间接利用的土地。农地利用就一般概念而言，主要指人类通过与农地相关的经济活动获得物质产品和服务的全过程。效率最初仅仅是一个物理学概念，用来衡量机械运动中的有用功率对驱动功率的比值，随着时代的发展，效率引申出多种含义。农地利用效率反映了农业用地与其他可利用资源的合理配置及合理利用的水平，可以表示农业生产中土地是否发挥了最大效用。农地利用效率越高，说明农地、人力、经济等投入之间较为合理，资源使用较为充分，农地发挥了它应有的价值。

陈荣（1995）认为城市土地利用效率宏观层次的土地配置的结构效率（Structure Efficiency）和微观层次的土地使用的边际效率（Margin Efficiency），可用来衡量某一城市或者区域的土地利用的综合水平。刘勇（2005）针对提高土地利用效率问题，提出了两种基本解决途径：一是在保证土地利用性质不变的情况下，通过增加单位土地的投入量，实现土地利用效率最大化的目标；二是通过改变土地利用的性质，配置更优的土地利用方式，同时结合土地开发整理和增加单位土地上的投入量实现土地利用效率最大化的目标。

本书的农地利用效率是指农地投入产出效益。具体来说，农业生产系统内既有要素投入,也有多种产出,而农地利用效率就是农地与其他投入要素之间合理配置以实现最大产出的能力,且产出包含非期望产出。农地利用效率可以用来衡量某个区域农用地的综合优化水平,与农地利用规模、技术投入、人力投入等相关。

第二节 效率理论

效率一词最开始出现在拉丁文中,释义为有效的因素。效率理论的核心是有效配置稀缺资源,要求将有限的资源配置到社会各个领域不同的生产部门和不同的生产项目之间,达到资源的最佳利用状态,以最小的资源消耗获得最大的社会收益,从而使人民的各种需要得到最大程度的满足,人们的生活水平得到提高,社会经济得到发展。关于效率的定义,各学派的经济学家持有不同的意见。最早对效率有所提及的是经济学教父级大师亚当·斯密,他在《国富论》中提到市场以"看不见的手"使各资源要素达到完全竞争的理想状态,从而实现资源的最优配置。但是市场具有自发性、盲目性、滞后性等不良因素,不可能处于完全竞争的理想状态。对效率解释最为经典且被广泛引用的是新福利经济学理论的帕累托最优,其解释如下:在资源分配中,没有改进的余地使得在不损害其他人利益的同时提高另一些人的利益的状态,已经达到最优状态了。当然帕累托最优是资源分配的理想状态,以完全竞争市场为前提。对于效率,国内也有很多学者给出了定义。魏楚等(2007)认为效率可以用来衡量生产中投入要素的实际利用水平。厉以宁(1995)在《经济学的伦理问题》中认为效率就是资源的有效利用与分配,以更少的投入获取更多的输出就是效率的增长。

本书的分析中,农地利用效率是依据效率理论来测度的。土地资源是有限的,农地资源则更加紧缺。只有充分提高农地利用效率,寻找农地利用的最佳投入产出点,我国的农地才能得到最优利用。

第三节　土地报酬递减规律

土地报酬递减规律是指不断增加要素投入，土地报酬先会快速增长，然后增长减缓直至一个临界点后转为下降。利用此规律可以寻找到投入产出最优点。17世纪中叶威廉·配第第一个注意到此现象：土地是有其生产的最大潜力的，当投入超过一定数值后，土地的产量反而会下降。之后，法国的杜尔阁对“土地报酬递减规律”进行了详尽的定义。他以种种子为例，土地条件一样，当不做任何追加时，种子将成不了果实；当不同个数的人对种子进行栽培时则会产生不一样的结果，前面几个人产量有所提升，但超过一定数量时，产量反而下降了。虽然他没有明确使用“边际”“递减”等字眼，但实际已包含这些内容。我国还有很多乡村存在土地粗放使用状况，需要继续追加技术、人力等投入提高乡村农业结构的集约度；但有些乡村过度集约，已经超过投入产出的最优点。要解决这些问题需要遵循土地报酬递减规律，不断寻找最优的农业产业结构比例与投入产出点。

乡村振兴战略背景下，我国乡村未来发展定然紧跟新发展理念，农民逐步过上产业兴旺、生态宜居、乡风文明、治理有效、生活富裕的农村现代化生活。农地资源的利用必须尊重土地报酬递减规律，寻找农林牧畜渔的最优投入产出点，乡村才能真正振兴。

第四节　可持续发展理论

工业革命的到来，使得人类的生活方式发生了极大的改变，由此而来的“高消耗、高污染、高排放”的发展模式引发了人口膨胀、资源短缺、环境污染、生态破坏等全球性问题，人口、资源和环境之间的矛盾日益尖锐，因此引起了国际社会的普遍关注，人类走上可持续发展的道路刻不容缓。可持续发展理论的雏形出现在1972年联合国人类环境会议通过的《联合国人类环境会议宣言》

中。随后在1980年,由国际资源和自然保护联合会编纂的《世界自然资源保护大纲》中提出了可持续发展的研究内容和具体方法。世界上首次出现可持续发展的定义是在1987年发表的《我们共同的未来》中:既满足当代人的需求,又不对后代人满足其需求的能力构成危害的发展。根据该报告,可持续发展包含两个基本要素或两个关键组成部分:"需要"和对需要的"限制"。满足需要,首先是要满足贫困人民的基本需要。对需要的限制主要是指对未来环境需要的能力构成危害的限制。1991年在由世界自然保护同盟、联合国环境规划署和世界野生生物基金会发表的《保护地球——可持续生存战略》报告中,对可持续性定义为:在不超过支持它的生态系统的承载能力的情况下改善人类的生活质量。1992年,在里约热内卢召开的世界环境与发展大会通过的《里约环境与发展宣言》《21世纪议程》确定了可持续发展的概念,并将其作为人类社会发展的共同战略。可持续发展理论逐渐成为指导和协调人与自然关系的核心理论之一。

可持续发展理论以保护自然为基础,强调与资源和环境的承载力相协调地发展,不仅重视数量的增长,更追求质量的改善、效益的提高、能源的节约,是与社会进步相适应的发展,并提出公平性、可持续性、共同性等原则,体现了经济效益、社会效益、生态环境效益的有机结合。可持续发展的内容包括三方面:经济可持续、生态可持续和社会可持续。其中生态可持续是基础,经济可持续是条件,社会可持续才是目的。只有做到三者协调统一发展,才能促使资源的有序可持续以及社会环境的公平发展。

随着可持续发展理论的提出,各国开展相关研究,并延伸至土地领域。土地可持续利用是可持续发展理论的重要组成部分,它要求在保护资源和环境的基础上,维持土地的生产和承载能力。土地可持续利用即在满足当代人多样化的动态需求的同时,保障土地的长期生产潜力。土地可持续利用这一概念是在1990年于印度新德里召开的国际土地持续利用系统研讨会中首次提出的,其作为可持续发展理论的重要延伸一直是政府管理、学术研究和公众所广泛关注的热点。学术界在土地可持续利用的概念界定上仍存在分歧,侧重点各不相同。但1993年联合国粮食与农业组织(FAO)发布的《可持续土地利用管理评价纲要》提出可持续的土地利用管理必须遵循“保持和提高生产力、降低生产风险、保护自然资源的潜力和防止土壤与水质的退化、经济社会上可行、社会可以接受”五项基本原则。这五项基本原则为学术界所广泛接受,并成为各国指导土地利用和管理的基本纲领。具体来讲,生态方面应该积极保护土地资源环境,避免土地退化、破坏、污染等带来的不良后果,保持土地高水平的生产力;经济方面应合理规划、高效配置、优化结构,实现有限的资源产生最大的效益;社会方面应既能使人类最低生活得到保障,同时也要满足社会不断进步发展的需要;伦理方面不仅应满足当代人、某一区域的生存发展需要,同时也应保障子孙后代以及其他地区的发展权利,实现代际和区际的公平公正。

总之,20世纪以来,科技革命极大地增强了人类统治自然的能力,带来物质文明和精神文明的同时,也使人类和自然的关系急剧恶化,人类赖以生存和发展的家园受到威胁。可持续发展理论强调:人类应协调人口、资源、环境和发展之间的相互关系,在不损害他人和后代利益的前提下追求发展,实现人与自然、人与人之间的和谐。可持续发展理论已经超越了一般理论的界限,成为一种观念、一种战略、一种人类未来生存和发展所必须共同采取的行动。提高农地利用效率的最终目标是促进土地利用的可持续发展。可持续发展理论明确指导思想、确立发展目标,对于提高农地利用效率具有直接的指导意义。

第五节　生态经济理论

生态学和经济学之间的联系有悠久的历史渊源。生态环境问题的实质是经济问题。随着社会生产力的发展,人类改造自然的能力日益增强,随之出现了环境污染和环境破坏问题,究其根源在于自然资源未能得到充分合理的利用。长期以来,传统经济学认为资源无价值,可以无偿使用,资源无穷尽,可以任意获取,其结果导致资源利用不考虑“外部经济性”,废弃物和资源破坏的处置费不计入生产成本,以牺牲生态环境质量为代价谋取高额利润,把治理环境污染的费用转嫁给社会,降低了国民经济效益。另外,单纯运用经济指标(如国民生产总值)衡量经济发展,也会导致忽视生态环境效益的外部不经济行为不断发生。

生态经济学作为一门独立的学科,是20世纪60年代后期正式创建的。其从经济学和生态学的结合上,围绕人类经济活动与自然生态之间相互作用的关系,研究生态经济结构、功能、规律、平衡、生产力及效益,生态经济的宏观管理和数学模型等内容,旨在促使社会经济在生态平衡的基础上实现持续稳定发展。美国经济学家肯尼斯·鲍尔丁在《一门科学——生态经济学》一书中正式提出"生态经济学"的概念。生态经济学区别于传统经济学,是一门研究生态系统与经济系统互相作用的规律性科学,生态环境和社会经济成为一个统一的整体,使得社会对经济发展的认知站在新的高度。生态经济学同时包含了三个基本理论范畴:生态经济系统、生态经济平衡和生态经济效益,它们之间形成了一种相互联系和相互制约的辩证关系。从这一关系正向的决定作用来看,生态经济系统是经济活动的载体,其建立决定了生态经济平衡的建立;而生态经济平衡作为生态经济系统的运行动力,推动了该系统的物质循环和能量转换,从而产生了最终的生态经济效益。再从逆向的反作用来看,人们追求生态经济效益的具体情况,必然会影响生态经济平衡的状况;而生态经济平衡的状态如何,无疑也会左右生态经济系统,甚至影响它的存亡。

生态经济理论是在传统经济学理论之后不断发展起来的理论。在人类进入工业化发展阶段之后,人类生产生活与自然环境之间的矛盾愈发尖锐。环境问题的日益严峻引发学者对传统经济学观点的反思。传统经济学理论中,自然资源与生存环境只是经济的外部变量或是一种影响因素,并未受到重视。在20世纪50—60年代,人类依然保持经济无限增长的观点。而梅多斯一篇名为《增长的极限》的研究报告使得生态与经济相结合的思想获得广泛关注。

农地资源是无法替代的重要的自然环境资源,它既是环境的组成部分,又是其他自然环境资源和社会经济资源的载体。农地系统本身就是自然、社会、经济、技术等要素组成的多重结构的生态经济系统。农地自身的生态系统组成部分和周遭环境紧密相连形成有机整体,其中任意因素的改变均会影响其他因素,从而使得整个系统功能发生变化。举例来说,若是山上的森林被毁坏,地表的径流就会相应地发生变化,导致水土流失等现象。原本肥力丰厚的土地将会变成土壤贫瘠的石坡,水源不断的小溪将会变为干涸的河床,甚至最终引发气候的严重恶化。所以,人类开发利用农地资源时,应有全局观念,综合考虑系统内外的相互关系,不能只重视开发而不顾保护和整治,忽略农地利用所带来的社会自然环境负面影响。生态经济理论对农地利用有重要的指导意义,把握好农地保护和农地最优化使用的平衡点,是当前农地健康利用的关键所在。

第六节 人地关系理论

人地关系研究的关键科学命题是地球表层人类活动与自然环境的相互作用与反馈机制,是地理学基础理论研究的本质所在(陆大道,1998;樊杰,2014)。人类活动与自然环境按照一定的规律相互作用,共同构成一个极为复杂的系统,称为人地关系地域系统(吴传钧,2008)。人地关系系统与人地关系地域系统是人文地理学的核心(吴传钧,1991),在地理学的研究发展中有重要的基础作用。人地关系不仅揭秘地理环境本身的自然特征,而且考虑社会、经济、历史等综合人文因素,研究人类活动与自然环境的相互作用和影响,揭示人地关系地域系统的格局、结构、演变过程和驱动机制等内容(杨宇,2019)。研究人地关系理论不仅对人文经济地理学有学术意义,而且对合理开发保护区域的土地、科学制订土地利用规划、有效解决区域人地矛盾等问题有社会经济意义。

人地关系自人类起源就存在,对于人地关系的思考、认知等应运而生。中国古代,“天人合一”“天人相关”等思想就反映了对人地关系的认识。一直到20世纪初期,对于人地关系的探索都是以定性描述为主,缺乏系统性。20世纪中后期,较多学者开始对人地关系有较为深入的思考。李旭旦(1983)认为人地关系是人文地理学的基本理论,人地关系是协调的关系,人类不该是自然的敌人,人类应和自然交朋友;吴传钧(1991)提出"人地关系地域系统是地理学的研究核心",标志着人地关系的研究开始进入科学化和系统化研究阶段;李振泉(1999)认为人地关系是人类起源以来就存在的客观关系,人地关系的发展应在系统、协调、适应、共生的框架下抽象和升华。20 世纪 90 年代,人地关系理论研究主题为"区域可持续发展、人类活动与全球变化",发展到 21 世纪以来的研究主题"资源环境、承载力、城市化",这反映了中国现代对人地关系理论研究的进程。当然,伴随着人地关系理论的不断深入研究,其研究方法与研究手段也在不断更新。

农地是人地关系理论中的重要内容,在其利用效率研究中,人地关系理论是重要的理论依据。利用农地的过程中应该以人地关系理论为指导,科学刻画"人"与"地"的关系,明确其产生警情(矛盾)的地方,充分发挥人的主观能动性,在遵循农地生态系统规律的基础上,针对农地生态系统利用时存在的不健康问题一一采取措施加以调控和管理,协调人类活动与农地生态系统的关系,不断促进农地生态系统的健康利用以及人地关系的和谐。

第七节　生态承载力理论

"承载力"最初是工程地质领域的概念。1921 年,美国学者 Park 和 Burgess 在人类生态学领域首次应用了生态承载力的概念,它指一定条件下(主要指生存空间、营养物质、阳光等生态因子的组合)生态系统为人类活动和生物生存所能持续提供的最大生态服务能力,特别是资源与环境的最大供给能力(高吉喜,2002)。生态承载力的提出对于承载力理论的研究是一个很大的进步,和单因素承载力相比,生态承载力更多地关注生态系统的整合性、持续性和协调性,它的提出为实现由单纯支撑人类的社会进步变成促进整个生态系统和谐发展的进步奠定了基础。此后,随着社会经济的不断发展、资源环境问题的日益突出以及人们对生态环境问题认识的逐渐深入,资源承载力、环境承载力等概念相继出现,生态承载力的内涵日益丰硕。概括而言,它包括两层基本含义:第一层含义是指生态系统的自我维持与自我调节能力，以及资源与环境子系统的供给能力，为生态承载力的支持部分；第二层含义是指生态系统内社会经济子系统的发展能力，为生态承载力的压力部分。生态承载力这一概念与资源安全有着紧密的关系，社会经济发展与人类生存所需的资源不能超出生态承载力之外。

生态承载力的特性可归纳为三方面：

（1）客观性。生态承载力的客观性是生态系统最重要的固有功能之一，一方面为生态系统抵抗外力的干扰破坏提供了帮助，另一方面为生态系统向更高层次的发育奠定了基础。

（2）可变性。生态系统的稳定性是相对意义的稳定，是可以改变的，而不是固定不变。所以说，生态承载力虽然客观存在，但不是固定不变的，因此人类应按照对自己有利的方式去积极提高系统的生态承载力。

（3）层次性。生态环境的层次性不仅表现在小单元的生态系统水平上，而且表现在景观、区域、地区以及生物圈各个层次的生态系统水平上。同样，生态系统的承载力也表现在上述各个层次水平上，不同的层次水平生态承载力各有不同。

农地资源是有限的，土地承载能力也是有限的，将生态承载力理论引入农地利用效率研究就是要合理确定农地生态承载阈值（农地生态安全预警的极限），科学刻画农地利用生态现状与农地生态承载阈值的关系。同时，加强对人类行为和农地生态系统的调控和管理，减轻承载压力，提高支持能力，确保人类活动和社会经济发展不超过农地资源的供给和承载范围，避免农地生态系统的退化和变质。

第八节　系统科学理论

系统科学理论是指“三论”（系统论、信息论和控制论）和“新三论”（耗散结构论、协同论和突变论）的总称。“三论”以系统论为核心，“新三论”是系统论的新发展。系统科学成为横跨自然科学和社会科学的一门综合性学科,具有方法论的意义,指导着经济学、管理学、社会学等各个学科的发展。

系统科学理论包括了三大基本原理。一是立体原理。立体原理是指世界上任何事物都是一个立体系统。一方面,事物在整体的趋势下依照一定规律而存在,观察事物首先要从整体的角度去认识,把握其综合效应;另一方面,构成整体的各要素是相互联系、相互影响、相互制约的,应看到事物的巧妙组合,了解事物要素之间的结合,并在此基础上理解整体功能,加深立体印象。二是顺序原理。所谓顺序原理指的是任何事物的结合都不可能是杂乱无章的凑合,而是存在一定的规律性。因此,在分析处理某一具体问题的时候,既要考虑事物的次序结构,也要充分着眼各部分的条件、规模与功效。要估计各个要素在系统中的轻重缓急,从而抓住重点,保证系统的正态分布。三是反馈原理。反馈原理是指观察事物的目的在于调整,即要通过控制将信息作用所造成的后果再输送回来,实现影响效益。这种系统的反馈是观察的最终目的,是系统进一步更新的保障。

系统科学理论产生于 20 世纪 40 年代前后,70 年代以来以一种新的科学方法论流派活跃于国际学术论坛,提供了一种崭新的思维方式,对现代科学技术的发展和克服机械唯物论思想、丰富和发展哲学认识论与方法论产生了积极的影响。但是,也必须看到,系统科学从产生至今只有区区几十年的历史,仍然处在初级阶段,理论体系尚不完善,还存在不少的缺陷。因此,仍然有必要结合实践提出新课题,批判地继承整个科学领域的丰富成果,在新形势下进行新的综合,深化系统科学理论的研究,创造出更高层次上综合统一的理论学说。

像其他科学理论一样,系统科学理论的发展和完善必然也有一个历史的过程。对科学理论发展的一定阶段表现出的缺陷、不足进行中肯而深入的分析,正是克服不足、促进发展的真正起点。我们认为,当前系统科学理论发展中存在的问题主要表现在以下几个方面:一是系统科学理论正从确定一般原理、原则、概念的定性阶段(这个阶段由贝塔朗菲开始,至今仍在发展和完善)走向定量化描述的阶段,但还未形成形式化、公理化、精密定量的统一理论形态;二是目前控制、反馈、信息等概念已经在科学的各个领域得到了广泛的应用,但控制论在本质上仍然没有完全摆脱机器理论的框架;三是信息论以信息概念为基础,并且提出了信息量的定量计算公式,在通信工程中获得了重要的应用;四是普里高津的耗散结构理论,对于热力学第二定律做出了引人注目的新解释,从而“重新发现了时间”,开辟了“从存在到演化”“从无序到有序”的道路,打开了通向生命的大门;五是协同论是当代系统科学理论最新进展的另一个重要标志。

总之,系统科学理论是基于数学方法或模型从系统的角度揭示客观事物和现象之间的相互联系、相互作用的共同本质和内在规律性。农地生态系统是一个由诸多要素组成的复杂生态系统,关于它的研究必须符合系统科学理论的思想。系统科学理论不仅为农地生态系统的安全预警研究提供了定性的理论指导,而且为研究的实现提供了定量的数学分析手段。系统科学理论强调整体性、层次性、开放性和动态性(Bertalanffy,1987)。农地生态系统子系统、子系统各要素之间,以及系统与环境之间普遍存在着相互联系、相互制约、相互促进、协同发展的规律。农地利用效率研究必须以系统科学理论作为理论基础,从系统的角度出发,科学、全面选取评价指标和评价方法,分析研究区域农地利用现状以及时空变化特征。

第九节　土地资源稀缺理论

1789 年,马尔萨斯在《人口原理》一书中首次提出资源稀缺论,也称资源绝对稀缺论,认为资源在数量上有限和经济上稀缺,这两个特征不会因技术和社会发展而改变;1817 年,大卫·李嘉图认为自然是不均质的,否定了自然资源的绝对极限,强调肥力较高的土地或矿产资源的相对稀缺,也称资源相对稀缺论。土地资源稀缺理论属于资源相对稀缺论的一个重要分支,经过 200 余年的发展日渐成熟,形成了土地资源稀缺理论。

土地资源稀缺指在特定的区域内人类数量无节制增长而土地资源不能满

足人类需求造成的供需失衡现象。土地资源、水资源、矿产资源等属于有限的自然资源，就需要人类在资源有限条件下充分、合理利用，以达到资源高效利用的目的。空气、阳光等资源远超人类需求，就不具备资源稀缺性。土地资源的稀缺性既是绝对的，又是相对的。一方面，土地的面积是有限的，并非取之不尽、用之不竭的，因而稀缺是绝对的；另一方面，在一定的社会经济条件下，受限于资源开发利用的水平，以及对于资源开发利用范围的限制，实质是产销平衡、供需平衡问题，从这点看，稀缺又是相对的。农地是生产粮食的基础之一，在所有土地资源中占据着特殊的地位，是土地资源中最宝贵的资源之一。随着社会经济的发展，农地资源面临的压力越来越大，农地的稀缺性问题越来越严重。因此，充分认识土地资源稀缺，尤其是农地资源的稀缺至关重要。

第十节　安全科学理论

安全科学的正式提出是在 1973 年，由美国出版的《安全科学文摘》提出这一概念，标志着安全科学的诞生。安全科学是研究安全的本质和运动规律的科学。安全的本质是反映人、物和人与物的关系，并使其实现协调运动。

人类的生存和发展都离不开安全这个主题，它是我们众多需要中最为基础性的一种。作为一门新兴的学科，安全科学的理论体系正处在不断发展与完善的过程中，与农地资源安全相关的主要理论体系有安全哲学、安全控制、安全经济学、安全管理、安全工程技术等。安全科学的认识论是以安全系统作为研究对象，建立的安全系统体系包含着人、物、信息、能量等要素。人们在研究安全系统的过程中，按照自组织思想的思路，通过对安全控制论、安全环境学、安全系统论、安全协同学、安全信息论、安全文化建设、安全行为学等理论进行研究，突出在安全认识论的基础上，系统、全面、综合地发展安全科学的理论。农地资源安全是一个多学科相互交叉的综合性研究课题，其中安全科学理论为解决农地资源安全问题提供了理论依据。

第十一节　投入产出理论

投入产出理论最初由经济学家瓦西里·里昂惕夫在1931年提出，他发表的《美国经济系统中的投入与产出数量关系》以及《美国经济结构研究：投入产出分析的理论和经验探讨》两本著作系统地阐述了投入产出的基本原理。投入产出理论是一种同时进行“投入”和“产出”研究的经济数量分析法，“投入”表示各生产要素和资源在生产过程中的使用消耗，而“产出”则表示生产的劳务和商品的分配去向，主要研究在某一经济系统中，部门相互之间呈现一种投入与产出的依存关系。投入产出理论的数学模型采用线性的数学知识，根据不同系数、矩阵研究和表现各个部门之间的联系，将生产投入转化为产出，分析生产和消费之间的投入产出关系，从中认识和发现相关的问题和规律。主要的研究步骤分为三步：设计投入产出表、建立线性方程以及构建数学模型，综合以上三个步骤分析经济体系中投入与产出之间的复杂关系。

投入产出理论从一般均衡理论中吸收了有关经济活动相互依存的观点，认为这种相互依存既表现在产出（横向）方面，也表现在投入（纵向）方面，并用代数联立方程组来描述这种相互依存关系。根据里昂惕夫的研究，在考察部门间错综复杂的投入产出关系时，投入产出分析能够发现任何局部的最初变化对经济体系各个部分的影响。因而，运用投入产出分析，可以研究一个区域的某一或某些产业的变化对区域产业结构的影响，同时还能考察这种变化对国民经济中其他区域的结构影响。20世纪50年代，沃特·艾萨德将投入产出分析的应用拓展到区域经济研究。此后，投入产出分析便成为区域乘数，以分析需求变化对区域产业结构的影响。

保护农地资源安全的目的和出发点之一是提高粮食的综合生产能力。在稳定农地资源数量的基础上，依靠增加投入和科技进步不断提高农地的综合生产能力，是保证农地利用效率和满足工业化、城市化对农地需求的根本途径之一。

第四章

研究区概况

第一节　地理位置

进贤县位于江西省中部，鄱阳湖南岸，抚河和信江下游，隶属于南昌市，被誉为省会南昌市的“东大门”。地理坐标为东经 116°01′15″—116°33′38″，北纬 28°09′41″—28°46′13″，处在中低纬度，属于亚热带气候。

进贤县地理位置优越、区位优势明显，素有“东南之藩蔽，闽浙之门户”的称号，历来就是南北交通“要冲”、古今航道“枢纽”、省际交流“窗口”。进贤是从沪昆走廊进入南昌的重要东门户，位于沪昆通道和向莆通道交会处，是南昌东部重要的山水屏障，被誉为“南昌后花园”，隶属于鄱阳湖生态经济区，具有重要的区域交通地位和生态区位。东临东乡区，西隔抚河与南昌县和丰城市相望，南接抚州市，西北与余干县相邻。

第二节　气候资源

进贤县属于亚热带湿润季风气候区，特点是：光照充足，气候温和，雨量充沛，四季分明，无霜期长，结冰期短，气候资源丰富，宜农、宜林、宜牧。

进贤县秋冬冷而干燥，夏季热而潮湿，春夏之交多雷雨，伏秋之间长久晴。

四季特征是:春季(3 月下旬至 5 月下旬)气候温和、阴雨连绵,日照少,冷暖空气交锋频繁,季平均气温为 17℃,季日照时数占年日照时数的 19%。夏季(5 月下旬中后期至 9 月中旬)是全年最长季节,初夏气候温暖,降水多而集中,故称“霉雨”季节。盛夏高温少雨,天气炎热,常出现干旱。7 月份为最热月,月平均气温达 29. 8℃,月日照时数平均 285 小时。受副热带高压控制和台风的影响,常会出现地方性雷雨大风天气。秋季(9 月下旬至 11 月下旬)气候凉爽,北方冷空气入侵频繁,常出现久晴少雨天气,有“秋高气爽”之称。冬季(12 月至次年 3 月中旬)因受冷高压控制,寒冷干燥,雨雪天气多,多刮偏北风,是全年最冷的季节。1 月份月平均气温为 5. 1℃,是最冷月。2 月份月平均日照时数为 82. 2 小时,是日照最少的月份。年平均气温为 17. 7℃,上下波动不到 1℃(仅 1998 年为 19℃)。极端最高气温为 40. 5℃,出现在 1988 年 7 月 18 日;极端最低气温为-12. 1℃,出现在 1991 年 12 月 29 日。

进贤县全年无霜期为 282 天,全年日照时数一般为 1938. 8 小时,风向多为夏季东南风、冬季西北风。年降水量平均为 1587 毫米;年内降水量分配不均,4—6 月份多,平均年降水量为 778. 8 毫米,占年降水量的 49. 2%,10—12 月份为 163. 3 毫米,占年降水量的 10. 3%,其三日最大降水量为 263. 3 毫米。区内多年平均蒸发量为 1606. 5 毫米,一年中以 7—8 月份蒸发量最大,两个月蒸发总量为 529. 1 毫米,占全年蒸发总量的 32. 9%。

第三节　水资源

水是地球万物的生命之源,是人类赖以生存和发展的重要资源,是自然环境和社会环境中极为重要且活跃的因素,是维系地球生态系统功能和支撑社会经济系统发展不可替代的基础性自然资源和战略资源。

进贤县水资源丰富,年降水量 13. 8 亿立方米,境内河道、湖泊隶属于长江流域。流经县境的主要河流有抚河和信河。抚河在县境内长 55 公里,信河在县境内长 30. 4 公里。县境内有进贤河、高桥河、池溪河、钟陵河、白圩河、桐车港等,总流域面积为28180公顷。县境内有大小湖泊12个,最大的为军山湖,高水位时面积20000公顷;其次是内青岚湖,面积6600公顷,陈家湖面积2200公顷,金溪湖面积5333.3公顷。还有杨坊湖、韩家湖、邹坊湖、洲笛湖、童家湖等,面积各在1333公顷至2666公顷之间。全县山丘、水面和耕地面积各占总面积的30%左右,故有"三山三水三分田,一分道路和庄园"之说。且地下水为矿泉水,无味无菌,开采深度可达140米,可以进行桶装直接饮用。

第四节　土地资源

进贤县地貌类型为丘陵岗地,南部低丘山峦,北部濒临湖滨,地势东南高、西北低,起伏平缓。山坡较陡,平地不多,坡耕地多分布在5°—15°的山坡上。地区海拔高程多在20米至30米之间,最高点位于金山岭,海拔高程为265.9米。土壤类型主要是以水稻土为主的耕地土壤和以红壤为主的自然土壤,以及特色种植富硒土壤。

水稻土是指发育于各种自然土壤之上,经过人为水耕熟化、淹水种稻而形成的耕作土壤,分为淹育型、潜育型、潴育型三个亚类。水稻土是县境内最为主要的耕作土壤,遍及丘间谷地等开阔平坦的地带、改良利用后的沿湖的湖湾港汊及部分围垦内湖湖泊,是重要的粮食生产地类。

红壤是在中亚热带湿热气候常绿阔叶林植被条件下,发生脱硅富铝和生物富集作用,发育成红色、铁铝聚集、呈酸性、盐基高度不饱和的铁铝土。根据成土条件、成土过程、属性及利用特点分为红壤、黄红壤、棕红壤、山原红壤、红壤性土等五个亚类。红壤是进贤县的地带性土壤,是重要的土壤资源,在东南低丘高岗地区、北部滨湖地区均有分布。

进贤县是南昌市硒资源分布最广的县,富硒土壤面积为352.3平方公里(不含水域底泥面积82.9平方公里)、足硒土壤面积为1012.2平方公里,分别占县域面积的22%、51.8%,分别占全市富硒、足硒土壤面积的65.18%、33.44%。富硒土壤质地较好,耕作适宜性强,适种性广,保肥供肥能力较强,能满足各类农作物的生长需要。富硒土壤是县境内的特色土壤类型,含硒土壤资源遍及全县21个乡镇。

县内地层从元古界变质岩到新生界,河湖积物均有分布,尤以第四系冲积残坡积网纹红土最为普遍。县境内第四纪红黏土广泛分布,北部滨湖岗地红土层厚度10—19米,包括架桥、泉岭、温圳的西部,池溪中部,张公、白圩北部以及钟陵、下埠集、衙前等;泥质岩类分布于低丘岗地,风化强烈,局部水土流失较重,植被稀疏、土质偏黏、耕层浅薄,主要分布在衙前、长山晏、白圩等乡,李渡、钟陵、下埠集也有少量分布;花岗岩主要分布在县城以东和捉牛岗、下埠集等。信江西岸黏质土分布较广,湖洲海拔14—16米,大面积为轻壤土,少数为砂土。鄱阳湖沿岸有大片草甸土。

第五节　生物资源

进贤县以它独特的地理环境和气候条件,为生物的繁衍提供了良好的生态环境,孕育了大量的野生动植物,拥有丰富的动植物资源。县境内的第一大内湖军山湖,以盛产甲鱼、鳜鱼、银鱼等名贵产品而闻名遐迩,更以出产清水大闸蟹而名扬海内外。

进贤县目前有野生动物35种。其中国家Ⅱ级保护动物5种,即小天鹅、穿山甲、虎纹蛙、白额雁、鬣羚;省级重点保护动物9种,即狼、狐、果子狸、鸿雁、银环蛇、乌梢蛇、眼镜蛇、尖吻蛇、白鹭。鸟类有鹌鹑、游隼、环颈长尾雉、寿带等40多种。植物树种有杉、樟、枫、马尾松、油茶、油桐、毛竹等30多种。

第六节　社会经济

进贤县历史底蕴深厚。自汉建安中期,孙权控制吴国后,便将南昌分为富城、钟陵、宜丰三镇。钟陵镇在晋太康元年升镇为县,隶于豫章郡。唐武德八年(625年),改钟陵县为进贤镇,归豫章县。自此,进贤县县域面积及管理单位一直有所变化,1983年9月30日,进贤划归南昌市管辖,大致形成今日版图。

近年来,进贤县经济综合实力稳步提升,人民生活水平逐步提高。进贤县依据“发展特色经济、壮大特色产业、打造特色板块”发展思路,大力发展含医疗器械、新能源新材料、生物医药等在内的十大支柱产业。医疗器械、文化用品、高空礼弹、食品加工、钢架结构、特种水产及特色种植,被称为进贤县产业“七朵金花”。第一朵“金花”是医疗器械“一根针”,就是以一次性输液器为主导的医疗器械产业。全县现有医疗器械生产企业55家,经营企业43家,2004年产值达8.95亿元,吸纳就业3万余人,上缴税金1260万元,产品占国内市场份额30%以上,有20家企业跻身全国医疗器械企业百强行列,其中有5家排名进入前20强。“洪达”“益康”等品牌为江西省著名品牌。第二朵“金花”是文化用品“一支笔”,就是以文化用笔为主导的,涵盖毛笔、金属笔、圆珠笔、中性笔、水性笔五大系列100多个品种的文化用品产业。全县有规模以上企业15家,2004年产值达11.63亿元,吸纳就业2.8万余人,上缴税金960万元,金属笔占国内市场份额40%以上,毛笔占国内市场份额65%以上。“罗氏”“德文”“派利”“佳丽”等30多个品牌是江西省著名品牌。有5家企业获“中国制笔王牌企业”称号,有3位企业家荣膺“中国制笔功勋企业家”称号,有5位企业负责人为中国制笔协会理事长。产业聚集的进贤县文港镇,已被国家授予“华夏笔都”荣誉称号。第三朵“金花”是高空礼弹“一盆花”,就是以高空礼花弹为主导的烟花鞭炮产业。2004年产值达2.3亿元,产品95%以上供出口,从业人员3700余人,上缴税金2200余万元。李渡烟花集团是亚洲最大的高科技、花园式烟花生产企业,产品享誉海内外,多次获得国际金奖,国庆50周年天安门大庆、上海APEC会议黄浦江之夜等重要庆典活动燃放的烟花都出自这里。“李渡烟花,欢乐万家;李渡烟花,光耀中华”已成为一句响彻全国、家喻户晓的广告词。第四朵“金花”是食品加工“一瓶酒”,就是以李渡酒业为主导的食品加工业。李渡酒业曾与四特齐名,被列为“江西四大名酒”之一,有辉煌过去,也经历了困境。2001年,进贤县委、县政府运用改制与招商引资“双轮驱动”的办法将李渡酒业重新盘活,让其重焕光彩,在扩大再生产规模时,发掘出“元代无形堂烧酒作坊遗址”,被列为“2002 年全国十大考古新发现之一”。产品曾获得“乌兰巴托国际博览会金奖”“2003 年中国白酒典型风格金奖”。第五朵“金花”是钢架结构“一张网”,就是钢网钢构业。这是进贤的新兴朝阳产业,2004 年产值达 3. 5 亿元,从业人员 6800 余人,上缴税金 1250 万元,规模以上企业 3 家,主要分布在进张工业走廊,初步具备了生产规模化、营销网络化、产业簇群化的特点,产品占全国市场份额的四分之一。第六朵“金花”是特种水产“一只蟹”,就是以“军山湖清水大闸蟹”为主导的特种水产养殖业。2004 年养殖面积已达 40 万亩,河蟹起水量突破 100 万公斤,产值达 1. 2 亿元,吸纳就业 3000 余人,带动沿湖农民增收 100 万元。“军山湖清水大闸蟹”取得了“无公害农产品”“绿色食品”“有机食品”证书和“著名商标”“江西名牌产品”等称号。通过连续举办四届鄱阳湖螃蟹节,“军山湖清水大闸蟹”已成为国内外知名度较高的生态绿色无公害品牌,产品畅销全国,已取得出口权。第七朵“金花”是特色种植“一朵菇”,就是食用菌菇种植业。2004 年种植面积达 60 万平方米,产量 6800 余吨,产值达 2840 万元,吸纳就业 6000 余人,带动农民增收 150 万元。“香庐峰”牌菌菇是江西省知名品牌,取得了“无公害农产品”“绿色食品”证书,正在申报“有机食品”和“江西名牌产品”称号,产品远销东南亚。“七朵金花”特色支柱产业迅速成长,已经成为进贤县域经济的重要“增长极”,成为进贤加速崛起的“推力器”,成为进贤走向世界的“金招牌”,赢得了“笔不到进贤不齐”“医疗器械不到进贤不全”“高空礼花不到进贤不美”“酒不到进贤不香”“河蟹不到进贤不纯”的美誉。

根据进贤县统计年报可知,2017 年全县实现地区生产总值 340. 95 亿元,同比增长 8. 7%。其中,第一产业总产值 57. 45 亿元,第二产业总产值 170. 73 亿元,第三产业总产值 112. 77 亿元,一二三产业结构比值为 16. 85 ∶ 50. 08 ∶ 33. 07。在 21 个乡镇中,民和镇地区生产总值最高,且第三产业占比高达 35. 53%。全县农业总产值 93. 27 亿元,同比增长 4. 7%,农业基础地位较为稳固;工业总产值 422. 85 亿元,同比增长 13. 9%,工业势头良好;农村居民人均可支配收入 16829 元,比上年增长 9. 0%,城镇则为 31818 元,同比增长 8. 7%。

第五章
研究区农地数据库构建

第一节　遥感技术在农业中的应用

农业是人类社会赖以生存的基础产业,自古以来我国便是农业大国,农业发展对于保障我国粮食安全和维护社会稳定具有重要意义。随着人口增长和资源压力的加大,传统农业面临着诸多挑战,相应地,科学技术的发展也为农业生产发展带来诸多便利。随着人类第一颗遥感卫星美国“泰罗斯 1 号”于 1960 年发射升空,农业遥感技术逐渐进入人们的视野,使农业生产发展摆脱了传统的经验式耕作,进入信息化时代。遥感技术作为一种现代科技手段,具有大范围、快速、准确获取农业信息的能力,能够有效助力农业生产发展,为农业生产和管理的优化提供了有力支持。遥感技术在农业中的应用主要包括土地资源调查、农作物长势监测、农业灾害监测和农业生态环境监测等方面。

一、土地资源调查

土地资源调查是实现农业现代化的重要基础工作,主要包括土地资源利用现状调查、土地土壤质量调查等。利用遥感技术进行土地资源调查的原理是不同的土地类型或者土壤类型在色调上存在差异性,在遥感解译技术的加持下,可以较方便地识别土地资源类型,同时通过有效辨别植被是否处于健康状态,对土壤或植被类型进行细致划分（王萍，2022）。从土地资源利用现状调查来看，农业土地资源包括耕地、森林、草原、人工园地等多项内容，应用遥感技术可以对交通闭塞、面积大难以实施人工采样调查的农牧区或高原山区进行土地数量采集，将不同时期的相同地区遥感影像叠加比对，判断土地资源数量变化，进而为土地分类、生产适宜性评价、资源环境承载力评价提供有力参考（王履华等，2013）。从土地土壤质量调查来看，通过遥感卫星等获取土壤信息，包括土壤类型、质地、颜色、湿度等，有助于研究者了解土壤的基本理化性质和肥力状况。

可见，与常规的地面无人机勘测及人工采样相比，遥感技术在土地资源调查上有着明显的优势。后者不仅可以使得检测调查时间有效缩减，还可以使投入的人力成本明显降低，从而更具备经济效益。然而，遥感技术在土地资源调查中也存在一定的局限，遥感卫星的精度与无人机勘测及人工采样相比较低，在需要精确探测某一较小研究单元时，其效果并不明显。

二、农作物长势监测

农作物长势监测不仅为农业生产的宏观管理提供客观的依据，而且为农作物产量估测提供必不可少的资料。农作物长势监测指对作物的苗情、生长状况及其变化的宏观监测，要求能够及时地全面反映农情（吴炳方等，2004）。农情即农业生产的情况，农情监测是对农业生产过程的监测（杨邦杰等，2002）。虽然农作物的生长状况受多种因素的影响，其生长过程又是一个极其复杂的生理过程，但通常可以使用一些特定的因子表示农作物的生长状况。这些因子与农作物的生长状况关系密切，如叶面积指数 LAI（Leaf Area Index）、归一化植被指数 NDVI（Normalized Difference Vegetation Index）等（赵鑫等，2022）。农作物长势监测就涉及这些因子，其主要内容一是农作物生长状态实时监测，通过年际遥感影像数据的对比获得农作物长势监测分级图，同时综合气候、云标识和农业气象等信息，分旱地和水田进行监测；二是农作物生长趋势分析，主要通过时序遥感影像，生成农作物生长过程曲线，基于水田、旱地及耕地在分区域单元、主产区、省、全国不同尺度上进行分析和对比（苏伟等，2019）。

综合来看，农作物长势监测能够在一定研究尺度上较为准确地获得农作物的生长信息，进而为农作物产量预测与生产培育服务，但仍存在一定的局限，如监测精度需要提升，表示植被生长状态的因子选择需进一步细化，长势评估模型亦需要进一步开展研究。

三、农业灾害监测

农业灾害监测是指利用遥感技术对农业灾害进行监测与评估，目的是减少农业灾害对农业生产的影响。精准的农业灾害监测评估信息可为农业生产过程中的多个参与方提供支撑保障，如为政府部门的灾害救援、受灾程度评估及补贴发放、作物种植结构优化等工作提供灾害信息支撑。随着卫星技术的不断发展，以及遥感处理与应用技术手段的完善，利用遥感技术对农业灾害进行定性、定量的监测逐渐被人们接受。对于农业灾害信息，目前学界大多利用植被指数、时间序列、光谱特征等方法进行提取。其中，利用植被指数是目前在农业灾害遥感监测中应用最为广泛的方法，常见的植被指数包括归一化植被指数、增强型植被指数、比值植被指数、归一化水指数等。此外，将农作物生长期的植被指数按照时间序列进行排序，横纵轴分别为时间及植被指数，构建生长时间序列曲线，可以完整反映农作物生长周期及受灾程度的时序变化。随着农业灾害的显化，农作物受灾后的波谱特征与正常波谱信息有着明显的区别，可以根据受灾前后的农作物光谱特征提取受灾信息。

除了以上传统的三种农业灾害监测方法，随着遥感技术的不断发展，其他农业灾害监测方法随之出现。如利用热红外遥感监测土壤中的含水量，反映农业旱灾信息；利用微波遥感技术避免天气及地表背景噪声对监测信息精度的影响，使得监测结果更加准确。

四、农业生态环境监测

生态环境污染是制约农业生产发展的关键因素，导致传统的数量型生产经营模式难以顺利有效地转变为质量效益型，在很大程度上直接威胁着农业的可持续发展(宋景峰,2021)。农业生态环境监测是指以农业环境中污染物及其对农业生物的危害为核心,在一段时间内,间断地或连续地对农业环境质量的某些代表值进行监视、测定的过程。这个过程是为了评估农业环境的状态和变化趋势,以便采取适当的措施来保护和改善农业环境。遥感技术在农业生态环境监测中的应用主要包括大气环境监测、土壤环境监测、水环境监测以及生物监测。其中,大气环境监测主要是对汽车尾气、工业废气、农业秸秆燃烧造成的污染气体的监测,监测指标主要是对 $PM_{2.5}$、臭氧、二氧化硫、二氧化氮等物质的含量;土壤环境监测主要是对土壤中的重金属物质、有机污染物、无机污染物等的监测,监测指标包括汞、镉、铅、铜、铬、砷、镍、铁、锰、锌等重金属含量,有机磷农药、三氯乙醛、有机氯等有机物含量以及酸、碱、盐类,放射性元素铯、锶的化合物,含砷、硒、氟的化合物等无机物含量;水环境监测主要包括农田灌溉水、农田排水、水体污染物(如工业废水、生活污水)的监测;生物监测主要包括农作物生长情况、虫害状况及农产品有害物质监测。

综上所述可见,虽然遥感技术在农业领域的应用取得了显著成果,为农业生产和管理提供了有力支持,然而,仍存在一些不足之处和需要进一步探讨的问题。例如,遥感数据的精度和稳定性需要进一步提高;遥感技术在农业应用中的成本仍较高,需要探索更经济的解决方案;如何将遥感技术与人工智能、物联网等先进技术结合,实现农业生产的智能化和精细化仍需进一步研究。

第二节　遥感分类方法

精确、大范围的土地利用分类,可为精准农业、土地资源调查、环境灾害监测等提供基础数据。遥感技术由于具有监测范围广、实时性好等优点被广泛应用于土地利用分类中。在农地的应用方面,遥感技术可以用于土地勘测和土壤分析,能够有效地提高农业生产效率;智能化农业管理、生产监控及精准农业发展也离不开遥感技术的应用。通常,利用遥感图像解译土地利用信息的方法有两种:目视解译分类方法和计算机自动分类方法。

一、目视解译分类方法

遥感图像的目视解译又称目视判断，或目视判译，是指利用图像的影像特征（色调或色彩，即波谱特征）和空间特征（形状、大小、阴影、纹理、图形、位置和布局），与多种非遥感信息资料（如地形图、各种专题图）组合，运用其相关规律，进行由此及彼、由表及里、去伪存真的综合分析和逻辑推理的思维过程（李国明，2008）。目视解译的目的是从遥感图像中获取需要的地学专题地图，需要解决的问题是判读出遥感图像中有哪些地物，它们分布在哪里，并对其数量特征给予粗略的估计。

地面各种目标地物在遥感图像中存在着不同的色、形、位的差异，构成了可供识别的目标地物特征。目视解译人员将目标地物的特征作为分析、解译、理解和识别遥感图像的基础。

1. 目视解译的方法

早期的目视解译多是纯人工在相片上解译，后来发展为人机交互方式，并应用一系列图像处理方法进行影像的增强，提高影像的视觉效果后在计算机屏幕上解译。目视解译的方法大致有以下几种。

（1）直接判读法。这是根据遥感影像目视判断直接标志，直接确定目标地物属性与范围的一种方法。直接判读法使用的直接判读标志包括色调、色彩、大小、形状、阴影、纹理、图案等。

（2）对比分析法。当地物不具备典型的解译标志，不能用直接判读的方法解译时，可将解译对象与已知地物进行对比，分析判断二者异同点，从而达到鉴别地物的目的，包括同类地物对比分析法、空间对比分析法和时相动态对比法。同类地物对比分析法是在同一遥感影像上，由已知地物推出未知目标地物的方法。空间对比分析法是根据待判读区域的特点，判读者选择另一个熟悉的与遥感图像区域特征类似的影像，将两个影像对比分析，以已知影像为依据判读未知影像的一种方法。时相动态对比法是利用同一地区不同时间成像的遥感影像加以对比分析，了解同一目标地物动态变化的一种方法。

（3）信息复合法。这是利用透明专题图或者透明地形图与遥感图像重合，根据专题图或地形图提供的多种辅助信息，识别遥感图像上目标地物的方法。如 TM（Thematic Mapper，专题制图仪）影像上土壤特征表现不显著，而植被的地带性分异与土壤类型存在相关性，因此，为了提高土壤类型的解译精度，可利用植被类型图来增加辅助信息。此外，等高线对识别土壤类型、地貌类型及植被类型也有一定的辅助作用。

（4）综合推理法。这是综合考虑遥感图像的多种解译特征，结合生活常识，分析、推断某种目标地物的方法。应用综合推理法进行解译时，需要根据已知的规律和专业领域的理论开展解译工作，从而通过逻辑推理和综合分析来确定或推断解译内容。

（5）地理相关分析法。这是根据地理环境中各种地理要素之间的相互依存、相互制约的关系，借助专业知识分析推断某一种地理要素的性质、类型、状况与分布的方法。

2. 目视解译的基本原则

（1）综合分析图像的判读标志，采用论证法和反证法相结合的原则。根据这项原则，判读出的界线和类型的结论具有唯一性、可靠性。

（2）卫片与航片、主图像与辅助图像、图像与地形图、专业图和文字资料相结合的原则。根据这项原则，判读可以取得更多已知条件，增加更多影像信息，以进一步揭示未知的影像。

（3）室内判读与野外实地对照相结合的原则。根据这项原则，以建立判读标志、校核室内判读结果、补充必要的实地数据等方式，进一步提高图像判读的质量。

（4）先易后难、循序渐进原则。即由宏观到微观，由浅入深；由已知到未知，从比较了解的地段入手向较陌生的地段推进；先解译影像清晰部分，后解译模糊部分；先山地，后平原；先构造，后岩性；先断裂，后褶皱；先线性构造，后环形构造；先岩浆岩，再沉积岩，后变质岩；先解译显露的，后解译隐伏的。

二、计算机自动分类方法

遥感图像的计算机解译，又称遥感图像的理解（Remote Sensing Imagery Understanding），它以计算机系统为支撑环境，利用模式识别技术与人工智能技术相结合，根据遥感图像中目标地物的各种影像特征（颜色、形状、纹理与空间位置），结合专家知识库中目标地物的解译经验和成像规律等知识进行分析和推理，实现对遥感图像的理解，完成对遥感图像的解译。计算机解译的结果需要运用目视解译的方法进行抽样核实或检验。所以目视解译是计算机解译的基础和起始点。

计算机遥感图像的解译是统计模式识别技术在遥感领域中的具体应用。统计模式识别的关键是提取待识别的一组统计特征值，然后按照一定准则做出决策，从而对图像进行识别。利用计算机进行遥感信息的自动提取则必须使用数字图像，由于不同地物在同一波段、同一地物在不同波段都具有不同的波谱特征，通过对某种地物在各波段的波谱曲线进行分析，根据其特点进行相应的增强处理后，可以在遥感影像上识别并提取同类目标物。早期的自动分类和图像分割主要是基于光谱特征，后来发展为结合光谱特征、纹理特征、形状特征、空间关系特征等综合因素的计算机信息提取（陈玲，2010）。

根据是否需要先验知识，计算机自动分类方法可以分为非监督分类法和监督分类法。

1. 非监督分类法

非监督分类，又称为“聚类分析”或者“点群分析”，是计算机在遥感影像中搜寻、定义与其自然相似光谱集群的一个过程。非监督分类方法不用对遥感影像中需要提取信息的地物获取先验数据，只需要通过计算机利用影像中地物的不同光谱信息进行特征提取，以特征差别的统计进行分类，最后对分出的各个类别的实际属性进行确认。

非监督分类法主要以影像中不同地物的特征差别为依据，利用计算机对影像进行集聚统计分析。建立分类决策规则需要依据待分类样本特征参数的统计特征，没有必要事先了解分类类别的特点。根据样本的相似性，将样本的空间分布划分为一个群集。每个群集所代表的对象的类别必须通过实地调查或者与已知类型的特征进行比较确定。一般的非监督分类方法有动态聚类、模糊聚类、系统聚类、分裂法等。本研究主要利用 K 均值(K-Means)法和 ISODATA(Iterative Self-Organizing Data Analysis Techniques Algorithm)算法对研究区进行农地利用类型分类，这两种方法都属于动态聚类算法，其是一种迭代重定位的聚类技术算法。K 均值法和 ISODATA 算法的使用较为广泛，应用相对成熟，相较于其他非监督分类法，这两种方法能够把分析判别的统计聚类算法和简单多光谱分类融合，使聚类更准确客观，进而有利于研究的进行。

在进行非监督分类前，需要选择初始类别参数，可以使用光谱特征比较法、直方图法、最大最小距离法等。首先假定影像初始的参数，然后通过预分类形成类群，通过迭代使有关参数达到允许的范围为止。

下面介绍非监督分类常用的两种动态聚类方法。

①K 均值法。用空间中 K 个点为中心进行聚类，对距离它们最近的对象进行归类。通过迭代的方法，更新每一次各聚类中心的值，一直进行，直到得到最好的聚类结果为止。这个算法的聚类准则是让每一个分类中像素点到该类别中心距离的平方和最小。K 均值法是典型的逐点修改迭代的动态聚类算法之一。

一般的做法是先按照一定的原则在待分点中选择一些点作为聚类的核心，接着把其余的点按某一判据准则分到各类中去，完成初始分类。初始分类完成以后，重新计算各聚类中心 m，完成第一次迭代。然后修改聚类中心，以便进行下一次迭代。这种修改有两种方案，即逐点修改和逐批修改。逐点修改类中心就是样本的一个像元按照某一准则分类进入某一组，这个组就要重新计算均值，并以新的均值进行下一次聚类。逐批修改类中心就是将样本的全部像元按照某一组的类中心分类之后，再重新计算修改各类的均值，作为下一次分类的凝聚中心点。

②ISODATA 算法，即迭代式自组织数据分析算法，简称迭代法。ISODATA

算法使用最小光谱距离方程产生聚类,实质是用某种算法生成初始类别作为“种子”依据某个判别规则进行自动迭代聚类的过程。在两次迭代之间对上一次迭代的聚类结果进行统计分析,根据统计参数对已有类别进行取消、分裂、合并处理,并继续进行下一次迭代,直至超过最大迭代次数或者满足分类参数,完成分类过程。其与 K 均值法有两点不同:一是 ISODATA 算法不是每调整一个样本的类别就重新计算一次各类样本的均值,而是把所有的样本都调整完毕之后才计算各类样本的均值;二是 ISODATA 算法不仅可以通过调整样本所属类别完成样本的聚类分析,而且可以自动地进行类别的“合并”和“分裂”,从而得到类别数比较合理的聚类结果。

迭代法完全根据像素的光谱特征进行统计分类,在分类区域未知的情况下经常使用。在使用这种方法时,原始图像的所有波段都需要参与分类操作,分类结果通常是各种类型像素的比例。然而,由于人工干预因素较少,该方法用于非监督分类过程的自动化程度较高。

模糊聚类法属于非监督分类的一种,基于样本间统计量的相似程度,评估各样本的模糊隶属度,在无预知类别的前提下对各样本点做含量划分。常见的模糊聚类算法包括基于模糊等价关系的模糊聚类分析法、基于最大模糊支撑树的模糊聚类分析法、模糊迭代自组织的数据分析法等。值得注意的是,单一的非监督分类结果往往与研究区实际特征存在一定的差异,其精度难以满足实际研究需求,故往往需要相关常识与地学知识的辅助。

系统聚类法是以遥感影像中各像元作为单独一类,进而对像元间均值的相关系数矩阵进行计算,根据各类别彼此间的相关性进行合并成新的类别,接着重新计算新类别间的相关性。反复迭代计算,每进行一次相关性计算即进行一次类别合并,直到最终合并形成的各类别间的相关系数小于某一事先设定的阈值为止。

分裂法,又称等混合距离分类法。该方法首先将遥感影像中各像元视作唯一类别,计算各变量的均值及均方差,进而计算分裂后的各类别中心,再计算出各像元到新形成的各类别中心的聚类,将像元合并到距离最近的一类中,接着对各个新形成的类别再次分类，若存在一个波段的均方差大于规定的阈值，新形成的各类就要再次分类。该方法分类思路与系统聚类法刚好相反，即“化整为零”。

2. 监督分类法

监督分类法首先需要按照每一类给定的数目选取训练样本，然后按一定的方法对给定的训练样本进行学习，获取到训练样本中不同类物质的地物特征，从而得到这种方法的分类器。训练好分类器之后，对其他样本点按照分类器的规则进行分类，这样就得到图像的分类结果。监督分类法最关键的一步是选取训练样本，然后对训练样本进行分析处理。

(1)最小距离分类法

最小距离分类法是监督分类法中比较简单的一种方法，这种方法的主要依据是空间距离。最小距离分类法的分类过程比较简单，首先需要计算出每一类的训练样本光谱向量的均值向量，然后将计算出来的每一类的均值向量作为这个类别在特征空间中的中心位置，再计算出高光谱图像中的每一个像元到各类中心的距离，最后到哪一类中心的距离最小，就把这个像元归入哪一类。所以，通常在最小距离分类法中将距离作为分类的一个判别函数，一般我们采用的距离有马氏(Mahalanobis)距离、欧式(Euclidean)距离和计程(Taxi)距离等。由于最小距离分类法是假设所有类的协方差都是相等的，因此这种方法的分类速度较快，但是准确性较低。自适应最小距离分类、加权最小距离分类是随着对高光谱遥感图像分类研究的深入，在最小距离分类法的基础上进一步研究出来的(马铭等，2017)。

(2)费歇尔(Fisher)分类法

Fisher分类法与最小距离分类法都是基于图像统计的常用的监督分类法，均偏重几何位置。Fisher分类法依据类别间均值方差与类别内部方差总和之比为极大的决策规则，要求各类别间的距离最大，即类别间均值的差异性最大，而相同类别内部的离散性最小，即方差平方和最小。这种分类方法与最小距离分类法的思路相似，但其判定准则并非距离，而是线性判定函数。

(3)最大似然判别分类法

最大似然判别分类又称为贝叶斯(Bayes)分类,这个方法是一种统计分类方法。最大似然判别分类法是非线性的分类方法,分类时计算每一类训练样本的统计特征值,建立分类判别函数,求出高光谱遥感图像中每个像元属于各类的概率,将测试样本归为概率最大的一类。遥感图像中每一个类别在特征空间的任一个方向都有投影,但是当这些不同方向的投影很难区分时,说明用线性判别的方法不太理想,这就需要在特征空间建立非线性的分类边界才可能获得较好的效果。由于高光谱遥感图像具有大数据量的特点,生成的协方差矩阵会非常大,从而加大计算难度,但是利用最大似然判别分类法可以得到协方差矩阵的一个近似矩阵,因此最大似然判别分类法一般都能获得较好的效果。

最大似然判别分类法在采集样本时使用的是传统的人工采样方法,这个过程需要大量的人力物力支持,而且会产生一些无法避免的人为误差,使得分类效果不理想,精度较低。一般情况下,我们可以借助一些其他方法辅助最大似然判别分类法,从而提高分类精度。

与非监督分类法相比,监督分类法可以充分利用已知类别的样本对其他样本进行分类;非监督分类中不同类别的像元由于光谱相似而被误分为同一类的情况一般可以规避;训练样本的选择可以人为控制,如样本个数等,并且由于训练样本的选取是随机的,那么可以反复实验,从而提高分类精度。

三、遥感图像计算机分类新方法

近年来,机器学习成为研究者们重点关注的问题,高光谱遥感图像也出现了一些新型分类方法。

1. 决策树分类法

决策树通常而言会用于分类、聚类或者预测。在高光谱遥感图像的分类算法中,决策树更是一种比较常用的方法。决策树是一种典型的基于逻辑的分类方法,其基本思想是要如同函数一样,用一组自变量得到一个函数值,这个函数值便是每个样本最可能对应的类别。决策树分类方法也是要通过学习训练分类器,而这个分类器可以看作是决策树的规则,将分类器训练好,再对其余样本进行分类。

决策树分类模型是一个典型的树形结构,主要是由树根、树枝和树叶三个部分组成。树根指决策树的根节点(Root Nodes),而且每一个决策树都只能有一个根节点,它是决定一个决策树开始的部分。决策树中一系列的内部节点(Internal Nodes)和从内部节点长出来的分支(Branch)都称为树枝。树叶指的是叶节点(Leaf Nodes),也可以称它为终极节点(Terminal Nodes),决策树的叶节点可以有很多个,每个叶节点一般代表的是每个样本可能会所属的类别。

到目前为止,决策树的生成有多种算法,其中基本的ID3算法被国际上公认为最有影响和最为典型的决策树学习方法之一。ID3算法是将信息论作为基础知识,利用信息熵和基于信息熵的信息增益,实现对数据的归纳分类。ID3算法结构简单易懂,理论清晰,目标函数一定会有解,是非常受欢迎的一种分类算法。可是,ID3算法也有不足之处,它对噪声的处理效果不太理想,而且在数据较大时会影响算法的效率。

2. 人工神经网络分类方法

Murai等提出了基于神经网络的分类方法。人工神经网络是在近年发展起来的一门新型的交叉学科,其用计算机来模拟动物神经系统的结构和功能。同动物神经网络类似,人工神经网络主要也是由不同的神经元构成,每一个神经元都具有独立分析和处理数据的能力,并且每一个神经元都包含输入和输出,从而实现整个系统对数据的分析和传递。

神经网络算法在分类方面有很大的优点,只要将网络训练好,它的分类速度会非常快;在图像的分类中,不仅有线性的问题,而且有非线性的问题,神经网络在解决非线性问题时效果也会比较好;与决策树相比,神经网络在处理噪声方面也体现了它自身的优越性。人工神经网络的结构主要由输入层、输出层、隐含层三个层次组成。一般在一个神经网络中,输入层和输出层代表的是输入的样本数据和得到的分类结果,都是只有一个;而隐含层则是处理输入数据的一个过程,会有一个或多个。人工神经网络在使用前需要经过一次又一次的训练，通常训练的过程比较复杂，但是一旦训练完成，神经网络的分类速度及分类精确度会比传统分类算法更好。

目前，学者已经研究出多种人工神经网络模型以及这些模型的训练方法，常用的人工神经网络模型有反向传递（Back Propagation，BP）神经网络、径向基函数（Radial Basis Function，RBF）神经网络等。BP 神经网络是最常用也是最经典的人工神经网络之一。在 BP 神经网络中，信息和误差的传播方向相反。BP 神经网络在分类方面的应用非常广泛，针对它自身收敛速度比较慢的缺点，研究人员对其不断改进完善，促进了 BP 神经网络的进一步发展。RBF 神经网络是在 BP 神经网络的基础上提出的一种神经元网络结构，与 BP 神经网络相比网络的规模更大一些，但是分类能力上 BP 神经网络会更好。

3. 支持向量机分类方法

支持向量机分类方法的基本思想是选好一种映射关系，利用结构风险最小化原则，将训练样本投射到高维特征空间，在高维空间构造线性最优分类超平面。这个最优分类超平面的构造过程就是实现支持向量机准则的过程。支持向量机分类算法的核心在于核函数的应用，通常输入的数据是线性且不可分的，通过一个核函数，可以将输入的数据转化为可分的，这就利于数据的分类，而且这个核函数是将数据从低维空间转化到高维空间中（宋相法等，2012）。支持向量机的这种特殊性能可以使算法不受其空间维数的影响。在支持向量机分类算法的使用中，核函数的选择对分类精度有重要的影响，因此，核函数的研究在支持向量机分类方法中是非常关键的一步。对于训练样本较少的情况，支持向量机分类算法也可以得到最优解；支持向量机算法最终会转化为一个二次型的最优化问题，一些局部极值问题用支持向量机可以得到很好的解决。

4. 面向对象分类方法

随着图像空间分辨率的提高，图像中地物的清晰程度随之提高，单个地物会以连片分布的多个像元形式表达，每个像元仅代表地物的小部分，并非全部。同时，地物内像元间的光谱差异也显著增加，甚至超过地物间的光谱差异。在此情况下，传统的基于像素光谱统计的自动分类技术的局限性日益显露，无法满足当前遥感图像信息提取的要求,用户难以利用遥感数据来做进一步的研究。面向对象的方法是相对于传统的面向像元的概念来定义的。基于像元的分类方法不适用于对细节丰富的高分辨率影像进行分类,分类结果会出现椒盐噪声,面向对象的方法能够克服基于像元分类方法的这类不足。面向对象方法的本质是以对象为分类的最小单元,从对象层次对遥感影像进行分析,使提取结果含有更丰富的语义信息。

第三节　研究区遥感影像解译方案与农地数据库的建立

一、研究区遥感影像解译方案设计

就目前常用的各种遥感影像解译方法来说,还没有哪一种方法是最优的,每种方法都存在其优势性和局限性,单独利用某一方法进行分类识别常难以满足实际研究精度需要。因此,针对不同的研究资料及研究目的,所采取的影像解译方法也不尽相同。本研究采用面向对象的影像解译方法,以对象而不是像元为单位对影像进行解译,能够在一定程度上减少分类过程中产生的"椒盐现象",并减少传统分类中的"同物异谱"和"同谱异物"现象对分类精度的影响,有利于提高分类的精度。

本研究的遥感解译主要由遥感解译软件 eCognition 完成。eCognition 是由德国 Definiens Imaging 公司开发的智能化影像分析软件。它是目前所有商用遥感软件中第一个基于目标信息的遥感信息提取软件,采用决策专家系统支持的模糊分类算法,突破了传统商业遥感软件单纯基于光谱信息进行影像分类的局限性,提出了革命性的分类技术——面向对象的分类方法,大大提高了高空间分辨率数据的自动识别精度,有效地满足了科研和工程应用的需求。常规的以单个像素为单位的信息提取技术着重识别局部的几何构造而忽视了周边整体结构,从而严重制约了信息提取的精度。eCognition 所采用的面向对象的分类方法针对的是识别对象而不是传统意义上的像元,进而能够充分利用对象信息(诸如色调、形状、纹理、层次等)及类别间信息(如与邻近对象、子对象、父对象的相关特征),从而有效提升解译精度。

二、农地利用数据分类过程及数据库构建

1. 遥感数据几何校正

在实际的遥感成像过程中,成像传感器的高度及搭载平台姿态的变化、地形地貌、地球曲率等客观因素都会导致遥感图像中像素相对于地面目标的实际位置发生扭曲、拉伸、偏移等几何畸变,直接使用这些畸变图像往往不能满足实际应用的要求,需要消除遥感图像的几何误差,将其变换到参考图像坐标系中。针对几何畸变进行的误差校正即为几何校正。遥感图像高精度几何校正是遥感图像几何处理和地球空间信息获取的基础,是遥感图像广泛应用的基本保障,是利用遥感图像推断地物目标的位置状态和属性类别的重要前提。遥感图像几何校正主要有两个目的:一是消除几何畸变;二是使遥感图像获得研究所需要的地理参考,包括坐标、投影等的确定。若研究区涉及的空间范围大,遥感影像跨越多景,对影像的几何校正就显得尤为重要,这不但关系到与其他数据源的匹配,也关系到多景影像之间的正确匹配。

目前针对遥感图像的预处理,几何校正一般是通过建立纠正变换函数实现。其大概思想是用纠正函数来建立影像坐标和地面或者地图坐标间的数学关系,即输入影像和输出影像间的坐标变换关系。而不同的数学模型采用不同的纠正方法,一般常用的是多项式法、共线方程法等。本研究图像校正采用的是多项式校正法。多项式校正法的精度与地面控制点的精度、分布和数量及校正范围有关。采用多项式校正法的优点是能保证整幅图像变换后总误差最小,但不能保证各局部的精度完全一致。具体表现在控制点多的地区几何校正的精度较高,而控制点少的地区误差较大。因此,在选取控制点时应尽量做到分布均匀。

随着遥感技术的进步,遥感影像几何校正得到了广泛的应用和研究。如多尺度几何校正,该方法可以在不同尺度下选择不同的控制点,从而更好地适应

各种不同情况下的几何校正。基于深度学习的遥感影像几何校正也得到了广泛的应用,如利用卷积神经网络(CNN)可以对遥感影像进行自动配准和几何校正。这些方法可以有效地提高几何校正的效率和精度,并且具有很好的泛化能力。此外,随着科学技术的不断发展,遥感影像具备了更高的空间分辨率和时间分辨率,显著提高了几何校正的精度和可靠性,进而更好地满足实际研究与应用需求。

2. 遥感图像镶嵌

若研究区涉及多景遥感图像,那么要获得该地区土地利用信息可以采用两种方法:一种是对每一景影像分别解译,然后在 ArcGIS 中将影像拼接,这种方法能够较好地保持各景图像的原始波段信息,但工作量大且容易出错;另一种是对各景影像先进行直方图匹配,尽量消除各景影像之间的辐射差异,然后在统一的坐标下对图像镶嵌,最后整图进行分类,这种方法操作相对简单,但是由于改变了地物的原始辐射特性,分类精度可能会有所下降。进贤县仅涉及单幅遥感影像,因此可以省去该步骤。

3. 遥感图像分割

遥感影像多尺度分割是面向对象信息提取的前提基础,其目的是将遥感影像分割成不同尺度的图像子区域,以更好地提取目标地物特征、提高图像分类精度和可视化效果等。不同分辨率图像比例尺不一,其表达的对象也有自身的尺度,即便是同一对象,在不同尺度的显示下也会有不同的特征。在对土地利用类型或景观格局进行划分时,常用到大尺度、中尺度、小尺度这样的概念来划分某一范围内的土地。然而,这仅仅是一个模糊的定义,只有用量化的方式来规定尺度,才能进行准确区分。具体来说,遥感影像分割尺度的选择通常要考虑应用场景、地物特征(形状、大小、纹理)、遥感影像质量及分辨率、算法性能等多个因素的影响。在某些情况下,可能无法事先确定合适的分割尺度,这时需要通过实验来找到最优的分割尺度,可以尝试不同的分割尺度,观察其对结果的影响,最终选择最优的分割尺度。本研究在对进贤县影像进行分割时,要使影像分割后斑块既不过于破碎,也不能使斑块过大造成类别间相互混淆、界限不清。因此经过多次实验和调整,选用尺度为 30 的分割方法对影像进行多尺度分割,采用的形状指数为 0.7,光谱紧致度为 0.3。结果表明,在这一参数设置下分割后的影像边界较为清晰,且内部同质性较好,具有较大的可分性。

4. 规则集和参数选择

运用 eCognition 软件进行自动解译最重要的是设定规则集并调试其参数。规则集中应用最多的两个参数即 *NDWI*(归一化水指数)与 *NDVI*(归一化植被指数)。*NDWI* 运用两个波段的数值组合进行计算而得出,此操作通过对比不同波长的反射率增强水的光谱信号,并且移除很大一部分的噪声成分以有效地揭示水体的划分。近红外(NIR)波段能很好地从卫星图像中检测出开放性水域,因为水体在近红外范围内有着比其他地类更强的吸收能力。中红外(MIR)波段对于开放性水域的检测也很有效,因为水体有着很高的中红外吸收率,而且其他的地类相比近红外对于中红外有着更高的反射率。绿光(green)波段对植被的光合作用和生长状态具有敏感性,因此可以用于评估植被的健康和生长情况。有几种由 *NIR* 和 *MIR* 组成的 *NDWI* 被提出,常用的有:

①$NDWI_{NIR/MIR}=(NIR-MIR)/(NIR+MIR)$

②$NDWI_{G/NIR}=(green-NIR)/(green+NIR)$

③修正 *NDWI* 系数,$NDWI_{G/MIR}=(green-MIR)/(green+MIR)$

经过调试,本研究选用第二种 *NDWI* 系数。每幅影像的系数数值范围因拍摄时间等参数的不同而不同,需对每幅影像进行调试方可确定。*NDVI* 是归一化植被指数,也称为生物量指标变化,应用于检测植被生长状态、植被覆盖度和消除部分辐射误差等。表达公式为 $NDVI=(NIR-R)/(NIR+R)$。*NIR* 为近红外波段的反射率值,*R* 为红光波段的反射率值。红色波段处于叶绿素吸收区域,植被对红色波段的反射值较大,故 *NDVI* 在遥感识别植被中发挥出较大的作用。*NDVI* 在农业尤其是监测作物长势水平上的应用较为广泛,可以对作物生长的全过程进行动态监测,对作物的播种、返青、拔节、封行、抽穗、灌浆等不同阶段的苗情、长势制出分片分级图,并与往年同样苗情的产量进行比较、拟合,从而对可能的单产做出预估。在提取地类信息上,可以利用 *NDVI* 的数值来判别植被和非植被、林地和耕地。一般而言，植被的 *NDVI* 数值大于非植被，林地的 *NDVI* 数值与耕地也不相同。然而，对于每一个年份的每一幅影像，由于影像各个参数不同，*NDVI* 的数值也不尽相同。除应用 *NDWI* 和 *NDVI* 两个指数外，本研究还运用 DEM 数据和 *Brightness*（亮度）等作为辅助分类的参数。DEM 数据越大，表明其高度越高，一般而言，高度越高的植被是林地的概率就越大，可以运用到区分林地和耕地中。*Brightness* 是影像对象的图层数量除以包含光谱信息的图层平均值的总和（一个影像对象的光谱平均值的平均值），经过调试，可以用来适当地区分耕地与林地。技术路线如图 5-1 所示。

5. 分类结果精度检验

遥感解译精度验证是遥感影像处理和应用中不可或缺的环节，其目的是通过各种方法和技术手段来评估遥感影像解译结果的准确性和可信度。遥感影像处理过程常常会受到各种因素的影响，如传感器性能、大气条件、地形等，这些因素可能导致遥感影像出现变形、失真等情况，从而影响解译结果的精度。此外，如果解译结果的精度不高，将会对应用产生不良影响，甚至可能导致决策失误。

对于遥感图像来说，常用的遥感解译精度验证方法是基于地面真实数据的比较方法，该方法将解译结果与地面真实数据进行比较，以评估解译结果的精度。常用的地面真实数据包括地图、GPS 数据等。比较时，通常采用混淆矩阵、*Kappa* 系数、准确率、召回率等指标来进行评估。该方法的优点是可以提供较为客观的评估结果，但需要大量可靠的地面真实数据。本研究采用的是基于 TTA（Test-Time Adaptation，测试时适应）掩膜的误差矩阵评价方法，在 ArcGIS 里随机选取样本点，结合 Google Earth 软件和实地勘察，确定该样本点实际的地类，再赋予各样本点地类属性，由此形成的矢量文件作为样本文件。运用 eCognition 自带的基于 sample 的精度评价功能，导入影像、解译出矢量文件及样本文件，对解译完成的影像图进行精度计算。导出的精度评价结果包括三部分，分别是混淆矩阵、单一类别的精度分析结果和总体类别的精度分析结果。以 2011 年的影像为例，导入所需资料后，导出精度检验结果和混淆矩阵如表 5-1

和表 5-2 所示。

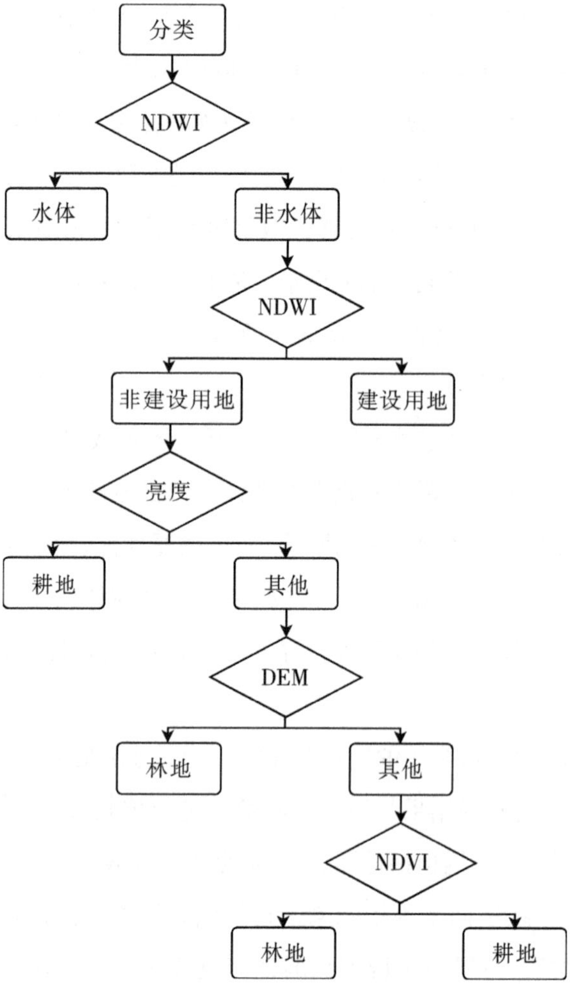

图 5-1 分类技术路线图

Kappa 系数是用于一致性检验较为理想的指标，在遥感解译精度检测中的应用十分普遍，*Kappa* 系数的值与分类质量的关系如表 5-3 所示。以 2011 年的影像为例，总体 *Kappa* 值为 0.9197。其余图像的 *Kappa* 值均在 0.8 以上，整体的分类质量都处于极好的范围。

表 5-1　精度评价样本表

地类	林地	耕地	建设用地	草地	水体	未利用地	总计
林地	124	7	0	2	0	0	133
耕地	7	196	5	1	0	1	210
建设用地	0	3	44	0	0	1	48
草地	0	0	0	14	0	0	14
水体	0	0	0	0	80	1	81
未利用地	0	0	1	0	0	14	15
总计	131	206	50	17	80	17	501

表 5-2　精度评价混淆矩阵

精度	林地	耕地	建设用地	草地	水体	未利用地
生产精度	0.9466	0.9515	0.8800	0.8235	1.0000	0.8235
用户精度	0.9323	0.9333	0.9167	1.0000	0.9877	0.9333
总体精度	0.9421					
总 *Kappa* 系数	0.9197					

表 5-3　*Kappa* 系数与分类质量的关系

Kappa 系数	分类质量
＜0.00	很差
0.00—0.20	差
0.20—0.40	一般
0.40—0.60	好
0.60—0.80	很好
0.80—1.00	极好

6. 研究区农地空间数据库的建立

本研究遥感影像数据基于地理空间数据云获取。原始影像包括 2011 年(拍摄时间 2011 年 9 月 14 日,轨道号 121/40)TM5 影像,2012 年(拍摄时间 2012 年 10 月 12 日,轨道号 121/40)Landsat 7 影像,2013 年(拍摄时间 2013 年 11 月 22 日,轨道号 121/40)、2014 年(拍摄时间 2014 年 12 月 9 日,轨道号 121/40)、2015 年(拍摄时间 2015 年 12 月 30 日,轨道号 121/40)、2016 年(拍摄时间 2016 年 12 月 10 日,轨道号 121/40)及 2017 年(拍摄时间 2017 年 12 月 19 日,轨道号 121/40)五组 Landsat 8 影像,运用 2011—2017 年遥感影像解译土地利用数据,尤其是提取农用地数据作为进贤县农地利用效率分析的基础。在利用 eCongnition 对进贤县 2011—2017 年遥感影像解译并进行精度验证后,基于同一个地理参考,利用 ArcGIS 软件叠加土壤、等高线、地貌类型等相关空间数据,并链接进贤县的社会经济数据,如人口、地区生产总值等,构建进贤县农地数据库。

第六章

研究模型及相关数据

第一节　研究模型

一、数据包络分析法

数据包络分析法是由美国运筹学家 A. Charnes、W. Cooper 和 E. Rhodes 研究出的数量分析方法。它实际上是采用线性规划技术，评价一组具有多项投入、多项产出的决策单元相对效率的非参数统计估计方法。

第一个数据包络分析模型——C^2R 模型是在 1978 年由 A. Charnes、W. Cooper 和 E. Rhodes 提出来的，它是以固定规模收益为前提，以线性规划求解有效前沿面，从而计算决策单元的相对效率。模型设定有 n 个决策单元 $DMU_j(1\leqslant j\leqslant n)$，每个决策单元有 m 个输入变量与 s 个输出变量。可记第 j 个决策单元的输入指标值为 $x_j=(x_{1j},x_{2j},\cdots,x_{mj})^T>0$，输出指标值为 $y_j=(y_{1j},y_{2j},\cdots,y_{mj})^T>0$。另外，记 $x_0=x_{j0}$、$y_0=y_{j0}$ 为 DMU_{j0} 对应的输入、输出数据。评价单元 DMU_{j0} 的 DEA 模型表示为：

$$\begin{cases}\max \dfrac{u^Ty_0}{v^Tx_0}\\ \dfrac{u^Ty_j}{v^Tx_j}\leqslant 1(j=1,2,\cdots,n)\\ u\geqslant 0,v\geqslant 0\end{cases}\tag{6-1}$$

利用 Charners-Cooper 变换：

$$\begin{cases} t = \dfrac{1}{v^T x_0} > 0 \\ w = tv \\ u = tu \end{cases} \tag{6-2}$$

将分式形式的 C^2R 模型转化为与之等价的线性规划：

$$P^I_{C^2R} = \begin{cases} \max\ u^T y_0 = h_o \\ w^T x_j - u^T y_j \geqslant 0 (j = 1,2,\cdots,n) \\ w^T x_0 = 1, w \geqslant 0, u \geqslant 0 \end{cases} \tag{6-3}$$

线性规划(6-3)的对偶规划为：

$$D^I_{C^2R} = \begin{cases} \min\ \theta \\ \text{s. t. } \sum_{j=1}^{n} x_j y_j \leqslant \theta x_0 (j=1,2,\cdots,n) \\ \sum_{j=1}^{n} x_j y_j \geqslant y_0, \lambda_j \geqslant 0 (j=1,2,\cdots,n) \end{cases} \tag{6-4}$$

若规划 $P^I_{C^2R}$ 的最优值等于 1，则称 DMU_{j0} 为弱 DEA 有效；若规划 $P^I_{C^2R}$ 存在最优解 w^*, u^* 满足 $w^* > 0, u^* > 0$，并且最优值

$$u^{*T} y_{j0} = 1$$

则称 DMU_{j0} 为 DEA 有效。

以上是面向输入的基于投入最小原则的 C^2R 模型。若以产出最大为目标，那么对应面向输出的 C^2R 模型及其对偶规划则如下所示：

$$P^0_{C^2R} = \begin{cases} \min\ w^T x_{j0} \\ \text{s. t. } w^T x_j - u^T y_j \geqslant 0 (j = 1,2,\cdots,n) \\ u^T y_{j0} = 1, w \geqslant 0, u \geqslant 0 \end{cases} \tag{6-5}$$

$$D^0_{C^2R} = \begin{cases} \max\ z \\ s.\ t.\ \sum_{j=1}^{n} x_j \lambda_j \leqslant \theta x_{j0} (j=1,2,\cdots,n) \\ \sum_{j=1}^{n} x_j \lambda_j \geqslant z y_{j0}, \lambda_j \geqslant 0 (j=1,2,\cdots,n) \end{cases} \tag{6-6}$$

若规划 $P^0_{C^2R}$ 的最优值等于 1，则称 DMU_{j0} 为弱 *DEA* 有效；若规划 $P^0_{C^2R}$ 存在

最优解 w^*, u^* 满足 $w^*>0, u^*>0$，并且最优值

$$u^{*T}y_{j0}=1$$

则称 DMU_{j0} 为 DEA 有效。

BC² 模型是 1984 年 A. Charnes、W. Cooper 和 E. Rhodes 三人将可变规模报酬考虑进 C²R 模型得出的修正版模型。该模型不仅可以测算 DMU 的整体效率，还可以测算决策单元的规模效率、技术效率和规模报酬情况，相比 C²R 扩大了测算范围。

对于第 $j0$ 个决策单元，面向输入的 BC² 模型及其对偶规划分别为：

$$P^I_{BC^2}=\begin{cases}\max\ u^Ty_{j0}+u_0\\ \text{s. t. } w^Tx_j-u^Ty_j-u_o\geqslant 0(j=1,2,\cdots,n)\\ w^Tx_{j0}=1, w\geqslant 0, u\geqslant 0\end{cases}\tag{6-7}$$

$$D^I_{BC^2}=\begin{cases}\min\ \theta,\ \sum_{j=1}^n\lambda_j=1\\ \text{s. t. } \sum_{j=1}^n x_j\lambda_j\leqslant\theta x_{j0}(j=1,2,\cdots,n)\\ \sum_{j=1}^n y_j\lambda_j\geqslant y_{j0},\ \lambda_j\geqslant 0(j=1,2,\cdots,n)\end{cases}\tag{6-8}$$

若规划 $P^I_{BC^2}$ 的最优值等于 1，则称 DMU_{j0} 为弱 DEA 有效；若规划 $P^I_{BC^2}$ 存在最优解 w^*, u^* 满足 $w^*>0, u^*>0$，并且最优值

$$u^{*T}y_{j0}+u_0^*=1$$

则称 DMU_{j0} 为 DEA 有效。

面向输出的 BC² 模型及其对偶规划分别为：

$$P^0_{BC^2}=\begin{cases}\min\ w^Tx_{j0}-u_0\\ \text{s. t. } w^Tx_j-u^Ty_j-u_0\geqslant 0(j=1,2,\cdots,n)\\ u^Ty_{j0}=1, w\geqslant 0, u\geqslant 0\end{cases}\tag{6-9}$$

$$D^0_{BC^2}=\begin{cases}\max\ z,\ \sum_{j=1}^n\lambda_j=1\\ \text{s. t. } \sum_{j=1}^n x_j\lambda_j\leqslant x_{j0}(j=1,2,\cdots,n)\\ \sum_{j=1}^n y_j\lambda_j\geqslant zy_{j0},\ \lambda_j\geqslant 0(j=1,2,\cdots,n)\end{cases}\tag{6-10}$$

若规划 $P_{BC^2}^0$ 的最优值等于 1,则称 DMU_{j0} 为弱 DEA 有效;若规划 $P_{BC^2}^0$ 存在最优解 w^*,u^*满足 $w^*>0$,$u^*>0$,并且最优值

$$u^{*T}y_{j0}-u_0^*=1$$

则称 DMU_{j0} 为 DEA 有效。

二、考虑非期望产出的超效率 SBM 模型

传统 DEA 模型都是基于最小投入、最大产出的基本假设,但在现实农业生产中,农药、化肥及塑料薄膜的使用往往在带来益处的同时产生碳排放、白色污染等非期望产出,忽略这一部分环境的负外部效应将使农地利用效率失真。另外,与传统 DEA 模型相比,超效率 SBM 模型可以在传统 DEA 模型测度效率值为 1 时进一步区分哪个有效 DMU 的效率水平更高或者更低。因此本书充分考虑非期望产出,构建非期望产出在变动规模下的超效率 SBM 模型,对进贤县 2011—2017 年农地利用效率进行测算。具体公式如下:

$$\min \rho=\frac{1-\frac{1}{m}\sum_{i=1}^{n}\frac{\bar{x}}{x_{i0}}}{\frac{1+1}{(s_1+s_2)\left(\sum_{r=1}^{s_1}\frac{y^g}{y_{r0}^g}+\sum_{u=1}^{s_2}\frac{y^b}{y_{u0}^b}\right)}} \tag{6-11}$$

$$\begin{aligned}
s.t.\ x &\geqslant \sum_{j=1,\neq 0}^{n}\lambda_j x_j (i=1,\cdots,m)\\
y^g &\leqslant \sum_{j=1,\neq 0}^{n}\lambda_j y_j^g (j=1,\cdots,s_1)\\
y^b &\geqslant \sum_{j=1,\neq 0}^{n}\lambda_j y_j^b (j=1,\cdots,s_2)\\
\lambda_j &> 0(j=1,\cdots,n)\\
x &\geqslant x_0(0=1,\cdots,m)\\
y^g &\leqslant y_0^g(g=1,\cdots,s_1)\\
y^b &\leqslant y_0^b(b=1,\cdots,s_2)
\end{aligned}$$

公式(6-11)中,m 为决策单元投入数量,x 表示投入指标,y^g 与 y^b 分别为期望产出、非期望产出,向量 s 为松弛量,λ为常数。

三、空间分析模型

1. K 均值聚类分析

聚类分析是一种将分类对象按照自身类别特征进行划分的统计方法，聚类分析后的同一类对象通常具有某种相似特征。K 均值聚类分析是一种经典的聚类分析方法，由于其简单、高效的特点，常被应用于用户分类、组合优化、数据分析等各领域。其原理是将原始数据分为 K 组，从中随机选取 K 个样本作为初始的聚类中心，再计算每个其他样本与所选取的中心之间的距离，将每个样本分配给与之相邻的聚类中心，并确保被分配到同一中心的样本之间的误差平方和最小。每当一个样本分配完毕，依据所在的类别，聚类中心将被重新计算，直到所有样本被分配完毕，且聚类中心不再发生改变。基于以上特征，本研究将 K 均值聚类分析法用于耕地利用效率的空间分类，以对不同利用效率等级的研究区进行划分。

2. 重心转移

重心转移法可以用来度量某个要素在空间中的位置变动情况，在本研究中主要用于识别耕地利用效率均衡点的空间迁移方向。由于各县（区）耕地利用效率的高低不等，在全市范围内将形成一个效率均衡点，可以表示各县（区）效率值的相对状况。随着时间增长，各县（区）耕地利用效率的变动幅度不同，效率均衡点将受到牵引向不同的方向移动，这些均衡点的移动轨迹即能勾绘出耕地利用效率空间演变的轨迹。公式如下：

$$\begin{cases} X = \dfrac{\sum_{i=1}^{n} E_i x_i}{\sum_{i=1}^{n} E_i} E_i \\ Y = \dfrac{\sum_{i=1}^{n} E_i y_i}{\sum_{i=1}^{n} E_i} E_i \end{cases} \tag{6-12}$$

(x_i, y_i) 表示区域中心坐标，在 ArcGIS 10.2 中计算得到；E_i 表示该区域的耕地利用综合效率值，(X, Y) 即为效率均衡点的坐标。

3. 趋势面分析

趋势面分析是一种基于数学模型直观展现地理要素的空间分布及变化趋

势的方法,其原理是通过回归分析,运用最小二乘法拟合出一个二维非线性函数,建立空间曲面来模拟地理要素在空间上的变化趋势和分布规律。空间中的趋势面分析,就是基于地理要素的实际分布状况,从中分解出趋势值和剩余值,公式如下:

$$P_i(x_i,y_i)=\widetilde{P_i}(x_i,y_i)+\varepsilon_i \tag{6-13}$$

式中,P_i 为地理要素的实际观测值;$\widetilde{P_i}$ 表示该要素分布趋势面的拟合值;ε_i 表示剩余值,即残差值。在进行趋势面的拟合时,残差的平方和越小,则所推算的趋势面将越接近实际情况。

趋势面分析可以通过 ArcGIS 10.2 中的地统计分析功能实现,输出的结果是三维坐标系图,其中 x、y 坐标分别表示该点的真实地理坐标,z 坐标则表示耕地利用效率值。坐标系中的这些点相连接将形成一个不规则曲面,就表示了耕地利用效率在空间中复杂的分布趋势,从而揭示耕地利用效率的分布格局。

4. 泰尔指数

泰尔指数又被称为泰尔熵标准,最初是用来衡量区域水平差异度的一项指数,取值区间为 0—1。泰尔指数的值越大,则表明区域收入水平的差异越大。泰尔指数可以同时衡量组内差异和组间差异对总差异的贡献程度,因此对泰尔总指数进行分解后,还可以对差异的来源进行一定的深入分析。基于前人相关研究,本研究运用泰尔指数对耕地利用效率的区域差异进行分析,公式如下:

$$T=\frac{1}{n}\sum_{i=1}^{n}\frac{E_i}{\bar{E}}\ln\frac{E_i}{\bar{E}} \tag{6-14}$$

$$T_a=\sum_{k=1}^{k}\frac{n_k}{n}\times\frac{E_k}{\bar{E}}\times\ln\frac{E_k}{\bar{E}} \tag{6-15}$$

$$T_b=\sum_{k=1}^{k}\frac{n_k}{n}\times\frac{E_k}{\bar{E}}\times T(E_k) \tag{6-16}$$

$$T=T_a+T_b \tag{6-17}$$

式中,T 为泰尔总指数,T_a 为组间差异,T_b 为组内差异,n 为研究单元的数量，k 为分组的组数，E_i 表示第 i 个研究单元的耕地利用效率值，$\bar{E}$ 为耕地利用效率均值，E_k 表示第 k 组的耕地利用效率的均值，$T(E_k)$ 表示第 k 组的耕地利用效率值。

四、逐步回归模型

逐步回归的基本思路是将变量按一定的顺序引入模型，对每一个变量都进行 F 检验，并对已经被引入的变量进行 t 检验。模型运行过程中，新变量的引入将导致整个样本发生变化，此时之前引入的变量的显著性可能减弱，则将未能通过检验的变量剔除，以确保当前被留下的变量都具有显著性。如此反复操作，直到不再有显著的变量被引入回归方程，且不再有不显著的变量被剔除为止，此时所得到的解释变量集合即为最优解。其具体步骤如下：

（1）先对各变量进行回归分析，计算出因变量 Y 与自变量 $x_1, x_2, \cdots, x_n$ 之间的拟合度 R^2；

（2）按照 R^2 的大小对自变量进行排列；

（3）选取自变量中 R^2 最大的自变量建立回归分析模型：

$$Y = a_1 + a_2 x_i t_1 F_1 (X_i^1) \tag{6-18}$$

选取下一个自变量进行回归分析：

$$Y = b_1 + b_2 x_i + b_3 x_j t_2 F_2 (X_i^2)\ (X_j^2) \tag{6-19}$$

式中，a、b 为常数；t、F 为对应的检验值；X 表示当前已被引入的变量。若满足 $t_1 < t_2$、$F_1 < F_2$，且自变量 x 仍然显著，则选择将该变量保留，否则将其从模型中剔除。

（4）重复上述步骤，直到所有的自变量都得到筛选，即得到最终结果。

五、空间统计分析方法

探索性空间数据分析（Exploratory Spatial Data Analysis, ESDA）是一种可揭示区域地理空间事物或现象的某一属性特征与其邻近单元的相同属性的关联程度的空间统计分析方法。根据分析的空间尺度可分为全局空间自相关和局部空间自相关。全局空间自相关建立在空间平稳性这一假设基础上，认为区域整体呈现为集聚、分散或随机分布中的一种，对于局部空间的非平稳特征考察不足，局部的空间非平稳性可能被全局的空间表征所掩盖，而借助局部空间自相关分析可以探究整个区域特定属性的空间变化是否均质或者存在异质性。全局 *Moran's I* 和全局 *Geary's C* 指数是用于度量空间自相关的全局指标，而空间联系局部指标（Local Indicators of Spatial Association，LISA）是常用的局部空间自相关统计量，包括局部 *Moran's I* 和局部 *Geary's C* 指数。本研究主要采用全局 *Moran's I* 和局部 *Moran's I* 进行空间相关性分析，计算公式如下：

$$I=\frac{1}{S^2}\frac{\sum_{i=1}^{n}\sum_{j=1}^{n}\omega_{ij}(x_i-\bar{x})(x_j-\bar{x})}{\sum_{i=1}^{n}\sum_{j=1}^{n}\omega_{ij}} \tag{6-20}$$

$$I_i=\frac{(x_i-\bar{x})}{S^2}\sum_{j}w_{ij}(x_j-\bar{x}) \tag{6-21}$$

$$S^2=\frac{1}{n}\sum_{i=1}^{n}(x_i-\bar{x})^2 \tag{6-22}$$

式中，I 为全局 *Moran's I*，I_i 为局部 *Moran's I*，S^2 表示方差，n 代表研究单元的数量，ω_{ij} 为空间权重矩阵，x_i、x_j 和 $\bar{x}$ 分别表示存在空间关联的研究单元的属性值及其均值。

六、地理探测器

地理探测器是探测空间分异性及揭示其驱动力的统计学方法，包含分异及因子探测器、交互作用探测器、风险区探测器和生态探测器等。其中，分异及因子探测器用于探测因变量的空间分异性和自变量因子在多大程度上揭示了因变量的空间分异。其计算公式如下：

$$q=1-\frac{\sum_{h=1}^{L}N_h\sigma_h^2}{N\sigma^2} \tag{6-23}$$

式中，h 为变量 Y 或因子 X 的分类，N_h 和 N 分别为类 h 和全部类别的数量，σ_h^2 和 σ^2 分别是类 h 和全部类别 Y 的方差。

七、空间计量模型

常见的空间计量模型有空间滞后模型（Spatial Lag Model，SLM）、空间误差模型(Spatial Error Model,SEM)和空间杜宾模型(Spatial Dubin Model,SDM)。其中,SLM 模型通过空间滞后变量衡量空间地理位置变化带来的影响,即认为空间相关性源于被解释变量的空间依赖性。与 SLM 模型不同,SEM 模型认为空间效应存在于随机误差项中,即邻近区域的误差滞后因子会对邻近地区及本地的被解释变量产生影响。而 SDM 模型同时考虑了被解释变量的空间效应和误差项的空间交互效应,能较好地考察由空间依赖性和随机扰动项导致的空间效应。由于引入空间权重矩阵使得回归模型不再具有线性结构,被解释变量间存在一定的反馈效应,因此模型回归系数不能完全反映自变量对因变量的影响,滞后项系数也无法准确描述空间溢出效应。学者们借助偏导矩阵方法分解得到直接效应、间接效应和总效应。直接效应包括本地解释变量对本地被解释变量的直接作用和本地解释变量对邻近地区被解释变量产生影响而导致的反馈效应;间接效应衡量邻近地区解释变量对本地被解释变量的平均影响程度;总效应为直接效应与间接效应之和,代表研究区内所有解释变量对被解释变量的影响程度。SDM 模型及效应分解公式如下:

$$Y_{it}=\rho\sum_{j=1}^{n}W_{ij}Y_{it}+\sum_{q=1}^{m}\beta_{iq}X_{it}+\sum_{j=1}^{n}W_{ij}X_{it}\theta+\mu_i+\delta_t+\varepsilon_{it} \tag{6-24}$$

$$\left[\frac{\delta Y}{\delta X_{1m}}\cdots\frac{\delta Y}{\delta X_{nm}}\right]=(1-\rho W)^{-1}\begin{bmatrix}\beta_m & W_{12}\theta_m & \cdots & W_{1n}\theta_m\\ W_{21}\theta_m & \beta_m & \cdots & W_{2n}\theta_m\\ \vdots & \vdots & \vdots & \vdots\\ W_{n1}\theta_m & W_{n2}\theta_m & \cdots & \beta_m\end{bmatrix} \tag{6-25}$$

式中,Y_{it} 代表被解释变量,W_{ij} 为空间权重矩阵,X_{it} 代表解释变量的向量,β_{iq} 为对应解释变量的系数,μ_i 代表个体固定效应,δ_t 代表个体的时间固定效应,ε_{it} 为随机干扰项,ρ 为空间自相关系数,θ 代表空间滞后项的系数向量。

第二节 数据说明

本书主要以进贤县为研究区域,以乡镇为研究单元,具体包括民和镇、李渡镇、文港镇、泉岭乡等,共 21 个乡镇。主要研究 2011—2017 年进贤县 21 个乡镇的农地利用效率情况。

数据来源于 2011—2017 年的《进贤统计年鉴》,具有可行性与可得性。其中农作物播种总面积无直接数据,其计算方法为粮食作物面积与经济作物面积之和;农业从业人员为女性农业从业人员与男性农业从业人员的总和;农业机械总动力包括用于农林牧渔业的各种动力机械的动力总和;农林牧渔业总产值统计年鉴中无各个乡镇的具体数据,因此本书对统计年鉴中所有的农业产值、林业产值、牧业产值、渔业产值及农林牧渔服务业产值进行累加;其他数值统计年鉴中可直接获取。

第七章

研究区农业发展与农地利用现状

第一节　研究区农业发展现状

一、研究区农业发展状况

进贤县作为江西省的传统农业县，一直以来都重视农业发展，素有“三山三水三分田，一分道路和庄园”之说，是享有盛誉的江南“鱼米之乡”。进贤县土地肥沃，降水充沛，气候温和，适合多种农作物的种植，具备优越的农业生产条件。

2011 年，进贤县农林牧渔总产值为 64. 49 亿元，2012 年达到 71. 19 亿元，2017 年增长至 89. 40 亿元，2011—2017 年共增长了 24. 91 亿元，增长率为 38. 63%，年均增长量为 4. 15 亿元。其中农业产值在 2011 年为 20. 55 亿元，2017 年增长到 31 亿元，增长量达到 10. 45 亿元，增长率为 50. 85%，年均增长量为 1. 74 亿元，农业产值增长量占农林牧渔总产值增长量的 41. 95%，可谓是发展迅猛。

1. 积极发展现代化农业

进贤县依托本土资源优势，因地制宜发展特色农业，深化农旅融合，使高质量发展底盘更稳，在全面推进乡村振兴中持续发力。进贤县在全县大力推进机械化、智能化农机技术发展，以集约化、规模化生产方式代替原本分散粗放的生产方式，推动农业技术创新和农业生产效率不断提升。在农田耕作方面，进贤县建设了水稻机械化育秧中心，为早稻种植面积超过 3000 亩(200 公顷)的乡镇提供机械化育秧服务。在秸秆利用方面，进贤县通过支持秸秆收储运能力建设、秸秆还田示范建设、秸秆规模化利用建设等措施，进一步提高秸秆的综合利用率。同时，进贤县还对农户提供农资购买、育秧插秧、病虫害防治等一系列的专业技术指导，全力确保农作物产量和质量实现双提升，推动全县农业高质高效发展。

2. 森林资源长效发展

进贤县切实践行“绿水青山就是金山银山”生态文明理念，持续落实“扩绿、护绿、管绿、活绿”等举措，巩固省级森林城市创建成果，坚持推进林地资源可持续利用，在经济、生态、社会效益等方面取得明显成效。进贤县逐年提升县域绿化量，稳固绿色生态体系，2020 年度完成营造林面积 6. 28 万亩(约 4187 公顷)，比上年度增加 2. 76 万亩(1840 公顷)。进贤县以林长制为抓手，强化执法监管，增强保护森林内生动力，筑牢森林安全体系，全力守护绿水青山，全县的 59. 8 万亩(约 3987 公顷)森林都列入森林保险，落实 12. 52 万亩(约 8347 公顷)国家公益林、10 万亩(约 6667 公顷)省级公益林管护责任和资金补偿，让企业和林农享受森林资源良性循环带来的“生态红利”和“绿色福利”，促成全县林下经济产业强劲发展，带动更多林农创收致富。

3. 畜牧产业布局进一步优化

进贤县围绕“加快现代都市城郊型畜牧业发展”主线，着力转方式、调结构、优布局，全县畜牧业供给侧结构性改革稳步推进，成效明显。为促进生态、绿色、高效型畜牧业又好又快发展，进贤县以强化准入审批为抓手，以招商引资为驱动力，充分利用县内山地资源丰富的特点，大力发展牛羊鹅等草食畜禽，先后成功引进三里大有年、文港桐汐 2 个万羽养鹅场，下埠尚食园、钟陵茂兴 2 个千头以上肉牛场。通过政府驱动、部门引导、龙头带动、市场拉动，全县草食畜禽养殖业蓬勃发展。进贤县逐渐形成了沿进长、进阳、进里三条公路乡镇生态养猪，沿 320 国道乡镇养鸡，沿文港、长山晏、白圩、下埠集、衙前、钟陵、罗溪等丘陵地带养牛羊，沿温圳、架桥、李渡、文港、泉岭、罗溪、前坊、三里、三阳集等水网发达乡镇养水禽的畜牧产业格局，各乡镇、各区域、各板块的畜牧产业特色鲜明。

4. 渔业发展效益显著

进贤县地处江西省中部北侧，气候温和，为发展水产养殖产业提供了良好的区位优势。进贤县拥有湖泊、水库、池塘等水域面积 87.57 万亩（58380 公顷），渔业资源十分丰富，被省农业农村厅认定为“无公害水产品产地”。县域内最大淡水湖军山湖享有“河蟹之乡”的盛誉，面积达 32 万亩，出产的清水大闸蟹名扬海内外，为国家“地理标志产品”。2019 年，进贤县水产养殖面积 42.7 万亩（约 2847 公顷），水产品总产量近 12.57 万吨，渔业总产值超 58.65 亿元。进贤县紧紧围绕“推进健康、绿色、高质量发展，提升核心竞争力”的奋斗目标，着力转方式、调结构、优布局、强服务、重示范、严监管，充分发挥龙头企业及产业园区的示范带动作用，建立长效监管机制，认真开展示范创建。2022 年，农业农村部公布国家级水产健康养殖和生态养殖示范区名单，进贤县是江西省唯一入选的县。

总体来看，进贤县农业发展状况良好，各行业发展特色较为鲜明，在政府部门相关政策与资金的大力支持下，农户积极从事各类农业生产活动，已经获得较为突出的发展效益，未来仍具有较大的发展潜力。

二、研究区农业发展特征

进贤县是全国商品粮基地。随着国家大力推进农业农村现代化，进贤县通过积极进行项目申报，不断争取中央财政资金、地方财政配套资金，将更多的农用地建设成为高标准农田。此外，进贤县不断推进现代智慧农业发展，坚持引进培育农业产业化龙头企业，打造一批国家级现代农业示范园和田园综合体，推动一二三产业深度融合、提效增值，带动更多当地农民在家门口实现就业，为乡村振兴注入源源不断的活力。总体来看，进贤县农业发展主要呈现以下几个方面的特征。

1. 农业产值稳步增长,但农业经济结构不尽合理

2017年,进贤县实现农林牧渔总产值89.40亿元,比上年同期增长6.58%。其中,农业实现产值31亿元,比上年同期增长7.46%;林业实现产值0.70亿元,比上年同期增长6.06%;畜牧业实现产值29.01亿元,比上年同期增长7.33%;渔业实现产值27.07亿元,比上年同期增长5.99%;农林牧渔服务业实现产值1.61亿元,比上年同期增长8.05%。进贤县在农林牧渔业等方面的产值均实现了稳定增长,从增长速度来看,农林牧渔服务业产值增长最快,渔业产值增长最慢;从增长量来看,农业产值增长量最多,达到2.15亿元,林业产值增长量最少,为0.04亿元。

但是从总体来看,进贤县的农业经济结构却不尽合理。从进贤县统计数据能够看出:2011年,进贤县农业产值占农林牧渔总产值的比重为31.87%,林业产值所占比重为0.76%,牧业产值所占比重为39.59%,渔业产值所占比重为26.09%,农林牧渔服务业产值所占比重为1.69%;2017年,农、林、牧、渔及农林牧渔服务业产值所占比重分别为34.69%、0.78%、32.45%、30.28%及1.81%。经过近些年来的发展,农业、牧业、渔业的产值占比有所变动,但总体上一直占总产值的97.5%左右,而林业产值与农林牧渔服务业产值一直以来占比较低,二者仅占总产值的2.5%左右,与其他产业有着很大的差距。进贤县农业经济结构的协调发展水平较低,林业和农林牧渔服务业亟须加大技术、政策扶持力度,优化产业结构布局,加快提升行业发展效益。

2. 农产品产量持续增加,但农业增收难度逐年加大

"十二五"规划期间(2011—2015年),进贤县紧紧围绕"农业转型、农业增效、农民增收"的总体目标,实施各项农产品增收措施来促进农业产值的提升,例如积极改进农业生产技术、改良种植品种。2011—2015年间,进贤县粮食作物产量由504737吨提升至535176吨,增长了30439吨,年均增长量达到7609.75吨,增长幅度喜人。"十三五"规划期间(2016—2020年),进贤县继续加大农业投入,为农业生产创造更加优质的条件。2017年,粮食作物产量达到

543380 吨，相比 2015 年增长量为 8204 吨，年均增长量达到 4102 吨。

近些年进贤县的粮食产量实现了持续增长，增加农业投入、实施增收措施对农业增收起到了显著的效果，但是年均增长量越到后期增加幅度越小，农业增收的难度正在逐年加大，说明这些举措创造效益的活力正在逐渐降低。农业增收会受到多种因素的影响，生产成本增加、自然灾害发生、政策执行不合理均会导致农业收益降低。进贤县今后仍需加强农业科技创新，加大农业生产投入，优化农业产业结构，不断为农业增收创造良好的外部条件。

3. 农民收入有所增长，农业劳动力整体素质不高

近些年来，随着进贤县农业生产条件不断改善，农业经济发展较为迅速，农民经济收入也实现了增长。2011 年农民人均纯收入为 14360 元，2014 年农民人均纯收入为 12858 元，2017 年农民人均纯收入达到 15439 元，2017 年相比 2011 年增长了 1079 元，增长率达到 7.5%，实际的增长速度较为缓慢。

通过对民和镇与三里乡进行实地调研，了解到大部分农民为初中及以下学历，可见进贤县农业劳动力的整体素质并不高。相比较于城市，农村地区的就业机会相对有限，农业生产效益较低，导致长期从事农业生产的劳动力多为中老年群体。城市的工业及服务业为年轻人提供了更多的就业机会，因此吸引了一大批年轻人进城务工。农村地区的人口老龄化问题日渐严重，而且随着越来越多的年轻人不再从事农业生产，致使农村劳动力大幅减少，这种现象将会制约农业生产水平的提高。未来进贤县需要采取相应措施，积极培养人才、吸纳人才、留住人才，让更多的高素质、专业化农业人才为农业农村现代化发展贡献智慧与力量。

第二节　研究区农地利用状况分析

基于遥感影像数据解译结果，使用 ArcGIS 软件将影像解译结果与进贤县乡镇行政界线相交，导出经过相交处理的属性表，再通过数据透视表得到进贤县各个乡镇的各地类利用状况，最终结果如表 7-1 所示。

表 7-1 2011—2017 年研究区农地利用状况表

单位：公顷

乡镇	耕地面积				林地面积				草地面积			
	2011 年	2013 年	2015 年	2017 年	2011 年	2013 年	2015 年	2017 年	2011 年	2013 年	2015 年	2017 年
进贤县	83689	80409	80957	81333	38498	37833	36724	35741	4947	4900	4804	4850
白圩乡	3736	3756	3728	3747	5148	5123	5116	5101	204	201	198	195
池溪乡	4125	4116	4055	4091	3480	3486	3518	3562	351	352	344	338
二塘乡	3981	3763	3899	3913	671	652	651	638	142	141	139	135
架桥镇	2991	2998	3285	3410	283	255	198	183	77	77	75	71
军山湖管委会	797	760	752	797	96	99	105	101	56	56	55	56
李渡镇	1590	1997	1658	1592	428	442	435	424	70	68	69	70
罗溪镇	3504	3588	3597	3612	303	286	271	253	143	142	141	143
梅庄镇	5385	4797	5204	5302	347	325	289	223	244	235	236	244
民和镇	6953	6481	6785	6864	3984	3689	3526	3227	335	336	338	335
南台乡	3827	3591	3568	3827	2183	2179	2248	2276	115	118	119	115
七里乡	5766	4955	3817	3825	263	259	269	265	160	168	159	148
前坊镇	4598	4501	4504	4598	1031	1055	1017	1028	416	410	408	402
青岚湖水产场	328	332	315	310	42	44	44	43	32	32	32	33

续表

乡镇	耕地面积				林地面积				草地面积			
	2011 年	2013 年	2015 年	2017 年	2011 年	2013 年	2015 年	2017 年	2011 年	2013 年	2015 年	2017 年
泉岭乡	2774	2854	2781	3114	568	496	458	417	193	192	190	193
三里乡	5737	4610	4655	4634	170	170	170	169	342	345	289	342
三阳集乡	3494	3356	3295	3324	311	312	312	317	65	66	62	65
省红壤研究所	95	95	95	97	149	149	149	149	2	3	2	2
省五里垦殖场	197	190	190	197	7	7	7	7	9	8	7	9
省永桥农场	326	305	325	326	283	256	265	279	44	41	40	44
温圳镇	2866	2785	2676	2563	1048	1038	1036	1030	174	170	170	174
文港镇	2557	2612	2456	2555	770	759	744	739	205	203	199	205
下埠集乡	4525	4516	4875	5277	5353	5259	4458	4198	644	632	628	621
御前乡	2718	2718	2718	2718	2824	2824	2819	2816	117	115	115	115
张公镇	2897	2865	3962	2891	1346	1348	1352	1352	109	107	101	98
长山晏乡	2057	2045	2016	2061	2528	2436	2389	2066	140	135	139	140
钟陵乡	5863	5823	5746	5690	4885	4885	4878	4874	559	547	549	559

一、研究区农地利用结构及变化

根据影像数据解译结果可知:2017 年,进贤县土地总面积为 19.55 万公顷,其中耕地面积为 81333 公顷,占进贤县土地总面积的 41.59%,是占比最大的部分;林地面积为 35741 公顷,占土地总面积比重为 18.28%;面积最少的是草地,总面积为 4850 公顷,仅占进贤县土地总面积的 2.48%;进贤县农地总面积为 12.19 万公顷,占全县土地总面积的 62.37%。

从 2017 年进贤县农地利用结构图(见图 7-1)可以直观得出:进贤县各类农地中,耕地面积占农地总面积的比重最高,达到 66.71%;林地面积所占比重为第二高,达到 29.31%;草地面积所占比重最少,仅为 3.98%。可见,进贤县农地利用方式较为单一。

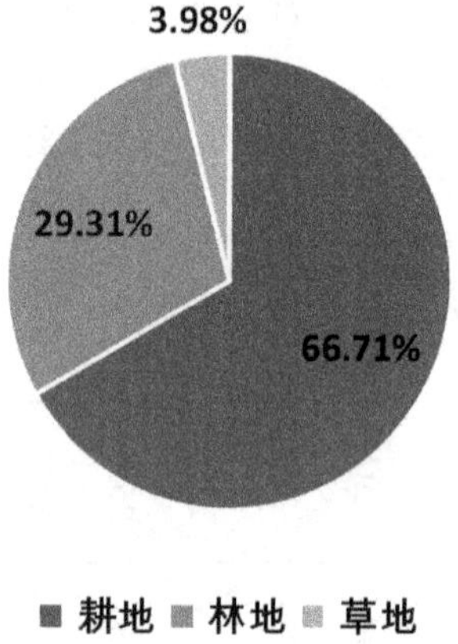

图 7-1　2017 年研究区农地利用结构

根据进贤县农地利用结构图和农地利用状况表可得,在 2011—2017 年间,进贤县耕地面积与林地面积均有较明显的减少,草地与水域面积有小幅度的减少,而建设用地与其他用地面积均有较大幅度的增加。进贤县在研究期内发展速度较快,城市建设用地扩张及城市化发展对农地利用结构造成了冲击,部分耕地和林地被侵占为建设用地或其他用地。

具体到单一地类的变化情况来看,2011—2017 年,进贤县耕地面积从

83689 公顷减少至 81333 公顷，共减少了 2356 公顷；林地面积从 38498 公顷减少至 35741 公顷，共减少了 2757 公顷；草地面积从 4947 公顷减少至 4850 公顷，共减少了 97 公顷；农地面积共减少了 5210 公顷。总体来看，2011—2017 年，进贤县耕地面积减少了 2.82%，林地面积减少了 7.16%，草地面积减少了 1.96%，林地面积的减少幅度与减少量均为最大，说明林地在研究期内转出为其他用地的数量最多。但是进贤县需要注意，在城市规模扩张的同时，要加强对农地资源的保护和管理，以实现农地资源可持续利用。虽然通过土地整治、废弃土地复垦及农业结构调整能够补充部分农地数量，但是建设用地占用、自然灾害发生将会对农地资源减少有更明显的影响，所以需要在农地保护方面下更大功夫，把控城市建设用地扩张，并加强农地防护工程建设，减少自然灾害发生对农地资源造成的损失。与此同时，对农地资源的保护不能仅仅停留在农地规模的不减少，还应该重视农地生态系统的维护和农地质量的提高（范辉，2018）。

二、研究区农地利用存在的问题

1. 农地利用结构不合理，耕地供需存在矛盾

进贤县农地利用以耕地和林地为主，耕地面积占农地总面积的比重近七成，耕地主要分布于县域中北部地区，林地主要分布于县域东南部地区，草地为零星分布态势，可见农地利用结构不够协调，存在显著的地域差异。进贤县东南部地区多低丘，耕作条件较差，故该区域多分布林地；西北部地势平缓、土壤质地更好，适宜种植耕作，故多开垦为耕地；草地面积占比极少，零星分布于耕地、林地之间。农地利用结构不合理将会制约农地利用效益的提高，进贤县应当注重农林牧渔业的综合发展，加快形成合理的产业结构布局。此外，随着农业结构调整、生态退耕、自然灾害损毁、非农建设、新产业新业态基础设施项目等占用耕地，耕地减少趋势加快，耕地保护压力增大。受到城市扩张的影响，进贤县耕地、林地面积在研究期内减少较多，均有 2000 公顷以上，而且随着建设用地需求的增长，进贤县耕地后备资源缺乏现象将会更加凸显，城镇化用地需

求和耕地资源保护的矛盾将会日益突出。

2. 研究区存在一定的耕地非农化现象

耕地非农化是违规占用耕地开展非农建设的行为，如违规占用耕地建房，违规占用永久基本农田绿化造林，在高速铁路、国道省道（含高速公路）、河渠两侧违规占用耕地超标准建设绿化带，在耕地上大规模挖湖造景等行为。进贤县在研究期内的发展速度较快，城乡各类建设项目逐渐增多，建设用地需求也不断增大，部分地区土地管理措施不到位或者相关政策执行不力，就会出现建设用地占用耕地的现象。2011—2017 年，进贤县耕地面积减少了 2356 公顷，减少数量明显，可见进贤县未能有效保护好耕地资源。进贤县今后需要加大对非农建设违法违规占用耕地的执法监督力度，依法依规进行查处整改，进一步健全耕地保护机制，确保落实耕地占补平衡，促进耕地保护能力和水平得到全面提升。此外，进贤县还要注重集约型发展，控制城镇用地扩张规模，加强城乡统筹规划发展，严格防止城镇周边、交通沿线等优质耕地被非法占用（黄祖辉等，2022）。

第八章

研究区农地利用效率时空动态分析

第一节　研究区农地利用效率评价指标体系的建立

一、确定投入、产出指标的原则

DEA 模型对数据有严格的要求，在运行中必须保证数据的完整性与准确性，如果数据不够完整，模型的结果就会受到影响，导致模型的准确性降低。此外，数据的准确性也会直接影响模型运行的结果，如果数据不够准确，将会导致模型结果失真。所以，运用 DEA 模型进行农地利用效率的测度，需要保证指标数据的完整准确。为构建科学合理的投入、产出评价指标体系，必须遵循以下几个方面的原则。

1. 全面性原则

全面性原则要求评价指标体系在设计时要多方面考虑，评价指标要能够全面反映研究对象的特点。评价指标的选择将会直接影响最终的评价结果，为了对农地利用效率进行全面完善的测度，构建的评价指标体系必须全面反映农业生产各领域的投入与产出情况，不能遗漏任何一个重要指标。同时，还要将各个指标有机结合起来，形成一个整体。所以在选取评价指标时，要选择不同层次、内容丰富的指标，保证各指标之间既相互联系又相互制约，从而构建层次明晰的评价指标体系，以保证农地利用效率测度的科学性。

2. **代表性原则**

在保证全面性原则的前提下，所选的指标必须对评价目的具有代表性和针对性，具有较为突出的选取价值，能够反映评价对象的主要特征。最终的评价指标体系不应该过于烦琐或简单。此外，还需要注重投入与产出指标之间的联系，要选择相关性不明显的指标，如果两个指标之间的相关性太强，则说明其中一个指标所反映的信息已经被包含在另一指标中，这样将会违背代表性原则。此外，在农地利用效率研究过程中，所选取的指标要注重挖掘当地资源的优势和独特价值，尽可能凸显研究区的地域特色。

3. **可获取性原则**

数据的可获取性是开展后续研究的基础，不同地区的数据完整性存在差别，选取的指标需要符合研究区实际情况，在数据采集、处理和分析方面要易于操作，同时还要保证数据的准确性与可靠性。即便已经构建了完善的指标体系，若数据不能顺利获取，那么前期的努力将是枉然。可供选择的评价指标来源是多种多样的，指标数据既可以通过统计年鉴资料查阅得到，也可通过实地调研获取，还可以借助遥感影像等技术手段获取。所以在前期构建评价指标体系时，需要考虑每一项指标的具体来源，选取能够顺利得到数据的指标，确保后期的数据分析与处理工作能够顺利进行。

4. **精简性原则**

某种程度上，指标的全面性原则和精简性原则可能会存在一定的冲突，全面性要求所选取的指标是丰富完善的，精简性则要求去除不必要的部分指标，二者在操作上可能会存在一定的困难。在建立评价指标体系时，指标并不是越多越好，如果所选取的指标不能切合研究目的，不仅会增加数据收集和处理的工作量，而且会影响最终评价结果的准确性，因此要选择能够反映研究区实际状况的指标，避免复杂烦琐，尽量简洁明晰便于后期使用。而且根据 DEA 模型的运行原理，太多的指标反而容易导致多个决策单元的出现，从而影响数据运算功能的正常进行。所以在确定评价指标时，应当对指标统筹考虑，所选取的每一个指标都应当具备显著的意义。

二、评价指标体系的构建

农地利用效率是对农地投入资本、劳动力、技术所产生的经济、社会与环境效益的体现，其提升实质上是对生产过程中的各类投入、产出进行资源优化配置的过程。提高农地利用效率是一个复杂的问题，需要综合考虑多种因素，还需要政府、农村集体和农户多方主体的共同努力。本研究参考国内外学者关于农地利用效率测算指标体系的构成特征（李明艳，2011；李小康等，2018；赵茜宇等，2019），并充分考虑进贤县的经济、社会发展现状，以乡村振兴战略的总要求及农地利用效率的本质为切入点，尝试从产业兴旺、生态宜居及生活富裕三个方面与投入、产出（期望产出与非期望产出）两个角度综合构建进贤县农地利用效率的评价指标体系。

党的十九大报告指出，农业农村农民问题是关系国计民生的根本性问题，必须始终把解决好“三农”问题作为全党工作的重中之重，实施乡村振兴战略。2018 年 9 月，中共中央、国务院印发了《乡村振兴战略规划（2018—2022 年）》，要求各地区各部门结合实际认真贯彻落实。实施乡村振兴战略的总目标是农业农村现代化，总方针是坚持农业农村优先发展，总要求是产业兴旺、生态宜居、乡风文明、治理有效、生活富裕。在总要求之中，产业兴旺是基石，生态宜居是保证，乡风文明是灵魂，治理有效是核心，生活富裕是目标。

“产业兴旺”是乡村振兴的重点，也是实现农民增收、农村繁荣和农业发展的关键所在。乡村振兴是包括产业振兴、人才振兴、文化振兴、生态振兴、组织振兴的全面振兴，其中最重要、最根本、最关键的是产业振兴。本书研究的是进贤县的农用地产业结构及投入其中的人力、土地及资本等，经过对进贤县农地利用现状的考量，最终选定农作物播种面积、农业从业人数及农业机械总动力三个体现“产业兴旺”的指标。农作物播种面积表示农业生产中土地的投入量，即当年实际播种或移植农作物的土地面积，根据年底实有产出的农地面积相加得到；农业从业人数表示本年直接从事农业生产，以农业收入为主要经济来源的人员数量;农业机械总动力表示本年主要用于农、林、牧、渔业的各种动力机械的动力总和。

“生态宜居”是乡村振兴的关键,其不仅是生态文明建设的重要内容,也是乡村能否全面振兴的重点。良好的生态环境有助于发展绿色经济,将绿水青山变成金山银山,推动乡村全方位振兴,二者是相辅相成、相互促进的关系,能够形成良性循环。生态宜居主要测度农村环境条件是否适合长期居住,本书考察进贤县农地利用过程对生态环境造成的影响,如农地利用中化肥、农药使用所产生的影响。根据进贤县农地利用现状,并考虑数据的可获取性,最终选定净碳排放量、农用化肥施用量及地膜覆盖总量三个体现“生态宜居”的指标。净碳排放量表示本年农业生产过程中的碳排放量与碳吸收量之差;农用化肥施用量表示本年内实际用于农业生产的化肥数量,施用量按照折纯量计算;地膜覆盖总量表示本年在农地利用中使用的农用塑料薄膜数量。

“生活富裕”是乡村振兴的根本,实施乡村振兴战略的重要意义之一就是不断拓宽农民增收渠道,提升民生福祉。全面推进乡村振兴,与推动共同富裕是有机统一、密切相关的。生活富裕是乡村振兴战略的总要求之一,乡村振兴为农民农村实现共同富裕提供物质保障,以乡村振兴促进农民农村共同富裕是一项重大而紧迫的战略任务。在农地利用中,生活富裕方面主要考察农用地给农民带来的经济收益。农林牧渔总产值通过货币价值来表示农业生产投入所得到的所有产值,反映了一定时期内的农业生产水平与农民生活富裕状况;粮食产量作为农地利用的直接产出物,也能够体现出农业生产水平。所以最终选定农林牧渔总产值及粮食产量为体现“生活富裕”的指标。农林牧渔总产值是以货币表现的农、林、牧、渔业全部产品的总量,反映一定时期内农业生产的总规模和总成果;粮食产量表示本年内生产的全部粮食数量。

投入指标是用于衡量或表示某个过程或活动在投入方面的特征或状况的指标,可以反映资源的分配和使用情况,帮助更好地理解和评估某个过程或活动的效率。在农地利用效率的投入指标方面,主要考虑土地、资金、劳动力及技术投入,这一区分和经典的探讨投入产出关系的柯布-道格拉斯(Cobb-Douglas)生产函数相一致。其中,资金、劳动力及技术投入之间有一定的交叉关系。本研究考虑到进贤县农地利用的实际投入情况,最终选定农作物播种面积、农用化肥施用量、农业从业人数及农业机械总动力四个指标作为投入指标。

期望产出即所期待获得的产出,对于研究对象来说是越多越好的,例如商店的营业利润、公交车的客运量等。在相同投入的情况下,获得的期望产出越多则证明效果越好;在期望产出相同的情况下,投入得越少则证明效果越好。在农业发展中,期望产出是指能够表现农业向好趋势发展的产出,即人们所期望从农地利用中得到的产出,例如农业收益、粮食产量等。本研究中的期望产出与生活富裕有一定的交叉关系,故将农林牧渔总产值及粮食产量两个指标定为期望产出指标。

非期望产出是指生产过程中产生的负面影响或副产品,在对相关对象进行投入并生产的过程中,会得到一些并不希望得到的或不是计划内的产出,例如工厂的"三废"排放量、采矿活动对生态环境的破坏等。很多生产过程中的非期望产出是不可避免的,在投入量不变的情况下,非期望产出越少越好。在绿色发展的相关研究中,需要同时考虑经济收益(期望产出)和负面环境效应(非期望产出)的问题,一方面要提高经济收益,另一方面又要减少污染排放。农业生产过程中也会产生一些非期望产出,对环境产生不利的影响。例如农业碳排放会加剧温室效应,导致全球气候变化;农业面源污染则会影响土壤、水体和大气环境的质量,甚至危害人体健康。结合研究区实际特点,本研究选择净碳排放量与地膜覆盖总量作为非期望产出指标。

整合以上几个角度的所选指标,最终形成投入指标 4 个、期望产出指标 2 个及非期望产出指标 2 个共同构成本次进贤县农地利用效率的评价指标体系,具体指标构成及说明见表 8-1。

表 8-1 研究区农地利用效率评价指标体系

SBM 模型		指标	指标性质	单位	数据来源
投入产出角度	乡村振兴角度				
投入	产业兴旺	农作物播种面积	正向指标	hm^2	《进贤县统计年鉴》
		农业从业人数	正向指标	人	《进贤县统计年鉴》
		农业机械总动力	正向指标	kW	《进贤县统计年鉴》
	生态宜居	农用化肥施用量	正向指标	t	《进贤县统计年鉴》
期望产出	生活富裕	农林牧渔总产值	正向指标	万元	《进贤县统计年鉴》
		粮食产量	正向指标	t	《进贤县统计年鉴》
非期望产出	生态宜居	净碳排放量	负向指标	t	根据公式计算得到(基础数据为解译的耕地、草地、林地及统计年鉴数据)
		地膜覆盖总量	负向指标	t	《进贤县统计年鉴》

本研究参考《2006年IPCC国家温室气体清单指南》(简称《IPCC指南》)的相关数据,进行进贤县农地利用净碳排放量的测算。《IPCC指南》是属于国家层面的核算指南,可以针对国家、企业、项目等不同核算对象的温室气体排放量进行核算。世界各国在制定本国的温室气体核算体系时大多以《IPCC指南》为准,IPCC温室气体清单编制方法是《联合国气候变化框架公约》各缔约方指定采用的国家清单编制方法,目前已经在国际范围内得到了广泛认可。

农地利用具有碳排放与碳吸收两种效应。农地利用碳排放是农业碳排放的主要来源,主要包括化肥、农药、农膜、农用柴油、翻耕、灌溉六种来源类型。化肥是种植业生产过程中的第一大碳排放源,占到投入环节碳排放总量的60%左右。化肥使用过程会产生一氧化二氮、甲烷等温室气体,同时化肥的生产、运输过程也会产生碳排放。农药是继化肥之后种植业的第二大碳排放源,美国橡树岭国家实验室测算出每1千克化学农药会产生4.9341千克的标准碳。农药的碳排放主要是在其生产过程中对化石能源的消耗以及在农业生产活动中所形成的直接或间接的碳排放,农药中的有机物质会被微生物分解,从而产生二氧化碳等气体。农膜产生的碳排放量占种植业碳排放总量的7.01%—13.26%,也是比重较高的碳源之一。塑料薄膜需要使用石油等化石燃料作为原料,这些燃料的燃烧会产生大量的二氧化碳,此外,当塑料薄膜被丢弃后,其降解过程也会产生碳排放。农用柴油使用带来的碳排放占种植业碳排放总量的10%以上,我国农业中所使用的农业机械95%以上的配套动力是柴油机,柴油机在使用过程中会排放二氧化碳、一氧化碳、碳氢化合物、碳烟颗粒化合物等物质,所以在农业生产过程中提高柴油使用效率、降低柴油用量对降低农业碳排放意义重大。此外,翻耕土壤会促进土壤中好氧微生物的活动,加快土壤中有机物质的分解,从而促进二氧化碳的排放。灌溉也会导致土地利用碳排放,因为灌溉会促进土壤中有机物质的分解和氮的固定,从而产生二氧化碳和其他温室气体,而且灌溉过程需要电力来驱动灌溉设备,电力的生产过程也会产生部分碳排放。

农地利用碳汇是指通过改善农业管理和土地利用方式,吸收二氧化碳的过程或机制。林地吸收二氧化碳主要在于树木的光合作用,绿色植物吸收光能,把二氧化碳和水合成富能有机物,同时释放出氧气。林地通过树木的光合作用有效地吸收并储存了大量的二氧化碳,对减缓温室效应起着重要作用。草地吸收二氧化碳也与光合作用有关,草地上的植物可以通过光合作用将二氧化碳转化为有机物并释放出氧气。同时,草地中的土壤也是一个重要的碳汇,土壤碳汇是削减碳排放、实现碳中和、缓解全球气候变化的重要路径。在全球碳循环中,土壤碳库是森林和其他植被碳库的5倍,是大气碳库的3倍,60%的碳以有机质的形式存在于土壤之中,巨大的土壤碳贮存量对大气中二氧化碳的水平产生重要影响。

参考相关文献,本研究认为进贤县农地利用的碳排放主要来源于化肥、农药、地膜使用产生的碳排放量,农业机械使用(柴油)产生的碳排放量及灌溉翻耕过程产生的碳排放量三个方面。耕地与园地由于其自身特点,兼有碳源与碳汇两种属性。进贤县的园地面积相对较小,而且由于影像分辨率较低,解译的耕地面积中包含了大部分的园地面积,故此处省略对园地碳汇功能的单独测算。本研究根据以下方法计算进贤县各个乡镇的净碳排放量,净碳排放量为碳排放量减去碳吸收量。

耕地碳排放量的计算公式如下:

$$E_g=E_{fi}+E_m+E_i=\sum T_i\times\sigma_i+(A_m\times B+W_m\times C)+A_i\times D \tag{8-1}$$

式中,E_g 为耕地碳排放量;E_{fi} 为化肥、农药、地膜使用产生的碳排放量;E_m 为农业机械使用产生的碳排放量;E_i 为灌溉翻耕过程产生的碳排放量;T_i 为2011—2017年进贤县各个乡镇的化肥施用折纯量、农药使用量、地膜使用量;σ_i 则表示各种排放源的碳排放系数,其中化肥、农药的碳排放系数参考美国橡树岭国家实验室的研究成果,分别取值为0.85754kg/kg、4.9341kg/kg,地膜使用的碳排放系数参考IREEA(南京农业大学农业资源与生态环境研究所)的研究成果,取值为5.18kg/kg(高旭,2017);A_m 为农作物播种面积,W_m 为农业机械总动力,A_i 为灌溉面积,B、C、D 为转换系数,分别取值为163.47kg/hm^2、0.18kg/kW及266.48kg/hm^2(方精云等,2007)。

林地与草地的碳吸收量主要通过占地面积进行估算，计算公式为：

$$C=\sum_{i} S_i \times V_i \tag{8-2}$$

其中 C 为林草植物的碳吸收量，S_i 为第 i 类土地面积，V_i 是第 i 类土地的碳吸收率。林地、草地碳吸收率参考方精云等（2007）的研究成果，分别取值为 0.577t(C)/(hm^2 · a)、0.021 t(C)/(hm^2 · a)。

耕地的碳汇作用主要体现在农作物生长发育期的光合作用所吸收的二氧化碳，计算公式为：

$$G_t=\sum G_{di}=\sum G_{fi}D_{wi}=\sum G_{fi}Y_{wi}/H_i \tag{8-3}$$

式中，G_t 为耕地碳吸收量，G_{di} 为第 i 种农作物全生育期对碳的吸收量，G_{fi} 为第 i 种农作物合成有机质所需要吸收的碳（即碳吸收率），D_{wi} 为第 i 种农作物的生物产量，Y_{wi} 为第 i 种农作物的经济产量，H_i 为第 i 种农作物的经济系数。G 和 H 的取值参考李克让（2002）的研究成果确定。

第二节　研究区农地利用效率时序测度

本研究基于 2011—2017 年的面板数据，以 DEA-SOLVER 5.0 软件为依托，采用 Super-SBM-GRS（非导向一般规模报酬情况）模型计算进贤县及其 21 个乡镇、省红壤研究所、省五里垦殖场的农地利用效率。为了将传统效率值与考虑非期望产出的效率值进行对比，同时也使用仅考虑期望产出的 SBM 模型对不含环境污染变量的传统效率情况进行测算（周圣杰，2018）。相对传统 DEA 模型，非期望产出 SBM 模型不仅避免径向和角度度量引起的偏差，而且考虑生产过程中非期望产出因素的影响，更能够反映效率评价的本质，在相关研究中得到了广泛的运用。

一、研究区农地利用效率现状分析

为了展现考虑非期望产出的效率值（EE 效率）与不考虑非期望产出的效率值（TE 效率）之间的差异，将进贤县 2017 年的农地利用效率从 EE 效率和

TE 效率两个方面进行分析说明。从进贤县总体来看，在考虑非导向与一般规模报酬的情况下，进贤县考虑非期望产出的效率值为 1.7919，不考虑非期望产出的效率值则为 2.3911，考虑非期望产出的效率值比不考虑非期望产出的效率值低 0.5992，说明净碳排放量及地膜覆盖总量这些非期望产出对进贤县农地利用效率产生了一定的影响。具体分析进贤县各个乡镇的农地利用效率结果，参考表 8-2 可以得到以下特点。

1. 进贤县各乡镇的 EE 效率普遍低于 TE 效率

在进贤县各乡镇中，考虑非期望产出的效率值总体都低于不考虑非期望产出的效率值，说明进贤县各个乡镇的 TE 效率普遍被高估了，各乡镇在农地利用过程中都付出了一定的环境代价；也说明不考虑非期望产出的效率评价是不切合实际的、不准确的，在农地利用效率的评价中，应当考虑净碳排放量和地膜覆盖总量这类非期望产出的影响。基于非期望产出的超效率 SBM 模型对进贤县农地利用效率进行评价，能够提高评价结果的准确性与科学性，可以反映非期望产出对农地利用效率产生的影响。

2. 进贤县各乡镇的农地利用效率总体处于较高水平

从投入产出的综合角度来看，进贤县大部分乡镇的农地利用效率都处于较高水平，在考虑非期望产出的情况下，21 个乡镇及省红壤研究所、省五里垦殖场的平均效率值为 1.0513，农地利用效率的整体水平较高。23 个地区中，EE 效率高于 1 的有 18 个，EE 效率低于 1 的有 5 个，包括三里乡、架桥镇、温圳镇、泉岭乡及张公镇。从空间上看，这些 EE 效率低于 1 的乡镇都分布在距离进贤县中心较远的地方，且 80%分布在进贤县偏南部地区。进贤县地势东南高、西北低，东南多低丘山峦，田块较为破碎化、分散化，地形因素对部分乡镇的农地利用效率造成了一定影响，阻碍了农地利用效率的提高。但在其他未明显受到地形因素影响的地区，农地利用效率均达到较高水平，说明进贤县具有较好的农业生产条件，而且总体上的农地利用程度较高。

3. 农地利用效率在各乡镇间存在较大的差异

在进贤县所有乡镇中，EE 效率最高的省五里垦殖场达到 2.3184，属于高效率水平，而 EE 效率最低的温圳镇，只有 0.2385，属于低效率水平，两者相差 2.0799，差距甚大。此外，EE 效率较低的乡镇还有架桥镇和张公镇，分别为 0.3063、0.4887，与其他乡镇的效率也具有较大的差距。自然环境因素对进贤县农地利用效率的影响作用较为突出，进贤县需要采取相应措施，降低自然条件对农地利用效率提升的制约作用，要因地制宜优化产业结构布局，充分发挥效率较低地区的优势与特色。

二、研究区农地利用效率时序分析

从表 8-2 可以看出，进贤县农地利用效率整体上在 2011—2017 年间呈现稳定上升的趋势，EE 效率由 2011 年的 1.7903 上升至 2017 年的 1.7912，上升幅度较小，其中在 2013 年及 2014 年间略有下降。另外，从表中可以发现 EE 效率比 TE 效率总体要低，且 EE 效率与 TE 效率的差值呈现逐年增长的态势，2011 年两者相差为 0.3586，2017 年两者差值达到 0.4000。这说明现实农业生产过程中，仅考虑期望产出来评判农地利用效率是脱离实际的，得到的结果会明显高于实际效率。农业生产中无法避免非期望产出，往往对农地利用效率有着显著的影响。具体分析各个乡镇，从表 8-2 可以总结出以下几个特点。

1. 进贤县各乡镇的农地利用效率总体呈上升趋势

从全县范围来看，民和镇、罗溪镇、钟陵乡、白圩乡及长山晏乡 5 个乡镇的效率值增长较明显，均由低效率水平逐步上升至高效率水平。2014 年是进贤县农地利用效率的转折点，2013—2014 年有明显的下降，但 2014 年后又呈现上升趋势。通过实地调研得知，2013—2014 年间，进贤县多个乡镇开展了土地整治工作，整治内容主要包括平整土地、修建灌溉排水工程、改建道路工程等。土地整治工作极大地改善了当地的农业生产条件，农地质量提升进而促使农作物产量得到增长，因此进贤县各乡镇 2014 年后的 EE 效率得到明显提升。

2. 非期望产出对农地利用效率影响逐年增大

进贤县省五里垦殖场的农地利用效率一直处于较高水平，其中 2011 年的 EE 效率为 1.9525，TE 效率为 2.3111，相差 0.3586；2013 年 EE 效率为 1.4509，

TE效率为1.8188,两者相差0.3679;2017年EE效率为2.3184,TE效率为2.7184,相差0.4000。进贤县大部分乡镇存在和省五里垦殖场类似的情况,考虑非期望产出的效率与不考虑非期望产出的效率的差值逐年增大,这说明农地利用净碳排放量、地膜覆盖总量这类非期望产出对农地利用效率提升产生了明显的阻碍作用,且影响作用逐渐明显。建议进贤县查明出现此类现象的具体原因,并采取有效措施进行处理,促进农地利用效率在后期能够实现稳定提升。

3.自然环境对农地利用效率具有一定的影响

从全县范围来看,三里乡、架桥镇、温圳镇、泉岭乡及张公镇的农地利用效率处于较低水平,虽然在研究期内出现了小幅度增长,但一直未突破效率较低(<0.7)的行列。从地理位置上看,这些乡镇大都处于进贤县南部的低山丘陵地区,该地区的田块破碎化、分散化现象较为严重,农业生产的机械化、规模化水平难以提高,自然也就导致农地利用效率较低。而效率一直处于较高水平的前坊镇、二塘乡、省五里垦殖场、三阳集乡等地,均位于进贤县中部及偏北区域,尤其处于军山湖、青岚湖的下游,这些区域地块平整集中、农田土质肥沃,农地质量较其他地区更高。建议进贤县今后采取有效措施改善效率较低乡镇的农业生产条件,积极平整土地,加强农业基础设施建设,降低自然环境对农地利用效率提升的制约作用。

表 8-2 2011—2017 年研究区 EE 效率与 TE 效率

地区	2011 年		2012 年		2013 年		2014 年		2015 年		2016 年		2017 年	
	EE 效率	TE 效率	EE 效率	TE 效率	EE 效率	TE 效率	EE 效率	TE 效率	EE 效率	TE 效率	EE 效率	TE 效率	EE 效率	TE 效率
进贤县	1.7903	2.1489	1.7903	2.1472	1.7886	2.1565	1.7870	2.1449	1.7915	2.1504	1.7913	2.1638	1.7912	2.1912
民和镇	0.4972	0.8559	0.8687	1.2256	0.9587	1.3266	0.9986	1.3565	1.0123	1.3713	1.0340	1.4065	1.0052	1.4052
李渡镇	1.0115	1.3701	1.0135	1.3704	1.0128	1.3807	1.0956	1.4535	1.0925	1.4515	1.0546	1.4270	1.0307	1.4307
温圳镇	0.0083	0.3669	0.0179	0.3748	0.0590	0.4269	0.1059	0.4638	0.1596	0.5186	0.1391	0.5116	0.2385	0.6385
文港镇	1.0194	1.3780	1.0076	1.3645	1.0211	1.3890	1.0152	1.3731	1.0176	1.3766	1.0522	1.4246	1.0841	1.4841
梅庄镇	1.4100	1.7686	1.4387	1.7956	1.4784	1.8463	1.3956	1.7535	1.5999	1.9588	1.3270	1.6995	1.6078	2.0078
张公镇	0.5779	0.9365	0.4410	0.7979	0.4079	0.7757	0.3654	0.7233	0.5060	0.8649	0.3675	0.7400	0.4887	0.8887
罗溪镇	0.6049	0.9635	0.6391	0.9960	0.3911	0.7590	1.0104	1.3683	1.0221	1.3810	1.0537	1.4261	1.0539	1.4539
架桥镇	0.2351	0.5937	0.2500	0.6069	0.1747	0.5426	0.2690	0.5688	0.2967	0.6556	0.2370	0.6094	0.3063	0.7063
前坊镇	1.1229	1.4816	1.1731	1.5300	1.1843	1.5522	1.2231	1.5810	1.1502	1.5091	1.1409	1.5133	1.2347	1.6347
三里乡	0.6061	0.9648	0.6408	0.9977	0.8965	1.2644	0.5969	0.9548	0.6852	1.0442	0.5487	0.9212	0.6632	1.0632
二塘乡	1.0877	1.4464	1.1025	1.4594	1.1608	1.5287	1.4391	1.7970	1.2491	1.6081	1.2662	1.6386	1.2990	1.6990
钟陵乡	0.7311	1.0898	0.8769	1.2338	1.0004	1.3683	1.0529	1.4108	1.0093	1.3682	1.0214	1.3938	1.0221	1.4221
池溪乡	1.2682	1.6268	1.1957	1.5526	1.1259	1.4938	1.1669	1.5248	1.2272	1.5861	1.1312	1.5037	1.1746	1.5746

续表

地区	2011年		2012年		2013年		2014年		2015年		2016年		2017年	
	EE效率	TE效率	EE效率	TE效率	EE效率	TE效率	EE效率	TE效率	EE效率	TE效率	EE效率	TE效率	EE效率	TE效率
南台乡	1.1190	1.4776	1.2383	1.5952	1.2849	1.6528	1.1269	1.4848	1.3053	1.6643	1.1870	1.5594	1.2096	1.6096
三阳集乡	1.0431	1.4017	1.1095	1.4664	1.1119	1.4798	1.0089	1.3668	1.0279	1.3868	1.0027	1.3752	1.0803	1.4803
七里乡	1.0481	1.4067	1.0569	1.4137	1.0278	1.3957	1.0496	1.4075	1.0742	1.4331	1.0800	1.4524	1.0739	1.4739
下埠集乡	1.0932	1.4519	1.0898	1.4467	1.0947	1.4626	1.0475	1.4054	1.0656	1.4246	1.0649	1.4374	1.0651	1.4651
御前乡	1.0542	1.4129	1.0989	1.4558	1.1119	1.4798	0.4473	0.8051	1.1211	1.4800	0.3769	0.7493	1.0291	1.4291
白圩乡	0.5593	0.9179	0.5283	0.8852	0.5440	0.9119	0.5158	0.8737	0.6546	1.0135	0.5264	0.8989	1.0004	1.4004
长山晏乡	0.4191	0.7778	0.4472	0.8041	0.4773	0.8452	0.5299	0.8877	1.0242	1.3832	1.0043	1.3768	1.0091	1.4091
泉岭乡	0.5042	0.8628	0.4584	0.8153	0.6432	1.0111	0.1454	0.5033	0.5862	0.9451	0.4418	0.8142	0.6256	1.0256
红壤所	1.0310	1.3896	1.1400	1.4969	1.8163	2.1842	1.4679	1.8258	1.5401	1.8991	1.6354	2.0078	1.6615	2.0615
垦殖场	1.9525	2.3111	2.0749	2.4318	1.4509	1.8188	1.4596	1.8175	1.4083	1.7672	1.1438	1.8162	2.3184	2.7184

第三节　研究区农地利用效率空间演化分析

一、研究区农地利用效率空间分布特征分析

为揭示进贤县2011—2017年农地利用效率的空间演化规律，本研究借助ArcGIS工具，将进贤县21个乡镇、省红壤研究所及省五里垦殖场等23个行政单元的农地利用效率与进贤县乡镇行政界线进行空间关联，建立进贤县农地利用效率空间属性数据库。同时，依据前文农地利用效率的时序分析内容，选取2011年、2013年、2015年及2017年四个时间节点的截面数据进行Excel可视化表达。参考其他学者的研究成果（张荣天等，2015；方琳，2018），并结合进贤县农地利用效率的总体情况，将进贤县农地利用效率值分为四个等级：低效率区（$min \leq e < 0.6$）、中低效率区（$0.6 \leq e < 1$）、中高效率区（$1 \leq e < 1.2$）及高效率区（$1.2 \leq e < max$）。

从图8-1可以看出，进贤县各个乡镇的农地利用效率在2011—2017年间的变化大致呈现上升趋势，且具有以下几个方面的特点。

1. 大部分乡镇的农地利用效率为中高效率及以上

进贤县各个乡镇的效率大致由县域中北部向南部逐渐降低，但南部地区相对低效率值的乡镇数量在2017年明显减少。民国初期，进贤县设五区26乡，其中五区包括了民和镇、罗溪镇、池溪镇、三阳集乡及梅庄镇，这五个地区是进贤县的重点发展区域，得到了较为完善的政策、资金支持，农业经济发展较为迅速。新中国成立之后，进贤县中北部多个乡镇一直作为当地农业发展的重点地区，得到的投入比较多，相比于其他乡镇，农业生产条件得到优化，故农用地的产出比较高。进贤县如今的农地利用效率空间分布特征受到了部分历史因素的影响，从前的政策支持、资金扶持为进贤县大部分乡镇具备较高的农地利用效率奠定了基础。

2. 效率高值区明显集中在军山湖周边乡镇

进贤县农地利用效率的高值区主要包括池溪乡、下埠集乡、前坊镇及梅庄

镇等地，该地带地势平坦、地块连片，且宜于机械化、规模化耕作。此外，进贤县在2010年对下辖的7个乡镇42个村进行了土地整治，整治过后的土地都成为旱涝保收的标准农田，农地质量得到显著提升。南昌市人民政府办公厅也于2013年11月12日对南昌市国土局《关于申报2013年度市级投资土地整治项目立项计划的请示》下达了《关于2013年度市级投资土地整治项目立项计划的批复》，同意市局申报的32个市级土地整治项目投资的立项计划，其中就包括了进贤县下辖的3个乡镇。总体来看，土地整治项目实施多覆盖于这些高效率地区，对这些地区的农地利用效率提升具有显著的促进作用。

3. 效率低值区主要位于进贤县偏南部

进贤县农地利用效率的低值区主要包括温圳镇、泉岭乡、架桥镇及张公镇等地，在研究期内的EE效率平均值仅为0.4133。首先是自然条件原因，进贤县南部多低山丘陵，地块破碎化严重，农地难以实现机械化、规模化耕作，多依靠人力劳作，生产效率低下。而且，由于农业收益相比外出务工的收益更低，农民将农地大量抛荒，致使农地闲置率不断提升。受到工业化发展的影响，温圳镇、张公镇的工业园区吸纳了大量的农业从业人员，他们逐渐脱离农业生产，导致这些乡镇继续从事农业生产的人员多为50岁以上的中老年群体。且大部分家庭从事农业生产为自给自足，在耕种过程中的投入相对较少，农业技术相对落后，也就导致农地利用效率较为低下。

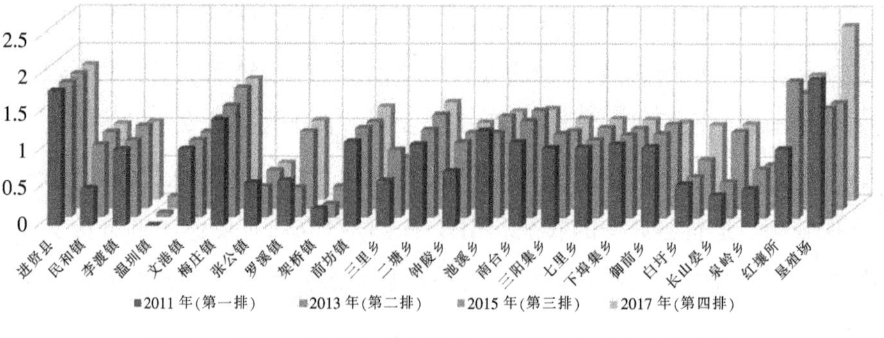

图8-1 2011—2017年研究区农地利用效率时空演化趋势

二、研究区农地利用效率重心转移分析

“重心”是物理学中的一个名词概念，指物体各部分所受重力产生合力的作用点。重心转移模型可以直观地反映研究对象在研究期内的时空动态变化过程，且使用简便、易于理解，被广泛应用于学术研究当中。本书对效率重心的定义是进贤县县域内农地利用效率水平在各个方向上的均衡点，研究效率重心及其变化轨迹有利于直观揭示进贤县近几年来农地利用效率水平在县域内的平衡点及发展方向，能够从全县域展现农地利用效率的空间变化特征，进而为进贤县农地利用效率的继续提升提出合理有效的建议。

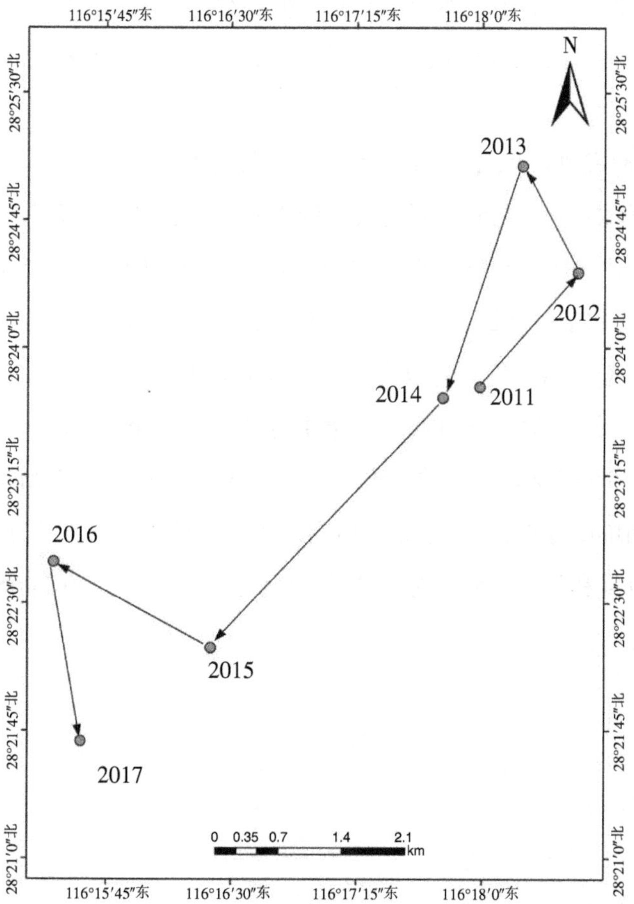

图 8-2　2011—2017 年研究区农地利用效率重心移动轨迹

结合图 8-2 可知,进贤县农地利用效率的重心在研究期内一直落于民和镇北部,变化幅度较小,重心大致分布在 29°25′20″—29°24′50″N、116°17′10″—116°17′50″E 之间。根据重心移动轨迹的特点,大致可以分为以下两个阶段:

(1)2011—2013 年,重心向东北方向移动阶段

该时期内,进贤县农地利用效率的重心先向东北移动部分距离,随后又向西北移动部分距离,总体上呈现向东北方向移动的趋势。这一时期为进贤县的"十二五"规划实施期间,相关部门在环军山湖地区发展 32 万亩的水产养殖以及环湖休闲旅游、沿湖有机农业等产业,而且对下埠集乡赤路岗村进行高标准农田建设改造,改良农地土壤、兴建机耕路。这些举措让县域东北部的农地有了更好的发展条件,农业产值实现明显增长,故农地利用效率相比以往有所提高。

(2)2013—2017 年,重心向西南方向移动阶段

该时间段内,进贤县农地利用效率的重心向西移动了 0.083°,移动距离为 8466 米。其中 2015—2016 年向西移动了 0.055°,移动距离为 5610 米,是研究期内效率重心移动速度最快、移动距离最长的一年。这一时期横跨"十二五"规划与"十三五"规划,进贤县政府给予西南地区更多的关注,选定了 732 个自然村开展社会主义新农村建设,并且集中打造了文港镇、三里乡、李渡镇、温圳镇、白圩乡 5 个特色小镇。另外,政府还推动开展了 1.5 万亩罗溪圩除险加固工程,并推动单退圩堤、马咀圩除险加固工程。这些乡镇多集中于进贤县西南地区,受到政策和资金方面的有力扶持,该地农地利用效率在这个时期内得到了显著提升。

第九章
研究区农地利用效率影响因素分析

第一节　模型选择

DEA 模型有分别适用于不同问题的具体模型(成刚,2014)。传统 DEA 模型都是基于最小投入、最大产出这样的基本假设,但在实际农业生产中,农药、化肥及塑料薄膜的使用不仅带来农业产值的增加,也带来废气、白色污染等“非期望产出”,不考虑这一部分环境的负外部效应将使农地利用效率评价结果不可信(赵茜宇,2019)。包含非期望产出的超效率 SBM 模型是在传统 DEA 模型基础上构建的加入非期望产出且为非径向、非角度的模型。该模型克服了传统模型径向、角度的缺点,允许有效决策单元的效率值≥1,这样解决了有效决策单元间的排序及差别问题,使得评价结果更加全面与真实。利用非期望产出的超效率 SBM 模型做效率评价,可以摒除主观因素带来的误差,但其也有缺点(尹传斌,2017)。当利用 DEA-SOLVER-Pro5 做非期望产出 SBM 效率评价时,是在一个系统内进行,得出的效率值是相对效率,即得到的决策单元相对有效或者相对无效。因此运用此软件此方法,并不能直接判断影响效率的因素。我们有必要将非期望产出的超效率 SBM 模型与回归分析相结合,将决策单元的效率值作为因变量、影响该效率值的其他控制变量作为自变量构成一个回归方程。通过回归方程估算值可判断选取的影响因子对农地利用效率影响的大小和方向，从而可以直观得出研究单元效率值的影响因素。

古典的回归方法，即普通最小二乘法（OLS），其假设因变量的概率分布接近于正态分布，而农地利用效率是一个大于0的受限因变量，当因变量受限时，运用普通最小二乘法得出的回归分析结果就会有所偏差且不一致。受限因变量是指因变量的观测值是连续的，但是受到了一定的限制，得到的观测值是被截断的数据。通过这样的样本观测值推断总体特征时，我们需要建立受限因变量模型。Tobit 统计学模型符合这一特征，它是指因变量虽然在正值上大致连续分布，但包含一部分以正概率取值为0的观察值的一类模型（高旭，2017）。它适用于对部分离散分布、部分连续分布的因变量进行解释分析。另外，Tobit 统计学模型长期以来都被认为适用于效率影响因素分析。因此，本书选用 Tobit 模型建立农地利用效率值与影响因子之间的回归方程，对2011—2017年进贤县21个乡镇、省红壤研究所及省五里垦殖场的农地利用效率进行影响因素分析。Tobit 模型的具体公式如下：

$$Y = \beta_0 + \beta_1 X_1 + \beta_2 X_2 + \cdots + \beta_n X_n + u \qquad (9-1)$$

式中，Y 为农地利用效率值；u 为随机扰动项；$\beta_1, \cdots, \beta_n$ 为各解释变量的系数；$X_1, \cdots, X_n$ 为各解释变量的值；β_0 为常数项。

第二节 研究区农地利用效率影响因素选择

在指标选取方面有许多优秀研究成果可供借鉴。农地利用效率受自然条件与社会条件等多种因素的共同影响，而且不同因素在不同地区和不同发展阶段对农地利用效率的影响程度也不同。从自然条件来看，我国农地利用效率的空间分布与自然条件密切相关（陈丹玲等，2019），即农地利用效率受自然条件的影响。目前，国内外学者对环境因素的考虑主要集中于面源污染和碳排放等因素。刘雪琪等（2022）基于碳中和目标对中国各地区的农地利用效率进行研究，并分析其差异特征。从经济发展水平来看，农村劳动力人均地区生产总值等社会经济因素均能影响农地利用效率（江激宇等，2017）。随着农业生产技术的不断精进与科学技术的迅猛发展，农地利用效率受社会经济的影响不断扩大（向敬伟等，2018）。从农业生产条件来看，主要表现在生产要素的投入与农业基础设施等方面。在农业生产要素投入方面，国内外学者利用农药化肥、劳动力、机械总动力等指标对农地利用效率进行评价。国内学者陈新华等（2016）探讨了广东省农业生产效率的影响因素和机理，分析结果显示，各地农业科技进步贡献率等因素会显著地提高生产的效率。国外学者 B. Sushenjit 等（2007）发现农业生产需要大量灌溉水源，扩大有效灌溉面积有利于提高低收入农户的水稻单产量。

根据现有学者对农地利用效率影响因素的相关研究，结合进贤县实际情况及数据可获取性，且考虑同一个县城政策环境几乎一致，本研究选取了环境、经济、劳动力三大类指标。环境指标包括单位面积净碳排放量、有效灌溉面积，经济指标包括单位面积工业总产值，劳动力指标包括单位面积农业机械动力、农户的平均播种面积，共计五个分指标，如表 9-1 所示。

表 9-1　进贤县农地利用效率影响因素指标选择

影响方面	变量	解释变量	指标解释
环境	X_1	单位面积净碳排放量（t/hm^2）	净碳排放量/农用地总面积
	X_2	有效灌溉面积（hm^2）	能进行正常灌溉的水田和旱地中水浇地面积之和
经济	X_3	单位面积工业总产值（千元/hm^2）	工业总产值/工业面积之和
劳动力	X_4	单位面积农业机械动力（kW/hm^2）	农业机械总动力/农用地总面积
	X_5	农户平均播种面积（hm^2）	总播种面积/从事农业的总人员

通过查阅整理相关文献及结合进贤县实际情况，本研究将相关指标的具体内涵解释如下。

（1）单位面积净碳排放量

农业耕作过程中，土地利用不当和化肥使用过量会导致大量碳排放，随之产生的环境污染物会降低农地的肥力和产出能力。因此，本书以单位面积净碳排放量来代表环境污染物对农地利用效率的负面作用,呈负向关系。

(2)有效灌溉面积

一个地区的灌溉水平在农业生产、抗灾、粮食结构的调整等方面都会产生较大的影响。一个地区的灌溉设施越完备,耕作条件越优良,就越有利于提高产出量。有效灌溉面积的增加,也能提高农作物的生产力。适量的灌溉可以提供充足的水分和养分,使得农作物能够在良好的生长环境下获得更好的收成。有效灌溉面积的增加对于农地利用效率的提升具有促进作用,呈正向关系。

(3)单位面积工业总产值

农地利用效率与经济发展水平密切相关。一般来说,单位面积工业总产值越高代表各乡镇经济发展水平越高,农地生产有了更多的资金投入,农地利用效率就会得到提升。一方面,发达的经济使得各乡镇政府有足够的资金投入到农业科技领域,用以培育新品种、改良耕作方式或改善自然环境条件,使得农地资源能够得到充分利用;另一方面,经济发展水平高的区域往往伴随着城镇化与农地面积的负相关关系,这就要求提高农地质量,实现农地的内涵式发展,倒逼政府提升农地利用效率。因此,本书认为单位面积工业总产值的提升有助于农地利用效率的提升,二者呈正向关系。

(4)单位面积农业机械动力

农业现代化进程中,农用机械的推广是资本替代劳动力投入的重要手段,在理论上能够促进规模化生产经营的实现,可以体现耕地利用和粮食生产的现代化水平。一般来说,单位面积农业机械动力越大,说明当地农户的技术水平越高,农地利用效率越高。以单位面积农业机械动力为代表的农业要素投入越大,就越有利于农地利用效率的提高,说明单位面积农业机械动力的提升对农地利用效率的提升具有促进作用,二者呈正向关系。

(5)农户平均播种面积

农户平均播种面积用来衡量劳动生产率。农户平均播种面积越大,表示单个劳动力的生产率越高,有利于当地农地利用效率的提高。不过,一些学者质疑,认为农户平均播种面积的增大,有可能会造成农业生产过程走向粗放,所以具体情况有待验证。一般而言,播种面积与农业产出存在必然的相关性,农作物的播种面积越多,农地产出越多。因此农户平均播种面积越大,农业期望产出就越多,表明农地利用效率越高。因此,本书认为农户平均播种面积越大对于农地利用效率的提升具有促进作用,二者呈正向关系。

第三节　Tobit 模型回归与结果分析

一、数据共线性检验

本书选取 2011—2017 年进贤县单位面积净碳排放量(X_1)、有效灌溉面积(X_2)、单位面积工业总产值(X_3)、单位面积农业机械动力(X_4)、农户平均播种面积(X_5)等环境、经济、劳动力因素来研究其对农地利用效率的影响。

数据的多重共线性检验是进行有效回归的前提。由于局部变量之间可能具有相关性或者不同局部点分析采用相同邻近点形成的变量之间具有相关性,导致构建 Tobit 模型时可能会出现多重共线性,因此有必要采用方差膨胀因子(VIF)对影响因素指标进行检验。本研究利用 SPSS 20.0 软件对不同年份的方差膨胀因子进行测算,检验影响因子间的多重共线性,具体结果见表 9-2。

表 9-2　数据共线性检验结果

变量	X_1	X_2	X_3	X_4	X_5
VIF	1.072	1.019	1.827	1.852	1.051

根据分析结果可以得出,5 个变量的 VIF 值均小于 10,表明各变量间不存在明显的多重共线性关系,适合进行 Tobit 回归分析。

二、Tobit 回归分析

通过 DEA 模型测算的农地利用效率值是 0 到 1 之间的数,数据被截断。针对这种因变量为受限数据的情况,本书将农地利用效率值作为因变量,单位面积净碳排放量(X_1)、有效灌溉面积(X_2)、单位面积工业总产值(X_3)、单位面积农业机械动力(X_4)、农户平均播种面积(X_5)5 个影响因素作为自变量,运用 EViews 8.0 软件进行 Tobit 回归分析,模型分析结果如表 9-3 所示。

表 9-3 Tobit 回归分析结果

解释变量	系数	标准误差	T 值	P 值
X_1	-0.038675	0.029496	1.311209	0.1898
X_2	0.021119	0.750665	0.827424	0.4080
X_3	-0.500218	6.47e-05	-3.373594	0.0007
X_4	0.091949	0.002232	1.873520	0.0824
X_5	0.146159	0.053598	2.726934	0.0064

给定显著水平 $\alpha=0.1$, $tx_4=1.87352>t_{\alpha/2}=1.761$;给定显著水平 $\alpha=0.05$, $|tx_3|=3.373594>t_{\alpha/2}=2.160$, $|tx_5|=2.726834>t_{\alpha/2}=2.160$,表明 X_3、X_4 及 X_5 变量可通过显著性检验,即单位面积净碳排放量(X_1)、有效灌溉面积(X_2)对农地利用效率并无显著影响,单位面积工业总产值(X_3)、单位面积农业机械动力(X_4)及农户平均播种面积(X_5)对进贤县农地利用效率有显著影响,且按照对农地利用效率的影响程度排序为:单位面积工业总产值(X_3)>农户平均播种面积(X_5)>单位面积农业机械动力(X_4)。

三、显著因素分析

从表 9-3 中可以看出,单位面积工业总产值的系数为负值,并通过了 5%的显著性检验,与我们预期假设性质相反,单位面积工业总产值对农地利用效率呈现显著性阻碍作用。一般来说,某个乡镇的工业产值效益高,说明经济发展状况较好,但结合进贤县实际情况,大多数农民出于最小投入、最大产出原则,选择进入工厂务工概率更大。此时,他们会将自己的农地交给邻居或者亲戚种植,大部分邻居或者亲戚对待多出的一部分土地并不会付出全部心血种植,农地利用效率一般较低。这一点可以结合进贤县各个乡镇的具体情况说明,温圳镇与张公镇属于工业产值在三大产值中有绝对优势的乡镇,其中温圳镇农药器械发展良好，且拥有一个新型工业园区，在钢材方面有一定建树。此外，由于温圳镇地理位置处于进贤县的西南角，属于山地丘陵地形，地块较小，在工业效益明显比农业效益更好的状况下，农民大多数选择进入工厂谋生，农业发展处于弱势，农地利用效率比较低。

单位面积农业机械动力对进贤县农地利用效率影响显著，通过了 $\alpha=0.1$ 的显著性检验，符合一般的正向假设。从农业现代化角度来看，农业机械化水平越高，农地的产出水平越高。结合进贤县的实际情况，地势南高北低，北部濒临湖滨，地块平整，面积较大，耕地种植条件好，机械化水平高，根据前文空间分析可知进贤县北部乡镇农地利用效率一直处于较高状态。“十二五”规划后期与“十三五”规划期间，进贤县南部几个乡镇也进行了土地整治，尤其选定 732 个自然村开展社会主义新农村建设，集中打造涵盖文港镇、李渡镇、温圳镇在内的特色小镇，推动罗溪圩、马咀圩除险加固工程，推动单退圩堤工程，单位面积农业机械动力水平有所上升，南部几个乡镇的农地利用效率也呈现增长趋势。单位面积农业机械动力投入的增加，促使进贤县的农业生产朝着高质、高产、高效的方向发展，增加了本区域粮食的产出量，为经济建设提供了更加坚实的粮食保障。

除了单位面积工业总产值与单位面积农业机械动力，农户平均播种面积也是影响农地利用效率的显著因素，且与农地利用效率呈正相关。农户平均播种面积受农户可播种总面积及劳动力数量影响。由于我国土地面积有限，且在“十分珍惜、合理利用土地和切实保护耕地”这一基本国策的指导下，农户可播种总面积相对稳定。因此，当从事农业人员减少时，农户平均播种面积增大，但分为两种情况：第一种是农户或者当地政府有意识地去扩大自己或者农户的播种面积，此时农户会想方设法提高农地收益，包括加大农药化肥及机械化等各方面投入，从而农地利用效率上升；第二种是农户平均播种面积被动增大，当该乡镇工业或者服务业发展较好时，农民选择进入二三产业或者直接外出务工，剩下的农民多为老人，没有多余的能力去耕作更多的农地，此时虽然农户平均播种面积增大，但农地利用效率降低。农户平均播种面积对农地利用效率的影响主要体现在剩余农户的年龄及认知上，农户耕作能力强，且有意识地增大自我耕作面积，较强依赖土地带来的收益，并在意识驱动下进行技术、规模各方面改良，这种情况下农地利用效率将得到极大提升。

四、非显著因素分析

实证结果显示，单位面积净碳排放量与农地利用效率呈负相关，即单位面积净碳排放量越大，农地利用效率越低，但未通过5%或者10%的显著性检验。从原始数据来看，进贤县各个乡镇的单位面积净碳排放量呈上升趋势，但上升速度较为平缓。另外，碳排放的影响涵盖自然环境、人类、物种等多个方面，且需要一定时间反映出来，本书研究时间序列较短，无法衡量其真正影响。因此，单位面积净碳排放量指标并不能很好地解释进贤县农地利用效率的问题。

有效灌溉面积对进贤县农地利用效率没有显著影响，这与我们的正向假设不一致。按照农业生产活动发展规律，完善的灌溉条件、有效的灌溉方式有助于推动农业产出水平的提高。但联系进贤县实际情况，该县属于亚热带地区，水文条件优越，不仅有抚河与信河流经，还有军山湖、青岚湖等大小湖泊，水面面积占进贤县总面积的1/3，有先天的灌溉优势。另外，2011—2017年进贤县各个乡镇有效灌溉面积变化不大，2011年进贤县总体有效灌溉面积44327公顷，2017年有效灌溉面积52612公顷，变化量仅8285公顷，具体到各个乡镇变化量更小。因此，本书认为有效灌溉面积对进贤县农地利用效率影响不显著。

第十章
大南昌都市圈农业空间利用效率研究

第一节　大南昌都市圈概况与数据处理

一、大南昌都市圈概况

1. 地理位置概况

大南昌都市圈地处江西省北部，北纬 27°30′26″—30°4′45″，东经 113°56′5″—117°15′40″，是长江中游城市群的重要组成部分。大南昌都市圈土地面积约为 4.5 万平方千米，包括南昌市，九江市，抚州市的临川区和东乡区，上饶市的鄱阳县、余干县和万年县，宜春市的丰城市、樟树市、高安市、奉新县和靖安县，共 32 个县(市、区)。

为保证研究区域的一致性和数据的可获取性，本研究对部分发生变更的行政区划进行调整，所采用的行政区划如表 10-1 所示。红谷滩区于 2019 年设立，考虑到研究时间跨度较大，未将其视作独立的研究单元；湾里区于 2020 年撤区成立湾里管理局，但实际辖区范围未发生变化，予以保留；其他如共青城市于 2010 年设立、新建区于 2015 年撤县设区、庐山区于 2016 年变更为濂溪区、星子县于 2016 年变更为庐山市、东乡县于 2016 年变更为东乡区、九江县于 2017 年变更为柴桑区等，视作独立县(市、区)开展研究，涉及辖区范围变化的，以发生变化的土地面积为依据对相关数据进行加权修正。

表 10-1 大南昌都市圈行政区划

地级市	县(市、区)
南昌市	南昌县、进贤县、安义县、东湖区、西湖区、新建区、青云谱区、湾里区、青山湖区
九江市	浔阳区、濂溪区、柴桑区、瑞昌市、庐山市、共青城市、湖口县、彭泽县、都昌县、德安县、永修县、武宁县、修水县
抚州市	临川区、东乡区
上饶市	万年县、余干县、鄱阳县
宜春市	丰城市、樟树市、高安市、靖安县、奉新县

2. 自然环境概况

大南昌都市圈位于亚热带季风性湿润气候区,四季分明,夏季高温多雨,冬季温和湿润,年均降水量介于 644—1278 毫米之间,呈自东向西递减态势。大南昌都市圈海拔为-41—1781 米,地势西高东低,西北部多丘陵,中部为鄱阳湖平原,整体较为平坦。范围内水系发达,河流、湖泊众多,拥有全国面积最大的淡水湖——鄱阳湖,水域总面积 4307.6 平方千米,占大南昌都市圈土地面积的 9.19%,水资源较为丰富,具有调洪蓄水、调节气候、降解污染等多种生态功能,拥有丰富的鱼类、鸟类等物种资源。此外,大南昌都市圈森林资源丰富,拥有一批国家森林公园、自然保护区、湿地公园等;矿产资源同样丰富。总的来看,大南昌都市圈的绿色生态优势显著,依山傍水,自然资源丰富。

3. 社会经济发展概况

截至 2020 年,大南昌都市圈的经济实力有大幅提升,人均地区生产总值为 61512.64 元,地区生产总值达 9711 亿元,占江西省地区生产总值的 37.8%。其中,三次产业结构得到进一步优化,第一产业产值为 858.91 亿元,第二产业产值为 4169.77 亿元,第三产业产值为 4672.07 亿元,三次产业占比为 8.84∶42.94∶48.12,相较于 2005 年,第一产业和第二产业比重不断下降,产业结构由“二三一”向“三二一”转型升级。此外,大南昌都市圈农业发展由数量导向转向质量导向,农业产业化步伐加快,粮食产出不断提高。从工业、服务业发展来看,大南昌都市圈培育了一批创新及传统优势产业,即汽车和新能源汽车、电子信息、生物医药、航空装备四大战略性新兴产业,绿色食品、机电装备制造、新型材料、现代轻纺四大特色优势传统产业,以及若干生产性服务业。截至2020年,电子信息、汽车和新能源汽车、绿色食品、新型材料四大产业营业收入突破千亿元。2020年末,大南昌都市圈人口规模达1578.7万人,其中城镇人口862.67万人,人口城镇化率由2005年的40.03%上升到2020年的54.64%,区域社会经济发展状况持续向好。

4.国土空间利用概况

国土空间由城镇空间、农业空间和生态空间构成,其中,城镇空间以承载城镇经济、社会、文化与生态等要素为主,是都市圈城镇化和工业化的重要载体;农业空间主要承载农村生活和农业生产活动,是确保地区粮食安全的重要保障;生态空间以提供生态产品或生态系统服务为主,具有重要的生态承载功能。根据《关于建立国土空间规划体系并监督实施的若干意见》提出的"科学有序统筹布局生态、农业、城镇等功能空间"的规划要求,结合相关研究(林树高等,2022;卢照地等,2022),本研究从国土空间的多功能性和功能主导性出发,坚持主导功能突出、生态发展优先的分类原则,建立国土空间分类与土地利用类型的衔接体系,如表10-2所示。

表10-2 国土空间分类与土地利用类型的衔接体系

国土空间	主导功能类型	空间类型	土地利用类型
城镇空间	城镇发展	城镇生活空间	城镇用地
		城镇生产空间	工矿及交通用地
农业空间	粮食安全	农业生产空间	耕地
		农村生活空间	农村居民点
生态空间	生态安全	水域生态空间	湿地、水域
		陆域生态空间	林地、草地、裸土地

随着全球化、城市化的发展，从国土空间结构变化来看，城镇空间扩张对生态空间的挤占强度略强于农业空间。2020 年大南昌都市圈城镇空间面积 2823.79 平方千米，占都市圈土地总面积的 6.02%；农业空间面积 22230.71 平方千米，占都市圈土地总面积的 47.42%；生态空间面积 21825.31 平方千米，占都市圈土地总面积的 46.56%。相较于 2005 年，城镇空间面积增加了 1075.14 平方千米，研究期间扩张了 61.57%；农业空间面积减少了 506.18 平方千米，研究期间收缩了 2.23%；生态空间面积减少了 571.06 平方千米，研究期间收缩了 2.55%。

5. 大南昌都市圈农业发展优势分析

基于上述有关大南昌都市圈地理位置、自然环境、社会经济发展现状及国土空间利用概况的叙述，可见该地区农业产业发展具备如下优势。

(1)经济社会及自然资源优势明显

大南昌都市圈地处长江中游城市群，具有得天独厚的地理位置优势。这一地区经济发展迅速，有着良好的资金储备、雄厚的资本实力与合理的财政支出，能够为农业发展资金需求保驾护航；肥沃的土地与丰富的水资源同样能够保障农业发展的基础；该区域公路、铁路和水路等交通网络发达，为物资和人员流动提供了便利条件。可见，大南昌都市圈农业发展的经济基础与资源基础能够得到有力的保障。

(2)农业产业发展势头良好

大南昌都市圈的农业产业发展表现出强劲的增长势头。首先，大南昌都市圈毗邻鄱阳湖流域，该地区是我国传统的粮食主产区，水稻种植产出位居全国前列。其次，大南昌都市圈内水资源及耕地资源丰富，水利工程、田间道等农业基础设施建设较为完善，能够为农业生产提供基本保障。最后，农副产品生产加工等农业产业配套企业发展势头良好，农副产品质量优良，有效带动区域农业高质量发展。

(3)科技创新与人才储备优势显著

大南昌都市圈作为江西省乃至长江中游城市群主要的经济社会发展优势

点，能够吸引外来人才并提供良好的发展机遇，有效促进区域内诸如农业生产机械发展、种子培育等农业科技创新。除此之外，大南昌都市圈内诸如江西农业大学等高校均设有农业相关科创实验室并由农业专家牵头申请相关课题，能够有效地针对区域内农业发展现状制订科研计划并培养相关农业专业人才。与此同时，遍布于区域内各地的实验室或实验基地亦能协助当地农户及相关企业推动现代化农业发展。

(4)生态环境与农业发展良性互动

大南昌都市圈的生态环境保护同样取得了积极进展。因区域内存在诸如鄱阳湖湿地公园、庐山等国家级自然保护区，在环境保护方面，该地区致力于水系与森林环境的治理，推动生态修复与污染治理，从而推进绿色农业发展。同时大力发展绿色低碳经济与循环经济，促成生态环境与农业发展的良性互动。

总的来看，大南昌都市圈不论在经济社会发展、资源环境治理、农业产业发展，抑或科技创新、人才培养等方面，都能够为本地区的农业发展提供良好的现实条件。政府的宏观政策导向与基层干部的协同治理同样是该地区农业发展的强大助力。可见，对大南昌都市圈的农业空间利用效率及其演化与影响因素进行探究有着显著的理论及现实意义。

二、数据来源与处理

本研究涉及的相关数据包括行政边界矢量数据、土地利用数据、数字高程模型数据、净初级生产力(Net Primary Production，NPP)栅格数据、气候数据和社会经济统计数据等。

大南昌都市圈行政边界矢量数据源于全国地理信息资源目录服务系统提供的1∶100万公众版基础地理信息数据，数据整体现势性为2019年；土地利用数据源于谷歌地球引擎(Google Earth Engine)中的2005年和2010年的Landsat 5影像及2015年和2020年的Landsat 8影像，空间分辨率均为30m×30m，筛选云量低于5%的影像进行去云合成，使用随机森林分类器解译为耕地、林地、草地、湿地、水域、城镇用地、工矿及交通用地、农村居民点和裸土地，经检验,四期土地利用数据 *Kappa* 系数均大于 0.85,满足研究需要;DEM 数据源于 LP DAAC(Land Processes Distributed Active Archive Center,土地进程分布式活动档案中心)提供的 ASTER GDEM V3 数据集,空间分辨率为 30m × 30m,借助 ArcGIS Pro 的 Extract by Mask Toolbox 得到各县(市、区)平均高程,并使用 Slop Toolbox 提取各县(市、区)的平均坡度;年度合成 NPP 数据来源于 LP DAAC 提供的 MOD17A3HGF V6 数据集,空间分辨率为 500 m × 500 m,使用 ArcGIS Pro 的 Zonal Statistics as Table 得到各县(市、区)的年度净初级生产力;气候数据包括逐月平均气温数据和逐月平均降水量数据,来源于时空三极环境大数据平台,空间分辨率均为 1km × 1km,借助 ArcGIS Pro 的 Make Multidimensional Raster Layer Toolbox 合成为年度数据,使用 Extract by Mask Toolbox 得到各县(市、区)的年均气温与年均降水量;社会经济统计数据主要包括经济、人口、城镇发展、农业生产、环境生态等方面的数据,来源于江西省统计年鉴、各地市统计年鉴和水资源公报、各县区统计公报、中国县域统计年鉴,部分缺失数据通过依法申请公开渠道获取或使用线性内插法和趋势外推法补充。针对不同空间分辨率的数据,借助 ArcGIS Pro 的 Zonal Statistics as Table 统一到县级尺度,具体数据来源及说明如表 10-3 所示。

表 10-3 遥感影像采集基本信息表

数据类型	数据时间	数据来源
行政边界矢量数据	2019 年	全国地理信息资源目录服务系统(https://www.webmap.cn/main.do?method=index)
土地利用数据	2005 年、2010 年、2015 年和 2020 年	基于 Google Earth Engine 对 Landsat 5 和 Landsat 8 影像解译获取
NPP 数据	2005 年、2010 年、2015 年和 2020 年	MOD17A3HGF V6 (https://lpdaac.usgs.gov/products/mod17a3hgfv006/)
DEM 数据	2013 年	ASTER GDEM V3(https://lpdaac.usgs.gov/products/astgtmv003/)

续表

数据类型	数据时间	数据来源
气候数据	2005 年、2010 年、2015 年和 2020 年	时空三极环境大数据平台（http://poles.tpdc.ac.cn/zh-hans/）
社会经济统计数据	2006 年、2011 年、2016 年和 2021 年	江西省统计年鉴、各地市统计年鉴、中国县域统计年鉴
	2005 年、2010 年、2015 年和 2020 年	各县（市、区）统计公报、依法申请公开获取

第二节　大南昌都市圈农业空间利用效率测度与时空演化

一、农业空间利用效率测度指标体系构建原则

农业空间利用效率测度指标体系构建是农业空间利用效率研究的核心和基础。农业空间作为社会-经济-自然-生态多维综合的复杂系统，其测度指标体系的构建涉及的数据类型丰富多样。本研究基于投入-产出视角，从农业空间利用角度选取指标构建农业空间利用效率测度指标体系，遵循以下原则。

1. 代表性原则

农业空间利用效率测度是基于投入-产出视角进行的，同时，本研究以大南昌都市圈为研究区，空间范围跨度较大，指标的选取应当符合当地发展现状，能够有效反映当地农业空间的投入与产出状况，进而表示农业空间利用的状况。

2. 科学性原则

农业空间利用效率能够客观地反映农业空间的开发利用水平，因此指标选取需遵循科学性原则，尊重事物的客观联系，避免主观因素的影响。

3. 系统性原则

农业空间利用系统由农业生产空间及乡村生活空间两大子系统构成且与

外部要素间存在各种关联，是一个内外互联、相互影响的完整系统，其正常运转有赖于子系统之间、系统内外部间的有机耦合。因此，指标选择必须从农业空间的系统性出发，既要体现农业空间利用效率的内涵及其基本要求，又要反映农业空间利用系统及其子系统之间的内在联系，同时还要综合考虑外部因素对农业空间利用效率的影响。

4. 可操作性原则

农业空间利用效率测度指标选择应从实际出发，根据现有数据资料、计算难度等确定。对于数据难以获取但又不可或缺的指标，可寻找相关性较强的指标进行修正或替代。

二、农业空间利用效率测度指标体系的构建

基于代表性、科学性、系统性及可操作性原则，本研究利用非期望产出的超效率 SBM 模型从投入-期望产出-非期望产出的角度选取农业空间面积、农业机械总动力、农用化肥施用量、第一产业生产总值、农民人均可支配收入、农业面源污染及农业碳排放量等 7 个测算指标，构建大南昌都市圈农业空间利用效率测度指标体系。农业空间利用效率测度各指标单位及属性如表 10-4 所示。

表 10-4 农业空间利用效率测度各指标单位及属性

目标层	指标层	单位	指标属性
农业空间利用效率	农业空间面积	hm^2	投入(+)
	农业机械总动力	kW	投入(+)
	农用化肥施用量	t	投入(+)
	第一产业生产总值	万元	期望产出(+)
	农民人均可支配收入	万元	期望产出(+)
	农业面源污染	10^4 t	非期望产出(-)
	农业碳排放量	10^4 t	非期望产出(-)

农业空间是农业生产活动的主要载体，基于投入-产出视角，可将其效率

测度指标分为农业空间利用投入要素和经济、社会及环境产出，共计7项指标。投入指标包括土地要素投入和生产资料投入。其中，耕地与农村居民点是进行农业生产活动的基础，结合本研究确定的国土空间分类与土地利用类型的衔接体系，以耕地面积和农村居民点面积作为农业空间利用的土地要素投入，因此，选取农业空间面积表示农业空间的土地要素投入；农业空间的利用离不开农业生产资料投入，常见的包括农用化肥施用量或折纯量、农药使用量、农业机械总动力、农膜使用量、农村用电量及有效灌溉面积等，考虑数据的可获取性及可操作程度，本研究选取农业机械总动力、农用化肥施用量表示农业空间的生产资料投入。在产出指标中，第一产业生产总值反映了农业空间利用过程中产生的各种农业经济效益，第一产业生产总值的增加一定程度上反映了农业空间的有效利用，是农业空间利用的主要期望产出，故选取第一产业生产总值表示农业空间利用的经济产出；农村人均可支配收入可以反映农业空间利用对于农村居民生活的基本保障能力，是农村居民从事农业生产活动的主要期望提升目标，能够有效反映农业空间利用的社会效益，对于维持乡村社会稳定具有重要作用，因此选取农村人均可支配收入表示农业空间利用的社会产出；在农业空间利用过程中，机耕、翻耕、外来物种入侵以及农药、薄膜、化肥的大量使用也导致了生态环境污染问题，结合大南昌都市圈的农业空间生态现状，该地区的生态环境污染以农业面源污染和农业碳排放为主，因此选取农业面源污染、农业碳排放量表示农业空间利用的非期望产出。

由于大南昌都市圈农业面源污染和农业碳排放量没有官方的统计数据，本研究主要基于相关统计数据，参考前人研究成果进行大致核算。其中，农业面源污染主要为农村生活、农业种植、畜禽养殖和水产养殖产生的总氮（TN）、总磷（TP）和化学需氧量（COD），各污染源的排放系数参考生态环境部于2021年6月公布的《排放源统计调查产排污核算方法和系数手册》确定，如表10-5所示。

表 10-5　农业面源污染构成及排放系数

污染来源	地区	畜禽种类	单位	排放系数			参考来源
				TN	TP	COD	
农村生活	九江市	—	g/p/d	3. 18	0. 24	26. 47	《生活源产排污核算系数手册》
	南昌市	—	g/p/d	3. 06	0. 24	29. 28	
	上饶市	—	g/p/d	3. 12	0. 23	25. 09	
	宜春市	—	g/p/d	2. 84	0. 22	23. 85	
	抚州市	—	g/p/d	2. 92	0. 22	24. 47	
畜禽养殖	江西省	猪	kg/头	5. 55	1. 33	69. 11	《农业源产排污核算系数手册》
	江西省	牛	kg/头	47. 33	7. 31	1492. 07	
	江西省	家禽	kg/羽	0. 36	0. 10	7. 55	
种植业	江西省	—	kg/hm^2	6. 68	0. 86	0. 00	
水产养殖	江西省	—	kg/t	2. 95	0. 54	20. 29	

农业碳排放主要来源于农业空间利用过程中的六个方面:第一是农用化肥施用过程中的直接或间接碳排放;第二是农膜使用过程中的碳排放;第三是农药使用过程中的直接或间接碳排放;第四是农业机械化耕作过程中的能源消耗带来的碳排放;第五是农业翻耕破坏土壤有机碳库,有机碳释放到空气中引起的碳排放;第六是农业灌溉过程中能源消耗引发的碳排放。本研究基于 IPCC 碳排放系数法测算农业空间利用过程中的碳排放,公式如下:

$$C_T = \sum_{i=1}^{n} E_i \times \varepsilon_i \tag{10-1}$$

式中, C_T 为农业碳排放总量, E_i 为各类农业碳源的投入量, ε_i 为各类农业碳源的碳排放系数。各类碳源的碳排放系数主要参考学者们的研究成果,如表 10-6 所示。

表 10-6 农业碳排放系数

碳源	碳源投入量	单位	碳排放系数	参考来源
农用化肥	农用化肥折纯量	t/kg	0.89	West 和 Marland(2022)
农膜	农膜使用量	t/kg	5.18	郭旋等(2016)
农药	农药使用量	t/kg	4.93	孙英彪等(2016)
农机耕作	农作物播种面积	t/hm^2	16.47	王莉等(2022)
	农业机械总动力	t/kW	0.18	王莉等(2022)
农业翻耕	农作物播种面积	t/hm^2	3.12	丁宝根等(2019)
农业灌溉	有效灌溉面积	t/hm^2	20.5	李波等(2011)

三、农业空间利用效率时序演变分析

在投入-产出视角下,生产要素投入规模对产出有着重要影响,适度的投入规模有助于提升产量及农业生产绩效并助力农业生产的可持续发展,而过度的投入规模则可能会导致产量缩减、生产效率下降甚至影响农民的农业生产积极性。在农业空间的实际利用过程中,生产效益往往包含投入要素规模与要素产出间的关系变动带来的变化,随着时间的推移,农业空间利用的生产要素投入亦会随之发生变动。因此,基于规模报酬可变假设,本研究运用非期望产出的超效率 SBM 模型分别测度 2005 年、2010 年、2015 年和 2020 年大南昌都市圈 32 个县(市、区)的农业空间利用效率,以探究农业空间利用效率的时空演化特征。

2005 年、2010 年、2015 年和 2020 年大南昌都市圈农业空间利用效率测度结果如表 10-7 所示。研究期间,都市圈农业空间面积从 2005 年的 22725.476 平方千米减少为 2020 年的 22219.295 平方千米,农业生产所需的土地投入要素减少,但农业空间利用效率均值却呈逐渐上升趋势。综合来看,其原因可能在于区域农业生产技术水平和农业生产集约化程度整体提升,生产要素集约化利用产生的规模效益弥补了土地要素投入减少导致的效率损失;变异系数不断增大,表明各县(市、区)农业空间利用效率差距不断扩大。

表 10-7 2005—2020 年大南昌都市圈农业空间利用效率

行政区	2005 年	2010 年	2015 年	2020 年	空间年均扩张率	效率年均增幅
浔阳区	0.527	0.503	0.488	0.483	-2.568%	-0.557%
濂溪区	0.524	0.511	0.516	0.498	-0.062%	-0.331%
柴桑区	0.605	0.601	0.610	0.619	-0.004%	0.154%
瑞昌市	0.747	0.749	0.767	0.801	-0.001%	0.482%
庐山市	0.916	0.930	0.959	1.003	0.002%	0.633%
共青城市	0.721	0.683	0.649	0.716	-0.001%	-0.046%
湖口县	0.899	0.920	0.960	1.000	0.005%	0.749%
彭泽县	0.803	0.796	0.815	0.828	0.002%	0.208%
都昌县	0.824	0.826	0.836	0.865	0.001%	0.332%
德安县	0.854	0.825	0.832	0.846	-0.003%	-0.062%
永修县	0.917	0.961	0.971	1.010	0.001%	0.676%
武宁县	0.667	0.651	0.663	0.703	-0.007%	0.360%
修水县	0.873	0.847	0.884	0.939	0.002%	0.504%
南昌县	1.023	1.012	1.026	1.034	-0.004%	0.072%
进贤县	0.925	0.924	0.927	0.960	-0.002%	0.252%
安义县	0.722	0.743	0.746	0.765	0.006%	0.397%
东湖区	0.699	0.663	0.652	0.630	-0.078%	-0.658%
西湖区	0.668	0.654	0.622	0.603	-0.276%	-0.649%
新建区	0.810	0.836	0.869	0.885	0.072%	0.617%
青云谱区	0.579	0.568	0.556	0.532	-0.063%	-0.541%
湾里区	0.855	0.866	0.895	0.926	0.011%	0.554%
青山湖区	0.843	0.820	0.841	0.878	-0.012%	0.277%

续表

行政区	2005 年	2010 年	2015 年	2020 年	空间年均扩张率	效率年均增幅
万年县	0.879	0.824	0.893	0.964	-0.001%	0.645%
余干县	0.925	0.928	0.926	0.961	0.001%	0.259%
鄱阳县	0.975	0.990	1.012	1.031	0.000%	0.383%
丰城市	0.857	0.912	0.954	0.992	-0.001%	1.050%
樟树市	0.803	0.811	0.825	0.879	0.001%	0.631%
高安市	0.859	0.869	0.927	0.951	0.001%	0.714%
靖安县	0.660	0.673	0.703	0.768	0.002%	1.091%
奉新县	0.974	0.969	0.990	0.994	-0.004%	0.137%
临川区	0.928	0.928	0.970	1.002	0.002%	0.532%
东乡区	0.841	0.865	0.885	0.913	-0.001%	0.571%
平均值	0.803	0.802	0.818	0.843	-0.093%	0.295%
变异系数	0.164	0.175	0.187	0.196	—	—

为便于比较各县(市、区)农业空间利用效率水平,应用自然间断点法将农业空间利用效率划分为 4 个水平:高效率[0.955,1.034]、中高效率[0.779,0.955)、中低效率[0.583,0.779)和低效率[0.000,0.583)。如表 10-7 和图 10-1 所示,2005 年大南昌都市圈的农业空间利用整体处于中高效率水平;南昌县、鄱阳县和奉新县处于高效率水平;中低效率水平的县(市、区)有 8 个,分别是柴桑区、瑞昌市、共青城市、武宁县、安义县、东湖区、西湖区和靖安县;浔阳区、濂溪区和青云谱区处于低效率水平;其余 18 个县均处于中高效率水平。2005—2010 年,永修县农业空间投入产出优化,高效率水平的县(市、区)增加至 4 个;中高效率水平的县(市、区)数量减少为 17 个;中低效率和低效率水平的县(市、区)数量未发生变化。2010—2015 年,庐山市、湖口县和临川区农业空间利用效率提升,高效率水平的县(市、区)增加至 7 个;中高效率水平的县(市、

区)数量减少为 14 个;中低效率和低效率水平的县(市、区)数量依旧未发生变化。2015—2020 年,进贤县、万年县、余干县和丰城市农业空间利用效率提升,高效率和中高效率水平的县(市、区)各占 11 个;瑞昌市由中低效率转为中高效率,中低效率和低效率利用水平的县(市、区)数量分别为 7 个和 3 个;大南昌都市圈的农业空间利用效率得到提升,以高效率水平为主。

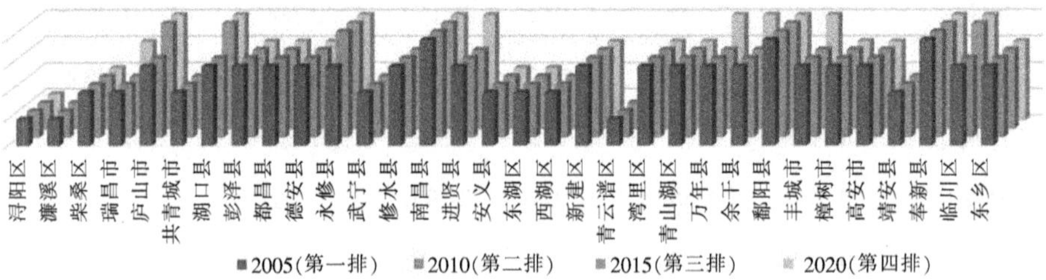

图 10-1　2005—2020 年大南昌都市圈农业空间利用效率分级图

大南昌都市圈农业空间利用效率存在较大的地区差异。庐山市、湖口县、永修县、南昌县、进贤县、万年县、余干县、鄱阳县、丰城市、奉新县和临川区等地的农业空间利用效率达到了较高水平,究其原因,这些区域具备较好的农业发展条件。从自然条件来看,这些地区的水热条件良好,地形较为平坦,耕地资源丰富;从农业基础设施建设来看,这些地区的水利工程设施建设、田间道建设及高标准农田建设均处于较高水平;从经济社会条件来看,这些地区有着较为优越的经济基础,陆地水路交通便利,能够有效推动要素资源流动。以上因素均为农业空间高效利用奠定了基础。而浔阳区、濂溪区和青云谱区的农地利用效率处于较低水平,与其自身的主导发展方向有关。这三个地区属于都市圈内主要城市的核心区域,城市发展定位决定了其发展以工业和服务业为主,二三产业发展优先于农业发展,存在产业发展投入的倾向性,对农业空间利用的投入有限,从而制约了农业空间利用效率提升。此外,这些地区城区面积较大,农业空间面积有限,无法发展规模农业产业,进而限制了农业空间高效利用。

大南昌都市圈各县(市、区)农业空间利用效率变化存在多种趋势。结合各县(市、区)农业空间扩张情况,浔阳区、濂溪区、东湖区、西湖区和青云谱区农业空间面积大幅减少，城市扩张占用农业空间进行开发建设对于土地资源是一种挤压，农业空间利用的土地要素投入不足导致效率降低。共青城市、德安县、武宁县、修水县、南昌县、青山湖区和万年县等地的农业空间利用效率呈现了一定的波动变化特征，总体呈现提升趋势，其原因可能是农业基础设施建设、区域农业生产技术提升和投入要素集约化带来的规模效益弥补了农业空间面积减少导致的效率损失。近年来的国土综合整治与生态修复措施激发的农业空间生态活力缓解了非期望产出过量导致的农业空间利用效率下降趋势。此外，柴桑区、瑞昌市、庐山市、湖口县、彭泽县、都昌县、永修县、安义县、新建区、湾里区、余干县、鄱阳县、樟树市、高安市、靖安县、奉新县、临川区和东乡区等地的农业空间变化较小，其农业空间利用效率提升的原因主要在于农业生产技术提升和投入要素集约化带来的规模效益。

四、农业空间利用效率空间格局演变特征

农业空间利用效率时序演变特征表明2005—2020年大南昌都市圈的农业空间存在一定的空间关联性。为进一步探究其在空间上的关联特征，本研究采用空间统计分析方法对大南昌都市圈农业空间利用效率进行空间自相关分析，选择邻接矩阵定义各县（市、区）的空间关系，使用全局 *Moran's I* 揭示各县（市、区）之间农业空间利用效率的平均关联程度，借助全局 *Moran's I* 散点图识别农业空间利用效率的局部空间集聚和异常分布特征。

2005—2020年大南昌都市圈农业空间利用效率全局 *Moran's I* 如表10-8所示，全局 *Moran's I* 均大于0且通过了5%的显著性水平检验，表明农业空间利用效率存在显著的正向空间自相关，即相似利用效率水平的县（市、区）呈现空间集聚特征。

表 10-8 2005—2020 年大南昌都市圈农业空间利用效率全局 *Moran's I*

年份	全局 *Moran's I*
2005	0.204**
2010	0.224**
2015	0.233**
2020	0.258**

注：**表示在1%的显著性水平下显著。

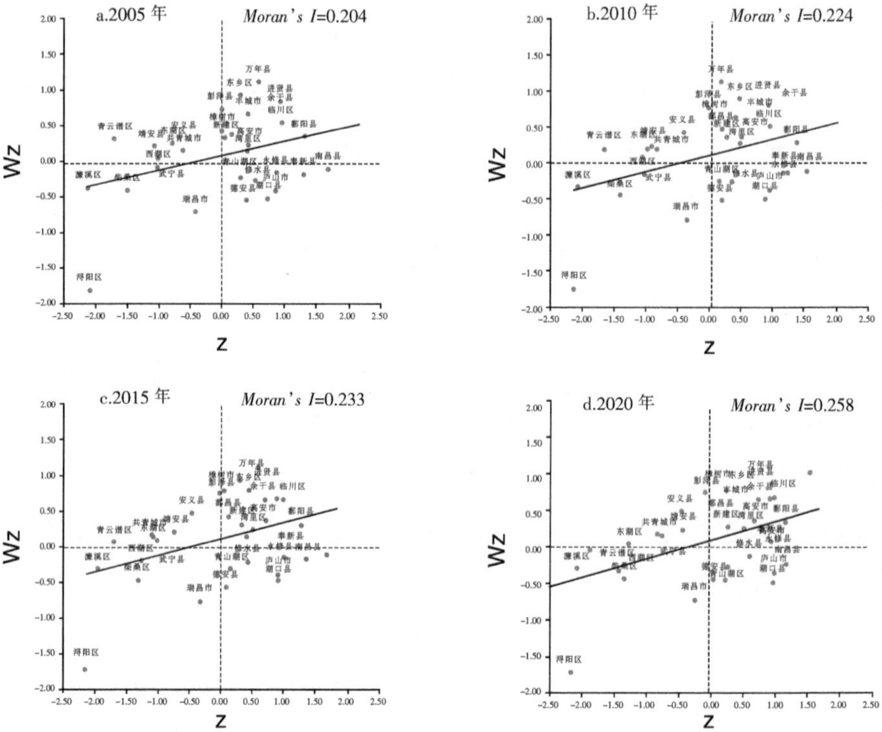

图 10-2 2005—2020 年大南昌都市圈农业空间利用效率全局 *Moran's I* 散点图

2005—2020 年大南昌都市圈农业空间利用效率全局 *Moran's I* 散点图如图 10-2 所示。各县(市、区)的农业空间利用效率集聚类型以高—高(HH,高、低分别指高效率、低效率)聚类为主,且集聚强度不断增大。整体来看,农业空间利用效率空间格局相对稳定,低—高(LH)聚类和低—低(LL)聚类两种类型的变动较小，以高—低（HL）聚类向高—高（HH）聚类的转化为主，这种转化的原因在于各县（市、区）自身效率变动及地区效率增幅与都市圈效率平均增幅的差距。具体来看，鄱阳县、丰城市、临川区、余干县等传统粮食生产大县及其邻近地区的农业空间利用效率高于都市圈平均水平，南昌县、湖口县、都昌县等地农业空间利用效率高于其邻近地区，而浔阳区、濂溪区和柴桑区等地及其邻近地区的农业空间利用效率低于全域平均水平，这在一定程度上与各地区的主体功能定位有关。受自身农业空间利用效率下降影响，浔阳区、濂溪区、共青城市、东湖区、西湖区和青云谱区农业空间利用效率集聚程度下降，其余县（市、区）的农业空间利用效率集聚程度均有提升。

第三节　大南昌都市圈农业空间利用效率影响因素分析

通过前文对大南昌都市圈农业空间利用效率测度并对农业空间利用效率时空演化特征进行分析可知，2005—2020 年大南昌都市圈 32 个县（市、区）的农业空间利用效率因城市发展定位、农业生产技术提升及投入要素集约化所产生规模效益的差异导致大南昌都市圈内各县（市、区）存在显著的区域差异，呈现随时间而扩大的趋势。为探究导致这一变化的原因，本研究分别从区域自然本底和发展水平两个维度选取农业空间利用效率的影响因子，借助因子探测器确定农业空间利用效率时空差异的主导影响因素，同时引入空间计量模型进一步分析和探讨各影响因素对农业空间利用效率时空演化的影响。

一、农业空间利用效率主导影响因素地理探测

农业空间利用效率时空差异是自然条件和社会经济状况共同作用的结果，本研究分别从自然本底和发展水平角度选取可能影响农业空间利用效率的因素（见表 10-9）。

表 10-9　农业空间利用效率影响因素

维度	名称	单位	因子说明
自然本底	年降水量(X_1)	mm	基于月度降水量插值数据合成
	年均气温(X_2)	℃	基于月度气温插值数据合成
	地形位指数(X_3)	—	参考张玉等(2022)改进的地形位指数
	水网密度指数(X_4)	—	参考《生态环境状况评价技术规范》(HJ 192—2015)
发展水平	土地垦殖率(X_5)	%	区域耕地面积/区域土地面积
	人均地区生产总值(X_6)	万元/人	区域生产总值/区域总人口
	财政支出(X_7)	万元	以统计年鉴中的财政支出额表示
	综合城镇化率(X_8)	%	城镇常住人口比重、二三产业产值比重、建设用地面积比例加权,权重由改进 CRITIC 法确定
	人口密度(X_9)	万人/ hm^2	区域总人口/区域土地面积
	农村人口比重(X_{10})	%	区域农村人口/区域总人口
	科研技术投资(X_{11})	万元	以科研技术经费支出表示,依法申请公开获取
	污染治理投入(X_{12})	万元	以污染治理投资总额表示,依法申请公开获取

区域自然本底条件是国土空间利用的基础,对城镇开发建设、农业生产和生态系统维持等有重要意义。从自然条件来看,气候、地形、土壤、水文等对不同功能的城镇空间开发利用产生直接影响,自然条件的差异性在一定程度上能够导致农业生产功能的差异,进而对农业空间利用效率产生影响。因此,本研究初步选取年降水量(X_1)、年均气温(X_2)、地形位指数(X_3)和水网密度指数(X_4)作为表示区域自然本底条件的因素。

农业空间利用效率与区域发展水平息息相关,区域发展水平直接影响农业空间开发利用程度。农业基础设施如水利工程、田间道等是农业空间利用的物质基础,其开发建设投入规模一定程度上决定着农业空间生产利用的便利程度,进而影响农业空间利用效率的高低。此外,区域发展水平对农业空间的影响还体现在生产要素投入规模和产品消费市场渠道上。一方面，区域发展水平影响着农业劳动力、农业机械、农用化肥、地膜等生产资料的投入，作为农业生产活动的必要元素，将会对农业生产效率产生直接影响；另一方面，区域发展水平较高意味着更高的农业科技水平和更广阔的产品消费市场，先进的农业科技带动城市加大科研资金投入，巨大的市场消费需求激发农业生产活力，能够进一步促进区域农业空间利用优化。区域发展伴随着城镇化和工业化进程推进，城镇空间扩张不可避免地挤占农业空间，工业生产过程中的废弃物排放导致环境污染和生态破坏。农业空间面积的缩减及农业生态环境的变化均会直接或间接地影响农业空间利用效率。因此，本研究初步选取土地垦殖率（X_5）、人均地区生产总值（X_6）、财政支出（X_7）、综合城镇化率（X_8）、人口密度（X_9）、农村人口比重（X_{10}）、科研技术投资（X_{11}）和污染治理投入（X_{12}）共同表示区域发展水平。

农业空间利用效率影响因素地理探测结果如表 10-10 所示，除年降水量（X_1）、年均气温（X_2）、人均地区生产总值（X_6）和财政支出（X_7）之外的因素均通过 5%的显著性水平检验，依 q 值排序为土地垦殖率（X_5）>科研技术投资（X_{11}）>综合城镇化率（X_8）>污染治理投入（X_{12}）>水网密度指数（X_4）>地形位指数（X_3）>农村人口比重（X_{10}），各因子 q 值均大于 0.1。在以上因子中，农村人口比重（X_{10}）比人口密度（X_9）更能反映农业空间利用的劳动力投入，因为人口密度仅反映区域单位面积人口数，并不能直接表明区域单位面积内从事农业的人口数。因此，保留农村人口比重（X_{10}），剔除人口密度（X_9），最终确定的农业空间利用效率影响因素为地形位指数（X_3）、水网密度指数（X_4）、土地垦殖率（X_5）、综合城镇化率（X_8）、农村人口比重（X_{10}）、科研技术投资（X_{11}）和污染治理投入（X_{12}）。总体来看，农业空间利用效率主要受区域发展水平的影响，其中，土地垦殖率（X_5）和科研技术投资（X_{11}）的 q 值均在 0.5 上下，对农业空间利用效率具有较强解释力。

表 10-10 农业空间利用效率影响因素地理探测结果

影响因素	q value	排序
年降水量(X_1)	0.16	—
年均气温(X_2)	0.09	—
地形位指数(X_3)	0.19*	6
水网密度指数(X_4)	0.29**	5
土地垦殖率(X_5)	0.51**	1
人均地区生产总值(X_6)	0.13	—
财政支出(X_7)	0.11	—
综合城镇化率(X_8)	0.31**	3
人口密度(X_9)	0.26*	—
农村人口比重(X_{10})	0.18**	7
科研技术投资(X_{11})	0.47**	2
污染治理投入(X_{12})	0.31**	4

注：* 和 ** 分别表示在 5%和 1%的显著性水平下显著。

二、农业空间利用效率影响因素空间计量分析

1. 空间计量模型选择

前文通过空间自相关分析验证了大南昌都市圈农业空间利用效率存在一定的空间相关性，可引入空间计量模型进一步探究其空间效应。对于如何确定合适的空间计量模型，学者们大多采取从一般到具体和从具体到一般的方法，其流程如图 10-3 所示。为确保模型选择的准确性，本研究将同时采用这两种方法进行空间计量模型的选取和相互验证。

从具体到一般的方法思路为：首先进行不考虑空间效应的 OLS 回归，若拉格朗日乘数检验统计量 *LM-Lag* 和 *LM-Error* 均不显著，则保留 OLS 回归结果进行分析；若 *LM-Lag* 或 *LM-Error* 显著，则选择对应的空间计量模型进行分析；若 *LM-Lag* 和 *LM-Error* 均显著，则进行稳健的拉格朗日乘数检验，依据 *Ro-*

bust LM-Lag 和 *Robust LM-Error* 是否显著选择对应的空间计量模型，若二者均显著且显著性水平一致，则采用兼容性更强的 SDM 模型，并进行 Hausman 检验以确定固定效应或随机效应。

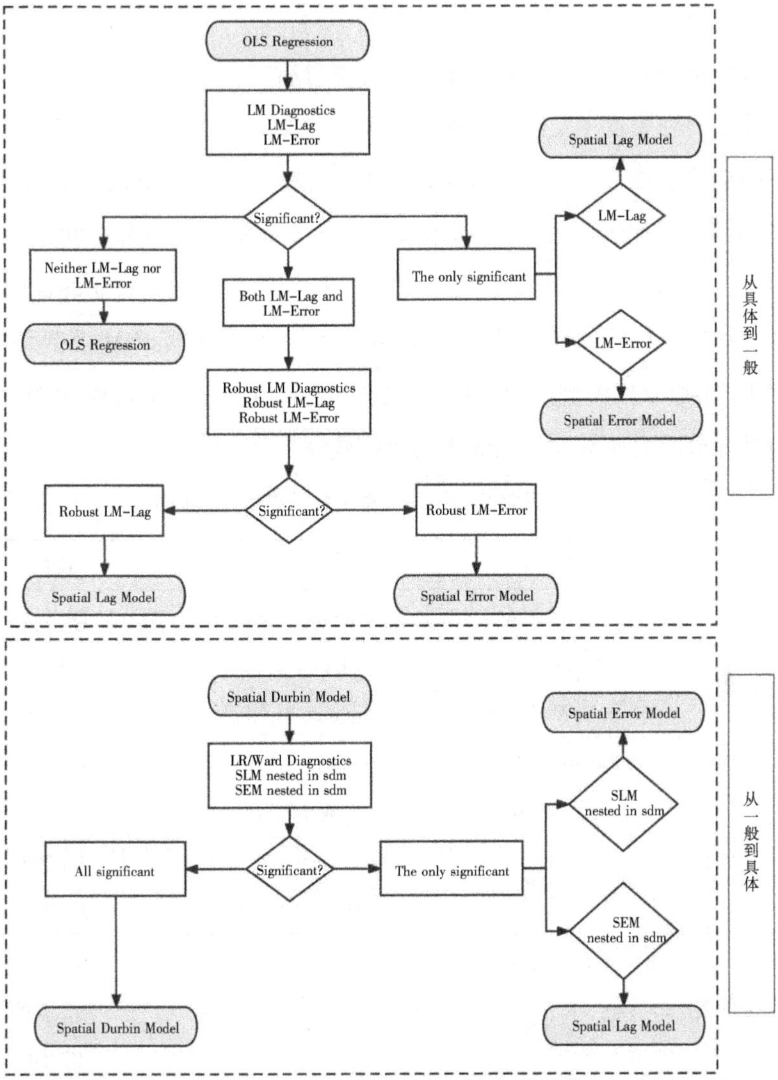

图 10-3　空间计量模型选择的一般流程

从一般到具体的方法思路为：首先选择兼容性更强的 SDM 模型，采用 LR 检验或者 Wald 检验判断 SDM 模型是否可以退化为 SLM 模型或 SEM 模型，若

SDM 模型可以退化为 SLM 模型,则选择 SLM 模型进行分析;若 SDM 模型可以退化为 SEM 模型,则选择 SEM 模型进行分析;若 SDM 模型无法退化为 SLM 模型或 SEM 模型,则采用 SDM 模型进行分析,并进行 Hausman 检验以确定固定效应或随机效应。

2. 农业空间利用效率影响因素空间计量分析

农业空间利用效率空间计量模型检验结果如表 10-11 所示。遵循从具体到一般的检验思路,LM 检验和 Robust LM 检验均通过了 5%的显著性水平检验,表明大南昌都市圈农业空间利用效率存在空间滞后效应和空间误差效应,应该倾向选择 SDM 模型进行下一步分析。此外,按照一般到具体的检验思路,Wald 检验和 LR 检验均通过了 1%的显著性水平检验,表明 SDM 模型无法退化为 SLM 模型或 SEM 模型。两种检验思路的结果均指向应该选择 SDM 模型分析大南昌都市圈农业空间利用效率的空间效应。

表 10-11 农业空间利用效率空间计量模型检验结果

检验路径	检验方法	检验内容	检验值
从具体到一般	LM-Lag	Lagrange Multiplier	24.415**
	Robust LM-Lag	Robust Lagrange Multiplier	13.212*
	LM-Error	Lagrange Multiplier	27.916**
	Robust LM-Error	Robust Lagrange Multiplier	16.713**
从一般到具体	Wald	Wald test	99.430**
	LR	SLM nested in SDM	33.206**
		SEM nested in SDM	38.970**
模型效应	Hausman	Random effects	97.110*
	LR	Ind	73.558*
		Time	82.547*

注:*和**分别表示在5%和1%的显著性水平下显著。

农业空间利用效率的 Hausman 检验统计量通过了 5%的显著性水平检验,表明应该选择固定效应的 SDM 模型进行回归分析。原假设个体、时间双固定效应可以退化为个体固定效应或时间固定效应的 LR 检验统计量均通过了 5% 的显著性水平检验,检验结果表明应该选择个体、时间双固定效应的 SDM 模型进行下一步分析。本研究使用个体、时间双固定效应的 SDM 模型对大南昌都市圈农业空间利用效率及其影响因素进行回归,并借助偏微分求导分解得到农业空间利用效率影响因素的直接效应和间接效应,结果如表 10-12 所示。

表 10-12 农业空间利用效率影响因素空间效应分解

变量	直接效应	间接效应	总效应
地形位指数(X_3)	-0.179*	-0.044	-0.223*
	(2.433)	(0.667)	(2.375)
水网密度指数(X_4)	0.164**	0.082	0.246*
	(4.287)	(0.533)	(2.447)
土地垦殖率(X_5)	0.547**	0.081	0.628**
	(7.551)	(0.970)	(2.433)
综合城镇化率(X_8)	-0.297**	-0.133*	-0.430*
	(-4.625)	(-2.112)	(-2.231)
农村人口比重(X_{10})	0.104*	0.062	0.166*
	(1.937)	(0.729)	(1.879)
科研技术投资(X_{11})	0.374**	0.179**	0.553**
	(4.715)	(3.848)	(4.027)
污染治理投入(X_{12})	0.143**	0.081*	0.224*
	(2.885)	(2.113)	(2.334)
rho		0.212*	
sigma2_e		0.000**	
R-squared		0.465	
Number ofobs		128	

注:括号内为 z 统计量,rho 代表被解释变量的空间自回归系数,sigma2_e 代表误差项的方差,*和**分别表示在 5%和 1%的显著性水平下显著。

双固定效应 SDM 模型的空间自回归系数 rho 在 5%的显著性水平下显著，表明各县(市、区)农业空间利用效率存在显著的空间相关性。水网密度指数、土地垦殖率、农村人口比重、科研技术投资和污染治理投入表现为促进作用，而地形位指数和综合城镇化率表现为抑制作用。总效应的作用强度从大到小为土地垦殖率(X_5)＞科研技术投资(X_{11})＞综合城镇化率(X_8)＞水网密度指数(X_4)＞污染治理投入(X_{12})＞地形位指数(X_3)＞农村人口比重(X_{10})。

地形位指数的直接效应表现为本区域地形起伏程度每提升 1%导致农业空间利用效率损失 0.179%，不存在显著的空间溢出效应。地形条件是影响区域土地空间利用格局的基本因素，也是农业空间布局的重要影响因素。地形起伏度小，地势平坦，土壤退化及风力侵蚀的风险相对较低，故土壤较之地形起伏大的地区更加肥沃，农业生产限制小，容易实现农业规模化及机械化经营，农业生产效率越高。地形起伏度越大，地表分割越明显，相对来说适宜发展农业的土地资源较少，耕地破碎化严重，难以形成规模化生产模式，随着耕作成本增加，农业生产效率的提高容易受到制约。

水网密度指数的直接效应表现为本区域水网密度提升 1%可带动农业空间利用效率提升 0.164%，不存在显著的空间溢出效应。水资源是农业生产发展的重要保障，水网密度与农业生产可利用的灌溉用水息息相关，充足的灌溉用水能保障在其他生产要素同等投入情况下增加农业产量，进而提升农业生产效率。同时，水资源也是农业生态系统的重要组成部分，不仅能够为农作物输送养分，还能为动物和微生物提供生存场所。均衡发展的农业生态系统有利于提升农业空间利用效率。

土地垦殖率的直接效应表现为本区域土地垦殖率每提升 1%带动农业空间利用效率提升 0.547%，不存在显著的空间溢出效应。土地垦殖率的大小将直接影响农业生产规模和产量，并对农业经济收益、农业生态环境及农业生产的可持续性造成不同程度的影响。土地投入是农业生产的基础条件，农业生产对土地要素的依赖性较强。随着科学技术发展，农业生产转向规模化、集约化，对土地的依赖性有所减弱，但无法完全脱离土地。因此，适度的土地投入有利于提升农业生产效率。

综合城镇化率的直接效应表现为本区域综合城镇化率提升1%将导致农业空间利用效率损失0.297%，其空间溢出效应表现为邻近地区的平均综合城镇化率每提升1%将导致本区域农业空间利用效率损失0.133%。在区域土地空间有限的约束下，土地城镇化主要表现为农业用地和生态用地向城镇建设用地转变，农业用地减少导致农业生产效率相对下降。此外，农业生产用地减少成为推动农村劳动力向城镇转移的推力，城镇广泛的就业机会和相对完善的社会保障体系进一步吸引农村劳动力转入，农业生产所需的劳动力减少，从而农业生产效率下降。

农村人口比重的直接效应表现为本区域农村人口比重每增加1%将带动农业空间利用效率提升0.104%，不存在显著的空间溢出效应。农村人口是农业空间利用的主体，但并非农村人口比重越高越好，适度的农村人口规模和结构有利于保障农业生产所需的劳动力。2005—2020年间大南昌都市圈农村人口大量流入城镇，农村人口变化对农业空间利用效率的促进作用可能源自农村闲置或低效利用土地、劳动力等生产要素重新配置的需求，通过土地流转实现资源优化配置与规模化、机械化、集约化经营，进而提升农业空间利用效率。

科研技术投资的直接效应表现为本区域科研技术投资每增加1%将带动农业空间利用效率提升0.374%，其空间溢出效应表现为邻近地区的平均科研技术投资每提升1%可带动本区域农业空间利用效率提升0.179%。科学技术发展有利于农业空间优化利用：一方面，科学技术进步有助于克服自然条件对农业生产的限制，弱化农业生产对自然条件的依赖性；另一方面，科学技术进步可以推动绿色、低碳农业发展，减少农业生产过程中产生的农业面源污染和碳排放量，提升农业空间利用效率。此外，科研技术投资可以推动农业现代化进程，引入先进的农业技术与机械设备，促进农业生产的规模化、专业化和产业化，进而提升农业空间利用效率，实现农业产业升级。

污染治理投入的直接效应表现为本区域污染治理投入每增加1%将会带

动农业空间利用效率提升 0.143%,其空间溢出效应表现为邻近地区的平均污染治理投入每提升 1%可带动本区域农业空间利用效率提升 0.081%。生态系统对污染具有一定的承受能力,但超出生态系统自净能力的污染排放将对生态环境造成破坏。农业生产会带来一定的面源污染和碳排放,这类污染存在外部性。开展环境污染治理可以减少农业面源污染和碳排放导致的效率损失,有利于提高农业空间利用效率。此外,污染治理投入可以促进农业生产的可持续发展,通过改善农业空间环境,有助于增加生物多样性,提升农作物抗病虫害能力,减少农药使用,实现农业空间的长期高效利用。

小结

本研究以大南昌都市圈为研究区,以县(市、区)为研究单元,综合运用非期望产出的超效率 SBM 模型、空间统计分析方法,测度农业空间利用效率时空演化;借助地理探测器和空间计量模型确定农业空间利用效率的主导影响因素并探究农业空间利用效率的空间效应。本章得到以下两个方面的研究结论:

(1)农业空间利用效率时空演变特征

2005—2020 年,大南昌都市圈农业空间利用效率整体上有所提高,不同县(市、区)的效率变化各有差别,区域间差距逐渐扩大,整体空间格局较为稳定,LH 和 LL 两种类型的变动较小,以 HL 向 HH 的转化为主,集聚强度随时间增强。

(2)农业空间利用效率影响因素的空间效应

SDM 模型回归结果表明大南昌都市圈各县(市、区)农业空间利用效率存在显著的空间相关性,其中综合城镇化率、科研技术投资和污染治理投入在农业空间利用过程中存在显著的空间溢出效应,但作用性质存在差异,综合城镇化率提高抑制农业空间利用,科研技术投入和污染治理投入促进农业空间利用。

第十一章
南昌市耕地利用效率研究

第一节　南昌市概况与数据处理

一、南昌市概况

1. 南昌市自然概况

南昌市位于我国江西省中部偏北，是江西省的省会。南昌市地处江西省腹地，赣江、抚河下游，鄱阳湖西南岸，北纬 28°10′至 29°11′，东经 115°27′至 116°35′之间。其地理位置十分重要，是连接长江三角洲与珠江三角洲的省际交通枢纽，也是长江中游城市群中心城市之一。根据《南昌统计年鉴 2020》，2019 年南昌市土地总面积为 719461 公顷，年末有城镇人口 420.93 万人，农村人口 139.12 万人。目前，南昌市下辖东湖区、西湖区、青云谱区、青山湖区、新建区和红谷滩区 6 个区，以及南昌县、安义县和进贤县 3 个县。

南昌市全域主要以平原为主，西北部有丘陵，东南方相对平坦，水网密布，湖泊众多，水域面积约占全域的 30%，有“襟三江而带五湖”之说。南昌市气候温和多雨，日照时间充足，属于亚热带季风气候，夏季炎热，冬季较寒冷。全市矿产资源主要以非金属建材矿为主，其中花岗岩与砂卵石储量较大；生物资源种类多，主要树木有 413 种，以用材林和薪炭林居多，野生动物有 480 多种；南昌市年降水量1600—1700毫米，降水日150天左右，地表水资源约61.53亿立方米，水资源蕴藏量丰富。

从地理位置上来看，南昌市具备以下优势。

①南昌市位于长江三角洲与珠江三角洲的连接带。这使得其在经济发展中具备天然的地理区位优势，有利于推动资源要素流动与城市间的交流合作，进而促进自身发展。

②南昌市为长江中游城市群中心城市之一。依托南昌市构成的大南昌都市圈是长江中游城市群的重要组成部分。南昌市作为城市群中心城市之一，具有重要的战略地位和影响力，能够有效吸引周边城市的优质物质资源及优秀人才，进而带动自身经济社会发展。此外，亦能与周边城市实现优势互补、协作发展，提升整个城市群的综合竞争力。

③南昌市具备一定的地缘优势。南昌市东临长三角经济圈，南接珠三角经济圈、粤港澳大湾区及海西经济区，西近成渝城市群，北通京津冀经济圈，具有承东启西、连接南北的区位优势。这种地缘优势使得南昌市成为连接东西南北的重要交通枢纽。

④南昌市具备良好的资源优势。南昌市拥有丰富的自然资源和文化资源。赣江、抚河两大水系流经市区，形成了丰富的水资源和湿地资源。此外，南昌市还拥有著名的文化古迹与红色旅游资源，能够吸引大量游客前来观光。

2. 南昌市社会经济概况

南昌市是江西省省会，是全省政治、经济、文化、科教和交通中心，是大南昌都市圈的核心城市。综合来看，南昌市社会经济呈现出持续稳定的发展态势。从经济总量来看，2019年，南昌市全年实现地区生产总值5596.18亿元，比上年增长2.9%。其中，第一产业增加值212.89亿元，增长2.9%；第二产业增加值2653.82亿元，增长8.0%；第三产业增加值2729.47亿元，增长8.4%。人均地区生产总值100415元，比上年增长6.6%。从产业结构来看，南昌市不断优化产业结构，带动产业高质量发展。在第一产业方面，南昌市大力推广现代农业，强化对农业的支持和保护机制，大力推进绿色农业、智慧农业发展。在第二产业方面,南昌市重点发展制造业、建筑业等产业,加快新技术、新工艺的推广和应用。在第三产业方面,南昌市积极推动现代服务业的发展,加快旅游、金融、物流等产业的发展。在产业创新上,南昌市大力发展虚拟现实(VR)、新能源汽车等高科技绿色产业,提升科技创新附加值。从消费市场来看,2019年南昌市全市实现社会消费品零售总额2369.33亿元,较上年净增237.70亿元;总额占全省的比重为28.1%;同比增长11.2%,较上年加快了0.1个百分点,高出全国平均水平3.2个百分点,位居全国省会城市第一方阵。从对外贸易来看,2019年南昌市进出口总值达1061.77亿元,比上年增长34.8%。其中,出口值645.78亿元,增长43.0%;进口值415.99亿元,增长23.8%。得益于南昌市积极推进“走出去”和“引进来”相结合的开放型经济发展战略,南昌市在加强对外贸易合作、促进国际贸易发展方面取得了积极成效。此外,2019年末南昌市全市常住人口约560万人,城镇化率在75%以上。全市财政总收入突破900亿元,全年地方一般公共支出834.11亿元,其中农林水事务支出47.18亿元,比上年增长9.77%。南昌市共有7个省级及以上开发区,工业企业累计主营业务收入6284.86亿元,实现利润388.48亿元。全市实现社会消费品零售总额2369.33亿元,人均生活消费支出13088元,家庭恩格尔系数为38.2%,农村居民人均可支配收入19498元。

3. 南昌市耕地资源概况

南昌市海拔较低,地形平坦,耕地资源较丰富,以水田为主,主要种植粮食作物和蔬菜。南昌市耕地资源空间分布的特点是集中连片成块,这些耕地主要分布在南昌市平原和丘陵地区,其中平原地区的耕地资源包括南昌县、新建区、进贤县和安义县等地的水田和旱地,而丘陵地区的耕地资源则集中在湾里区、新建区和安义县等地的山坡和丘陵地带。丰富的耕地资源为南昌市的粮食安全奠定了基础,同时市政府积极采取推进高标准农田建设、落实耕地保护制度等措施,为粮食安全和促进农业现代化提供了良好的保障,也构筑了南昌市其他产业发展的坚实基础。2011—2019年南昌市耕地类型及面积情况见表11-1。

表 11-1 2011—2019 年南昌市耕地类型及面积情况 单位:公顷

	年末耕地面积	水田	水浇地	旱地
2011	280841	213691	6338	60812
2012	279371	212577	6227	60567
2013	279715	212557	6213	60945
2014	278212	211545	6061	60606
2015	278215	211545	6060	60610
2016	277875	211175	6005	60695
2017	275619	209612	5865	60143
2018	274434	209098	5800	59536
2019*	251945	197920	2088	51937

注:*表示统计年鉴中南昌市 2019 年耕地面积数据未做详细记录,此处数据来源于《南昌市第三次全国国土调查主要数据公报》。

二、数据来源与处理

1. 数据来源

有关耕地利用效率的研究,本书以南昌市为研究区域,以其所辖 9 个县(区)为研究单元,以 2011—2019 年为研究时段。从地理空间数据云(https://www.gscloud.cn/)获取 Landsat 30m 遥感数据,数据云量均小于 10%,数据采集基本信息见表 11-2。借助 ENVI 5.3 软件对遥感数据进行辐射定标及大气校正等预处理,导入 eCognition 9.0 软件进行监督分类,进而提取耕地利用信息及 *NDVI* 值,并据此构建 2011—2019 年南昌市耕地利用数据库。

表 11-2　遥感影像采集基本信息表

数据年份	数据集	数据月份
2011	Landsat 7 ETM SLC-off	11、12
2012	Landsat 7 ETM SLC-off	10
2013	Landsat 8 OLI_TIRS	10、11
2014	Landsat 8 OLI_TIRS	10
2015	Landsat 8 OLI_TIRS	10、12
2016	Landsat 8 OLI_TIRS	11、12
2017	Landsat 8 OLI_TIRS	9、12
2018	Landsat 8 OLI_TIRS	10
2019	Landsat 8 OLI_TIRS	9

通过南昌市人民政府、南昌市统计局、各年份《南昌统计年鉴》、南昌市本级及各县(区)的国民经济和社会发展统计公报等资料提取相关社会经济指标数据,其中农业从业人数、农作物播种面积、有效灌溉面积、化肥施用折纯量、农村用电量、农民人均纯收入、农村居民消费水平、粮食总产量、农业总产值和农用塑料薄膜使用量数据来源于南昌市统计局、各年份《南昌统计年鉴》及全市各县(区)的国民经济和社会发展统计公报;农业财政支出和第一产业固定资产投资额数据主要来源于南昌市人民政府;人均播种面积、新增耕地面积、人均耕地面积、农业总产值增加量、农村居民人均纯收入增加率、人均农业产值、人均粮食产量和面源污染等标排放量数据由其他指标计算得到。综合以上数据形成南昌市耕地利用效率研究数据库。

2. 数据处理

将收集到的社会经济数据按年份整理归类后录入 Excel 表格中,由于各指标单位不统一,不同指标数值上的差异较大,因此在进行分析之前,通常需要对数据进行标准化处理。数据标准化可以将不同指标的数值缩放到同一数量级,从而避免某些指标由于数值过大而主导整个评价结果。常用的标准化方法包括离差标准化、Z-score 标准化等。本研究采用离差标准化法对基础数据进行标准化，以便后续计算。离差标准化法常用于对截面数据的标准化，借助数据的最小值与最大值对原始数据进行线性变换，使标准数据在[0,1]范围内。变换公式如下：

$$x^{*}=\frac{x-x_{\min}}{x_{\max}-x_{\min}} \tag{11-1}$$

式中，x^{*} 表示标准化后的数据值；x 表示原始数据的值；$x_{\min}$ 表示该类数据的最小值；$x_{\max}$ 表示该类数据的最大值。

在获取 Landsat 8 OLI_TIRS 卫星遥感数据后，首先使用 ENVI 5.3 软件进行预处理，提高图像质量，并采用 Seamless 方式镶嵌影像并全图匀色，导入矢量数据进行影像裁剪；再将裁剪后的影像数据导入 eCognition 9.0 软件，采用多尺度方式进行分割，基于耕地、林地、建设用地、水域、湿地等地类选取足量样本，根据样本特征进行监督分类，并结合目视解译修改分类结果；最终在软件中进行遥感解译精度验证，得到的 *Kappa* 系数均大于 0.8，分类效果较好。

值得注意的是，随着数据的爆炸式增长，如若研究涉及大量研究单元长时序的社会经济指标数据，通常会出现异常值，未对异常值进行合理化处理可能会对数据分析产生不良影响，因此，需要对异常值进行处理。常见的处理方法包括直接删除、插值填充或用特定值替换等。此外，评价指标数据也可能出现部分缺失值，同样会对研究结果造成一定的影响，因此有必要对缺失值进行处理。常见的处理方法包括直接删除有缺失值的样本、使用特定值填充、使用年均增长率法补齐或使用插值法来估计缺失值。常用的数据处理工具包括 Excel、Python、R 语言、Matlab、SQL 等。

第二节　南昌市耕地利用效率时空动态分析

一、耕地利用效率测度指标体系构建原则

运用超效率 SBM 模型对南昌市耕地利用效率进行测算，需要建立科学合

理的指标体系，要求有针对性、代表性，能全面客观地对研究区耕地利用的实际状况与绩效进行评价。耕地利用投入包含土地资源投入、农业生产资源投入、财政支出、基础设施建设及人力资源投入，耕地利用产出涵盖经济收入、作物产出等内容。在乡村振兴背景下，耕地利用构成了一个巨大的开放、动态的复合性全过程系统，在构建测度指标体系和选取指标时涉及多学科交叉的情况，因此方法及指标种类繁多。在结合当地社会经济发展的前提下，构建的指标体系及选取的指标要能对研究区耕地利用效率进行正确、客观的评估，并且找出影响研究区耕地利用效率高低的障碍因子，及时发现耕地利用过程中的问题，以尽可能地防止人类对耕地资源的不合理利用导致影响耕地利用效率，从而更高效地利用耕地资源，实现耕地的可持续利用。科学准确剖析南昌市耕地利用效率的时空变化特征，是该区域发展农业产业与经济社会协调发展的首要任务，选择适宜的指标参数对于耕地利用效率的测度意义重大。本研究在构建测度指标体系时遵循以下原则。

1. 科学性和整体性原则

在选取评价指标的过程中，需紧紧围绕耕地利用内涵，以耕地利用效率的驱动因素为导向，以排除复杂多样的耕地利用负向因子为目的，科学规范地选取含义清晰的指标，尽可能地辨识耕地利用的复杂性、转移的多样性、提升的可操作性。耕地资源利用是一个层次多、范围广、内涵复杂的全过程结构体，是自然科学和社会科学的有机结合。在选取评价指标时，要凸显耕地资源整体性的特点，选择不同层次、内容丰富的指标，保证各指标之间既相互联系又相互制约，以构建层次明晰的耕地利用效率测度指标体系，保证其完整性。

2. 易获取性和可操作性原则

理论上，可供选择的评价指标多样，指标参数值既可通过文献资料查阅，也可实地调研，还可以借助遥感卫星等新兴科技手段获取。在研究设计阶段，倘若凭空捏造指标，将大大增加效率测算的难度，导致结果难以反映南昌市耕地利用效率的真实水平。实际上，指标的选择应从具体的行为、特征和水平上对变量的操作进行描述，即指标数据可观测、可度量、可计算。本研究在相关研究的基础上构建指标体系，指标数据从遥感监测、文献资料、统计部门获得，一定程度上保证了研究工作的顺利实施。除此之外，在选取指标的过程中还要考虑获取指标数据的难易程度，在数据和资料可获取的情况下，主要选取较为容易收集或通过调查可获得的数据资料，同时也能保证数据来源的准确性。为了便于统计和计算应尽量选取可量化的评价指标，使建立的指标体系能正确地发挥出实际作用。

3. 简明性和动态性原则

在建立指标体系的时候，并不是指标越多越好。如果选取的指标不能准确反映出真实状况，不仅会增加数据收集、加工和处理的工作量，而且很有可能会影响最后得到的评价结果，如多个指标间存在多重共线性的问题，因此着重选择能反映出准则层特征的主要指标，避免复杂烦琐，尽量简洁明晰便于使用。而由于耕地利用效率具有很强的地域性，作为现实存在的系统，联系和有序性是变化的，它会始终随着各项指标的时间以及周围条件的变化而变化，建立耕地利用效率测度指标体系需要反映出它的动态性特点。

4. 综合性和系统性原则

耕地利用系统是一个内部与内部、内部与外部有着各种各样相互联系、相互影响的整体，它并不是孤立存在的。所以耕地利用效率测度包括社会、经济、生态等多个方面的内容，在构建指标体系的时候，要充分反映乡村振兴背景下投入-期望产出-非期望产出的因果关系，并考虑影响它们的各种因子，将整个指标体系融为一个整体，体现耕地利用系统与社会、经济和生态相互影响的特性。基于多因素进行综合测算，指标体系要充分考虑系统中各要素之间相互作用、相互制约的方式、强度等多方面的内容，以对耕地利用效率进行综合准确评估。

5. 凸显地域特色原则

研究区是大南昌都市圈、长江中游城市群的重要增长极城市，亦是与长三角、珠三角、成渝城市群相关联的腹地。因此，在耕地利用效率评估的研究过程中，所选取的指标要挖掘当地资源的优势和独特价值，尽可能突出研究区地域特色，彰显研究区耕地利用效率影响因素的多元化。例如，指标的选取应立足于区域经济发展水平、产业运行的条件和环境以及区域资源的可利用性。

二、耕地利用效率测度指标体系的构建

基于上述原则，参考前人研究以及国内外相关文献，发现大多数学者采用投入-产出模式来建立指标体系，因此本研究将耕地利用效率测度指标体系分为投入、期望产出和非期望产出三个部分。投入要素主要反映了在耕地利用过程中对耕地利用效率所施加的影响，通常包括资本、技术、劳动力等方面。产出要素是人类对耕地利用后在经济、环境等方面所生成的产物，包括期望产出与非期望产出，其中期望产出是指决策单元所期望达到的产出水平或有利于人类生产生活的要素产出，非期望产出是指诸如环境污染等影响生产生活、人类所不愿见到的结果，考虑非期望产出有利于对耕地利用状况的全面描述，以提升研究结果的科学性和严谨性。但需要注意的是，超效率 SBM 模型的投入、期望产出、非期望产出的选择与确定要根据具体的评价对象和研究目的进行相应的调整和优化，以满足实际评价的要求。同时，模型的建立也需要遵循一定的规范和标准，以保证准确性和可靠性。

1. 投入指标的选取

耕地利用的投入要素涵盖范围较广，一般从土地、劳动力和资本投入方面选取指标。本研究同时考虑到人地关系和经济社会发展水平，结合乡村振兴战略的总要求，综合选取投入指标。因此，土地投入方面选取农作物播种面积、耕地面积、有效灌溉面积、人均播种面积和人均耕地面积等指标。劳动力投入方面，基于数据的可获得性，采用农业从业人数来表示。资本投入指标则选取农业财政支出、农村用电量和第一产业固定资产投资额等指标，再以化肥施用折纯量指标作为补充。其中农业财政支出也可以作为政策投入的表现。

2. 期望产出和非期望产出指标的选取

在耕地的实际利用中，要素的投入所带来的产物和影响多种多样，可分为期望产出和非期望产出。期望产出主要表示要素投入后所带来的对人类生产

生活较有益的结果，即耕地利用中农户期望得到的产出，主要选用农业总产值、农民人均纯收入、粮食总产量、*NDVI*、农村居民消费水平、农业总产值增加量、人均粮食产量、人均农业产值、农村居民人均纯收入增加率等指标来表示。同时，在耕地利用过程中也会产生对人类生产生活不利的影响，即耕地利用的非期望产出。在农业生产过程中，随着现代农业科学技术的普及应用，实际耕地利用中难免会产生环境污染问题，一般表现为农业生产中溶解的或固体的污染物通过降水或径流进入水体、土壤甚至农产品中，对耕作及生活环境造成影响。因此，基于实际情况，将农用塑料薄膜使用量和面源污染等标排放量两项指标作为耕地利用的非期望产出。关于面源污染等标排放量，本书参考张利国等（2016）在鄱阳湖流域的研究，将氮肥、磷肥施用所造成的污染作为该项指标的主要内容，计算公式如下：

P^´=P_0×S×a×b　　（11-2）

式中，*P^´*为氮肥或磷肥引起的污染负荷，*P_0* 为化肥施用折纯量，*S* 为氮肥和磷肥所占的比例，*a* 为氮肥、磷肥有效成分中氮、磷所占的比例，*b* 为氮肥或磷肥进入水体后的流失率。将氮肥、磷肥所占比例分别取为 42%和 18%，其有效成分中氮、磷所占比例取为 30%和 18%，两种肥料的流失率分别按 25%和 20%来计算。

查阅《地表水环境质量标准》（GB 3838—2002），其中 TN（总氮）、TP（总磷）污染物的排放标准分别为 1mg/L 和 0. 5mg/L，等标污染排放量计算公式如下：

P=P^´/r　　（11-3）

式中，*P* 为面源污染等标排放量，*r* 为污染物排放标准。

3. 与乡村振兴战略的结合

结合乡村振兴战略的总要求与南昌市实际状况，本研究尝试从产业兴旺、生态宜居、治理有效和生活富裕四个角度划分耕地利用效率测度指标体系。其中，产业兴旺是实施乡村振兴战略的首要任务和工作重点，主要以农业为核心，指标涵盖农业从业人数、农作物播种面积、耕地面积、人均耕地面积、有效灌溉面积、粮食总产量、第一产业固定资产投资额和人均播种面积；乡村振兴，生态宜居是关键，良好生态环境是农村最大优势和宝贵财富，主要指标包括化肥施用折纯量、农用塑料薄膜使用量、*NDVI* 和面源污染等标排放量；治理有效是推动乡村振兴的保障性要素，是实现乡村振兴的必由之路，主要指标包括新增耕地面积、农业总产值增加量、农村居民人均纯收入增加率和农业财政支出；生活富裕既是乡村振兴的根本，也是实现全体人民共同富裕的必然要求，主要指标包括农村用电量、农村居民消费水平、农民人均纯收入、农业总产值、人均农业总值和人均粮食产量。

综合以上角度，最终形成包含 11 个投入指标、9 个期望产出指标和 2 个非期望产出指标的南昌市耕地利用效率测度指标体系，见表 11-3。

表 11-3　南昌市耕地利用效率测度指标体系

乡村振兴角度	指标	指标性质
产业兴旺	农业从业人数	投入
	农作物播种面积	投入
	耕地面积	投入
	人均耕地面积	投入
	有效灌溉面积	投入
	粮食总产量	期望产出
	第一产业固定资产投资额	投入
	人均播种面积	投入
生态宜居	化肥施用折纯量	投入
	农用塑料薄膜使用量	非期望产出
	NDVI	期望产出
	面源污染等标排放量	非期望产出

续表

乡村振兴角度	指标	指标性质
治理有效	新增耕地面积	投入
	农业总产值增加量	期望产出
	农村居民人均纯收入增加率	期望产出
	农业财政支出	投入
生活富裕	农村用电量	投入
	农村居民消费水平	期望产出
	农民人均纯收入	期望产出
	农业总产值	期望产出
	人均农业产值	期望产出
	人均粮食产量	期望产出

4. 耕地利用效率指标解析

(1)投入指标

农业从业人数:指在农林牧渔业从事生产活动的人数。该指标反映区域农业生产的人力资源情况及农业生产规模结构。

农作物播种面积:指农业生产经营者实际播种或移植农作物的总面积。该指标能够反映耕地利用状况和农作物种植情况。

耕地面积:耕地的培育功能使得耕地资源成为粮食播种、生产、经营的基本要素,耕地面积可以用来衡量地区农业生产发展的基础条件,反映地区农业结构或种植特点。

人均耕地面积:指区域人口对耕地施加的压力,反映耕地利用强度。

有效灌溉面积:指基于一定的水源条件、地块平整、灌溉工程及基础设施配套条件下,当年度能够进行正常灌溉的耕地面积。该指标可直接反映耕地抗旱能力,是衡量农业生产条件的重要因素。

第一产业固定资产投资额:指用于第一产业(农林牧渔业)的固定资产投

资总额,是反映第一产业资产规模、结构及发展速度的重要指标。

人均播种面积:指单位农业人口在一年内平均播种的农作物面积。该指标能够反映每个农业经营者或农业人口对耕地资源的利用强度。

化肥施用折纯量:指化肥中的氮肥、磷肥、钾肥分别按照含有的氮、五氧化二磷、氧化钾的百分之百成分进行折算后的数量。该指标表示化肥施用实际状况,是农业生产发展的必要元素。

新增耕地面积:指通过农用地整理、农村居民点整治等全域土地综合整治工程增加的耕地数量。

农业财政支出:指政府部门为了促进并带动农业生产发展、提高农民收入、改善农村环境进行财政投入的行为。通过支持农业科技创新,能够有效提高农业生产效率。

农村用电量:指年度内农村地区电力消耗。通常情况下,经济发达、农业现代化程度高、人口密集的农村地区用电量较高。

(2)期望产出指标

粮食总产量:指一定时期内区域粮食总产量,是衡量农业生产水平和粮食供给能力的关键指标,同时也反映了耕地的利用效率及强度。

NDVI:指归一化植被指数,是反映植被生长的重要参数。能够较好地表示生态环境状况,该指数越大,植被覆盖越广,相对来说生态环境状况越好。

农业总产值增加量:指一定时期内农业总产值的变化量,即与上一年度农业总产值的差额,该指标能够反映农业发展趋势。

农村居民人均纯收入增加率:指农村居民人均纯收入的增长速度,单位为百分比。

农村居民消费水平:指农村居民平均每人全年用于消费的货币和实物支出水平,是反映农村居民生活水平的重要指标。

农民人均纯收入:该指标反映的是区域农村居民平均收入水平,能够用来表示土地产出能力。

农业总产值:指一定时期内区域农林牧渔业全部产品的总价值,反映了农业生产总规模，是衡量农业生产发展的重要指标。

人均农业产值：指区域内平均每个农业人口创造的农业产值，可用于衡量区域内农业产出效益及经济发展水平。

人均粮食产量：用区域内年度粮食总产量与当年人口数量的比值表示，是一个重要的粮食安全评价指标，同时在一定程度上反映了人地关系的协调性。

(3)非期望产出指标

农用塑料薄膜使用量：指农业生产过程中地膜、塑料薄膜的使用量。大量使用塑料薄膜，会导致农业废弃物的污染问题。

面源污染等标排放量：基于某一排放标准定量化农业生产过程中造成的面源污染程度。该指标通常用来评估流域或地区面源污染情况和环境质量状况。

三、南昌市耕地利用效率时序分析

本研究基于南昌市2011—2019年的投入产出指标数据，利用考虑非期望产出的超效率SBM模型进行分析，测算各县(区)每年的耕地利用效率值，并计算南昌市耕地利用综合效率均值，见表11-4。同时绘制南昌市耕地利用综合效率变化趋势图，如图11-1所示。根据超效率DEA模型的基本原理，测算出的效率值大于等于1时，该研究单元效率有效；若效率值小于1，则该研究单元效率处于无效状态。

表11-4　2011—2019年南昌市各县(区)耕地利用综合效率值

	2011	2012	2013	2014	2015	2016	2017	2018	2019	均值
东湖区	1.150	1.154	1.140	1.099	1.122	1.099	1.085	1.102	1.072	1.114
西湖区	1.000	1.001	1.001	1.018	1.051	1.040	1.030	1.026	1.027	1.021
青山湖区	1.130	1.100	1.140	1.168	1.124	1.046	1.098	1.142	1.099	1.117
青云谱区	1.107	1.002	1.001	1.009	1.029	1.018	1.029	1.016	1.020	1.026
新建区	1.041	1.118	1.100	1.093	1.186	1.107	1.131	1.096	1.083	1.106
南昌县	1.097	1.179	1.110	1.084	1.068	1.097	1.151	1.148	1.137	1.119
安义县	1.167	1.126	1.084	1.101	1.101	1.082	1.100	1.127	1.088	1.109

续表

	2011	2012	2013	2014	2015	2016	2017	2018	2019	均值
进贤县	1.054	1.010	1.020	1.069	1.023	1.048	1.040	1.058	1.061	1.042
湾里区	1.261	1.158	1.164	1.286	1.182	1.197	1.195	1.170	—	1.201
红谷滩区	—	—	—	—	—	—	—	—	1.485	1.485
均值	1.112	1.094	1.084	1.103	1.098	1.081	1.095	1.098	1.074	—

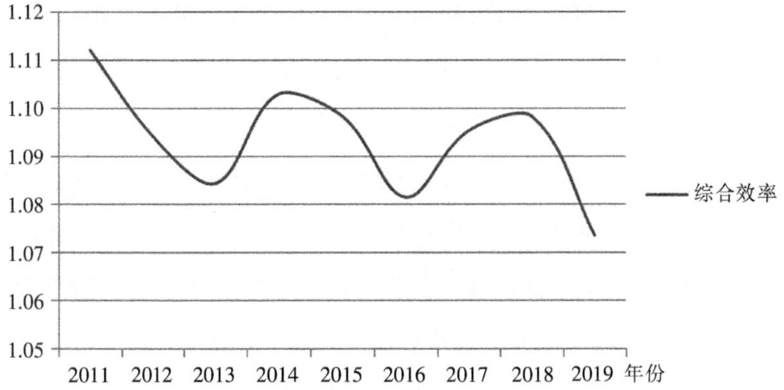

图 11-1 2011—2019 年南昌市耕地利用综合效率变化趋势

由表 11-4 可以看出，2011—2019 年，安义县、东湖区、青山湖区、青云谱区、湾里区的耕地利用综合效率总体上呈现下降趋势。其中，湾里区的耕地利用综合效率下降最显著，相较于 2011 年，2018 年耕地利用综合效率值下降了 0.091，这主要是因为湾里区以“生态优先”大力推动生态旅游高质量发展，打造中国云端民宿之乡。此外，研究期内青云谱区的耕地利用综合效率降幅最大，相较于 2011 年耕地利用综合效率总体降幅达 7.86%，原因在于城市化进程不断推进，青云谱区农业劳动力外流，加之农产品市场需求及价格不稳定，给该区的农业发展带来极大的挑战。同时，2011—2019 年，进贤县、西湖区及新建区的耕地利用综合效率有所提升，其中新建区的耕地利用综合效率涨幅最大，相较于 2011 年，2019 年耕地利用综合效率上涨了 0.042，涨幅达 4.03%，原因在于新建区地理位置优越，交通便利，能够为南昌市广阔的农产品需求市场提供高质量的农副产品。此外，新建区的农业资源丰富，土壤肥沃且水利设施完善,加之政府的大力支持带动了当地农业现代化发展,进而使得新建区耕地利用综合效率有所提升。

总体来看,南昌市 2011—2019 年耕地利用综合效率值均在 1 以上,处于效率有效状态。效率值最高的年份为 2011 年,达到 1.112;效率值最低的年份为 2019 年,约为 1.074。从图 11-1 中可以看出,整个南昌市耕地利用综合效率值呈现较强的波动状态,表现为先下降、后增长、再下降、又增长、后下降的双“V”形趋势。其中,2011—2013 年南昌市耕地利用综合效率处于下降趋势,分析发现该时期青云谱区和安义县的效率值也表现出逐年持续下降的趋势,青云谱区综合效率下降幅度较大,在 2012 年降幅达到 9.5%;2014 年效率值有所回升,主要是 2014 年“中央一号文件”提出全面深化农村改革、加快推进农业现代化后,江西省加快了农村改革步伐,统筹推进了农业适度规模经营、新型农业经营主体培育以及农业社会化服务体系建设等多项改革,同时大力推进现代农业示范园建设,南昌市蔬菜产业集群初具规模。2014—2016 年,南昌市耕地利用综合效率值持续下降至 1.08 左右,经分析发现 2015 年南昌市产业结构持续优化,服务业势头不减,经济贡献率高达 51.8%,且该年度实施的城市空间扩展工程也吸引了农村劳动力进城,而新型农业转型尚在探索中,无法提供较高的综合效率。2016—2018 年效率值呈先急后缓式持续上升,主要是南昌市农业产业化“十大工程”取得了卓越成效,优质蔬菜基地和现代农业示范园的建设有效促进了全市的农业发展与效率提升,农业“三项补贴”的改革与推进也切实提高了农民生产的积极性。到 2019 年,受粮食价格持续走低、农用物资价格上涨、土地流转不畅等因素影响,农民增收难度加大,种粮效益偏低,致使耕地利用效率下降。

四、南昌市耕地利用分解效率测度与分析

超效率 SBM 模型可以将耕地利用效率分解为纯技术效率和规模效率。纯技术效率反映了耕地利用过程中要素资源配置和利用水平的高低,当纯技术效率值大于 1 时,该技术效率有效。规模效率反映了耕地利用过程中要素投入水

平对于规模报酬变化的影响，规模效率值越接近1，则要素投入规模大小越合适。本研究将标准化后的南昌市各县(区)耕地利用效率指标值导入MaxDEA软件中，选择数据包络分析模型中的超效率SBM模型，运算完毕后将结果导出，得到南昌市耕地利用纯技术效率值及其变化趋势(见表11-5和图11-2)和规模效率值及其变化趋势(见表11-6和图11-3)。

表11-5　2011—2019年南昌市各县(区)耕地利用纯技术效率值

	2011	2012	2013	2014	2015	2016	2017	2018	2019	均值
东湖区	1.166	1.159	1.148	1.115	1.126	1.099	1.086	1.102	1.073	1.119
西湖区	1.001	1.001	1.001	1.045	1.056	1.054	1.040	1.032	1.033	1.029
青山湖区	1.189	1.102	1.142	1.169	1.124	1.047	1.098	1.142	1.104	1.124
青云谱区	1.113	1.002	1.001	1.021	1.041	1.039	1.045	1.023	1.030	1.035
新建区	1.045	1.118	1.108	1.097	1.190	1.107	1.142	1.102	1.105	1.113
南昌县	1.128	1.210	1.136	1.101	1.075	1.109	1.173	1.159	1.155	1.138
安义县	1.202	1.143	1.106	1.109	1.111	1.103	1.113	1.129	1.115	1.126
进贤县	1.115	1.022	1.028	1.080	1.024	1.053	1.041	1.058	1.068	1.054
湾里区	1.261	1.158	1.166	1.288	1.182	1.197	1.195	1.170	—	1.202
红谷滩区	—	—	—	—	—	—	—	—	1.539	1.539
均值	1.135	1.102	1.093	1.114	1.103	1.090	1.104	1.102	1.136	—

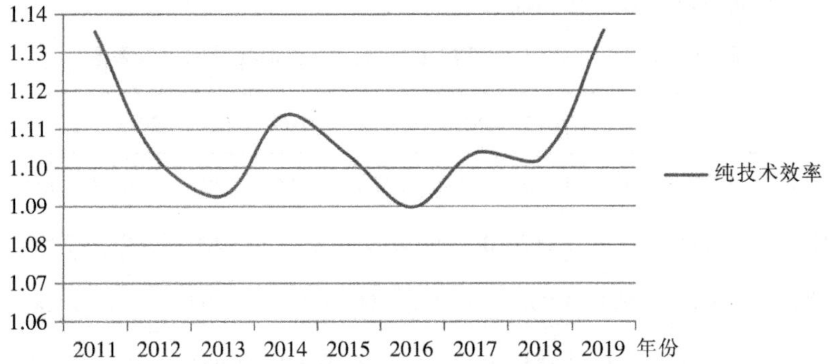

图11-2　2011—2019年南昌市耕地利用纯技术效率变化趋势

从表 11-5 中可以看出，2011—2019 年，南昌市各县（区）的纯技术效率均大于 1，为有效状态。其中，东湖区、青山湖区、青云谱区、安义县、进贤县及湾里区的耕地利用纯技术效率总体呈下降趋势，下降幅度最大的是东湖区，相较于 2011 年，2019 年耕地利用纯技术效率下降了 0.093，表明东湖区要素资源配置及利用水平有所下滑。此外，青山湖区、安义县、湾里区的耕地利用纯技术效率下降幅度均大于 0.085。与此同时，西湖区、新建区及南昌县的耕地利用纯技术效率有所上涨，其中涨幅最大的是新建区，2019 年相较于 2011 年上涨了 0.06，表明新建区作为南昌市重要的粮食产区其要素资源配置与利用水平明显提高，这与其耕地利用综合效率总体上涨的趋势相匹配。截至 2019 年，南昌市耕地利用纯技术效率最高的为红谷滩区，其作为全市技术金融集聚中心，有着良好的技术与资金优势，因此该地区的要素资源配置及利用水平普遍较高。

总的来看，分析 2011—2019 年南昌市耕地利用纯技术效率均值，整体呈“W”形波动状态，2011—2013 年纯技术效率下降，2014 年有所回升，实现了较高的要素资源配置和利用水平，表明南昌市技术要素的持续投入开始取得初步成效。2014—2016 年纯技术效率继续下降，2016 年以后呈现总体上升态势。2011—2017 年，南昌市耕地利用纯技术效率变化趋势与综合效率变化趋势高度趋同，表明该时期内农业生产技术的利用对于耕地有效利用的实现大有裨益，有效促进了南昌市农业乃至社会经济的发展，因此技术要素投入对于南昌市农业发展的拉动作用不容忽视。

表 11-6　2011—2019 年南昌市各县（区）耕地利用规模效率值

	2011	2012	2013	2014	2015	2016	2017	2018	2019	均值
东湖区	0.987	0.996	0.993	0.986	0.997	1.000	0.999	1.000	1.000	0.995
西湖区	1.000	1.000	1.000	0.974	0.996	0.987	0.990	0.993	0.995	0.993
青山湖区	0.951	0.999	0.998	1.000	1.000	1.000	1.000	1.000	0.996	0.994
青云谱区	0.995	1.000	1.000	0.988	0.988	0.979	0.984	0.993	0.991	0.991
新建区	0.996	0.999	0.992	0.997	0.997	1.000	0.990	0.994	0.981	0.994

续表

	2011	2012	2013	2014	2015	2016	2017	2018	2019	均值
南昌县	0.973	0.975	0.978	0.984	0.994	0.989	0.981	0.991	0.984	0.983
安义县	0.972	0.986	0.980	0.993	0.991	0.981	0.989	0.999	0.976	0.985
进贤县	0.946	0.988	0.992	0.989	0.999	0.995	0.999	1.000	0.994	0.989
湾里区	1.000	1.000	0.998	0.998	1.000	1.000	1.000	1.000	—	1.000
红谷滩区	—	—	—	—	—	—	—	—	0.965	0.965
均值	0.980	0.994	0.993	0.990	0.996	0.992	0.992	0.997	0.987	—

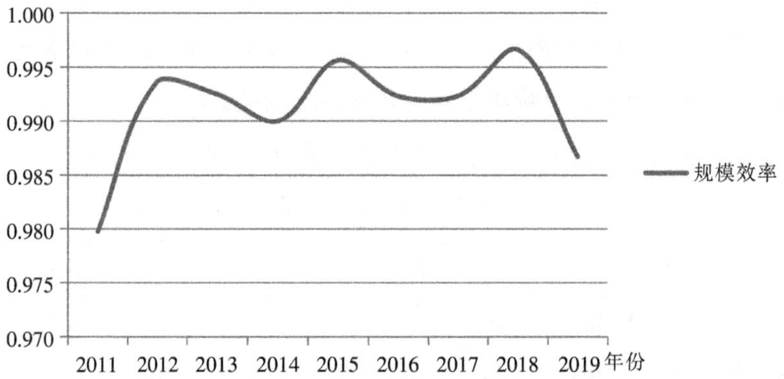

图 11-3　2011—2019 年南昌市耕地利用规模效率变化趋势

从表 11-6 来看，南昌市下辖各县（区）规模效率水平不一。2011—2019 年，耕地利用规模效率均值最高者为湾里区，达 1.000，研究期内有 6 年规模效率值均为 1.000，基本达到规模效率最佳水平；而耕地利用规模效率均值最低者为 2019 年新设立的红谷滩区，只有 0.965，因其属于刚设立的行政区的特殊性，红谷滩区生产利用的资源配置规模并未达到最佳；南昌县规模效率均值为 0.983，与最佳生产规模同样存在一定距离，仍需要进一步优化自身生产规模，提高生产效率。此外，东湖区、西湖区、青山湖区、青云谱区及新建区的规模效率均值均在 0.990 以上，说明这些区域的生产规模配置相对良好，但仍存在一定的提升空间。

从图 11-3 可知,南昌市耕地利用整体规模效率均值较高,在 2018 年达到最高值为 0.997,最低值为 2011 年的 0.980,均未达到最佳生产规模,仍有提升的空间。总体上,南昌市耕地利用规模效率呈“M”形趋势,主要表现为先上升,后维持恒定,再下降的状态。2012 年规模效率值比上年实现较大上升,说明该年要素投入对规模报酬贡献率较大;2013—2018 年规模效率值虽有所波动,但总体处于 0.990—0.997,波动不大,基本保持稳定;2019 年规模效率值下降至 0.987,仍处于较高水平。

总体来看,在 2011—2018 年纯技术效率与综合效率的变化趋势较为契合,到 2019 年综合效率的下跌趋势则与规模效率相似。表明综合效率的变化从由纯技术拉动转变为由规模拉动,规模效率的影响逐渐增大。相比之下,纯技术效率与综合效率变化趋势的趋同度更高,因此纯技术效率对综合效率的贡献相对较高,即纯技术效率是影响耕地利用效率提升的关键。

下面分析南昌市各县(区)的规模报酬状况,具体见表 11-7。

表 11-7 2011—2019 年南昌市各县(区)规模报酬情况

	2011	2012	2013	2014	2015	2016	2017	2018	2019
东湖区	IRS	IRS	IRS	IRS	IRS	IRS	IRS	DRS	IRS
西湖区	IRS	IRS	IRS	IRS	IRS	IRS	IRS	IRS	IRS
青山湖区	DRS	DRS	DRS	DRS	IRS	DRS	IRS	DRS	DRS
青云谱区	IRS	IRS	IRS	IRS	IRS	IRS	IRS	IRS	IRS
新建区	DRS	DRS	DRS	DRS	DRS	DRS	DRS	DRS	DRS
南昌县	DRS	DRS	DRS	DRS	DRS	DRS	DRS	DRS	DRS
安义县	DRS	DRS	DRS	DRS	DRS	DRS	DRS	DRS	DRS
进贤县	DRS	DRS	DRS	DRS	DRS	DRS	DRS	DRS	DRS
湾里区	DRS	DRS	DRS	DRS	IRS	DRS	DRS	DRS	—
红谷滩区	—	—	—	—	—	—	—	—	IRS

注:IRS 表示规模报酬递增,DRS 表示规模报酬递减。

在规模报酬方面，新建区、南昌县、安义县和进贤县在研究期内一直处于规模报酬递减状态，即产出的增长小于投入的增长，表现为投入要素资源的冗余。湾里区的规模报酬虽然在期内有所波动，但也基本稳定在规模报酬递减状态。青云谱区、红谷滩区和西湖区在研究期内处于规模报酬递增状态，东湖区的规模报酬在2018年下降后又回归递增状态，即产出的增长大于投入的增长，需适当增大要素的投入规模，以获得更多的期望产出。青山湖区规模报酬在2014—2017年出现了递减与递增状态切换的过程，相比其他县（区）较不稳定，需慎重考虑使用通过改变技术投入来提高利用效率的方法，可以通过提高要素投入水平来促进耕地利用效率的提升。

五、南昌市耕地利用效率投入产出冗余分析

相比于其他DEA模型，超效率SBM模型考虑了投入产出要素的松弛，将实际要素投入产出值与模型所预测的理想值相对比，其差值即为投入产出的松弛值。若松弛值大于0，表示该变量存在冗余；松弛值小于0，则表示该变量存在不足。将松弛值与实际的投入产出值相除，即得到投入产出变量的冗余率与不足率。对投入产出冗余率进行研究，可以直观地展现研究区域投入产出状况及其与要素最优配置之间的差距，从而发现耕地利用中的不足之处，以期改善耕地利用状况，提高耕地利用效率。

本研究以南昌市各县（区）为研究区，借助超效率SBM模型测算出各县（区）对应各指标的松弛值，并计算出对应的冗余率和不足率，发现南昌市各县（区）投入产出要素冗余普遍存在，且情况较复杂，各县（区）指标松弛状况各不相同。因此，首先按照地域将南昌市各县（区）分为西部（安义县、湾里区、新建区、红谷滩区）、中部（青山湖区、东湖区、西湖区、青云谱区）和东部（南昌县、进贤县）三个区域，然后求取各个区域研究期内各指标松弛值的均值，按照数值大小选取每个区域排名前四位的指标进行分析（见表11-8）。结果表明，西部区域主要表现为产出变量不足，不足量包括人均粮食产量、农业总产值、人均农业产值和*NDVI*；中部区域表现为农业从业人数和农村用电量的冗余，以及农民

人均纯收入和农村居民消费水平的不足；东部区域表现为农业财政支出和第一产业固定资产投资额的冗余，以及粮食总产量和农业总产值的不足。

表 11-8　2011—2019 年南昌市各县(区)规模报酬情况

区域	冗余率或不足率			
西部	人均粮食产量不足率/%	农业总产值不足率/%	人均农业产值不足率/%	*NDVI* 不足率/%
	36.26	14.43	19.46	27.36
中部	农业从业人数冗余率/%	农村用电量冗余率/%	农民人均纯收入不足率/%	农村居民消费水平不足率/%
	8.88	7.20	11.03	10.29
东部	农业财政支出冗余率/%	第一产业固定资产投资额冗余率/%	粮食总产量不足率/%	农业总产值不足率/%
	10.13	14.03	17.93	9.81

经过分析，西部区域主要表现为期望产出不足，总体上人均粮食产量的不足率最高，达到了 36.26%，西部各县(区)人均粮食产量的不足率也大多集中在 30%—56%之间，除新建区外均处于较低水平，说明当地粮食产量与人口发展不相适应，粮食市场需求难以通过自身粮食产出得到满足，人地矛盾较为突出，从而导致耕地利用效率低下。*NDVI* 不足率达到了 27.36%，主要原因是湾里区在研究期内 *NDVI* 不足率较大，均超过 50%，表明湾里区植被覆盖度与理想状态差距较大。湾里区作为南昌市重要的生态旅游区，其生态环境保护是发展区域特色产业的重要保障，*NDVI* 不足率较高说明湾里区可能存在农业生产过程中破坏生态环境的现象，未能兼顾经济效益与生态效益。此外，西部区域农业产值也表现为产出不足，该地区农业总产值不足率达到 14.43%，可见西部区域的农业产业现代化程度不高，三次产业分配不够均衡，无法产生理想的农业产业收益。具体来看主要是新建区和湾里区农业产值指标未达到理想值，表明这两个县(区)农业经济效益未达到理想值，存在一定的进步空间。总体来

说，西部区域未出现较严重的要素投入冗余但存在部分不足，说明要素投入水平基本达到了较好状态，仍需要就部分投入产出结构进行优化，提高自身生产效率。

中部区域存在投入冗余和要素产出不足现象，冗余率和产出率均较低，总体上要素投入与产出较接近理想状态，但局部地区投入与产出仍有可优化之处。其中，东湖区农民人均纯收入不足率较高，研究期间均在25%以上，这表明东湖区农村居民收入相较于理想收入水平仍偏低；农村居民消费水平不足率也均在20%以上，收入的偏低导致消费水平呈现不足的情况，但自2011年以来，农民人均纯收入及农村居民消费水平的不足率一直呈现下降趋势，说明东湖区农民人均纯收入和消费水平正逐渐提高，政府部门逐渐重视农村发展，农民生活水平得到改善。农村用电量冗余率自2014年后变为0，表明农村电力供给正处于理想状态，农业从业人数冗余率也于2014年后转为较低水平，农村劳动力就业问题得以较好解决，综合来看，2014年以前东湖区存在较明显的农业从业人员和农村用电量的冗余。自2014年后人口就业结构进行了调整，部分农业从业人员转向其他产业，从事农业的劳动力专业化程度逐渐提高；此外，农业产业现代化带动资源（包括电力资源）的高效利用，导致农村用电量的相应减少，减轻了耕地资源压力，最终促进了耕地利用状况的改善。西湖区主要表现为要素投入的冗余，冗余率均在10%—25%之间。该区从2014年开始出现投入冗余状况，至2019年仍然存在，但总体上呈持续下降趋势，说明该区正在积极解决农业从业人员过多问题。农业现代化对于农业劳动力的要求在于“质”而不在于“量”，虽然西湖区的农业就业结构有所完善并且已取得一定成效，但与理想状态仍有一定差距。青山湖区则表现为产出不足状态，农民人均纯收入和农村居民消费水平不足率最高分别为41.15%和37.93%，农村居民的生活水平相较于其他地区普遍偏低。自2016年后此二指标均降至8%以下，表明该区农村居民生活水平有了显著提高，但相较于农村居民生活水平的理想状态仍存在一定的距离。青云谱区各要素冗余率和不足率均保持在较低水平，其要素投入产出配置较好，明显接近理想状态，基本达到了投入产出要素的最佳配置组合。在这种投入产出的配置下,该地区的耕地利用效率能得到提升。

东部区域的冗余投入要素为农业财政支出和第一产业固定资产投资额,表明该区域耕地利用效率受资本因素影响较重。其中,农业财政支出冗余出现在进贤县,研究期内冗余率有逐步增大的迹象,表明资本要素的持续投入并没有实质提升该地区的耕地利用综合效率,资金尚未有效投入能够显著促进农业生产发展的关键点或资金要素投入已饱和。综合来看,资本投入过多不一定能达到最佳效果,反而可能影响耕地利用效率的提升。第一产业固定资产投资额则对南昌县产生影响,在 2014—2017 年达到理想状态后又出现 50%以上的冗余,说明近年来乡村振兴战略激发了资本对农业农村的关注,带动了南昌县农业农村快速发展,使得当地农业投资结构在一定时期内处于理想状态。但随着资本的持续注入,南昌县农业农村发展进入过饱和状态,进而影响耕地利用综合效率的提高,可见资本的过量投入也不利于耕地利用状况的改善。东部区域产出不足方面,表现在粮食总产量和农业总产值,主要是南昌县不足率较高,可见南昌县的资本投入并未有效促进粮食产出。因此应当注意投入要素的规模与利用方式,优化要素结构与投入路径,确保投入要素得到高效、科学的利用,减少冗余量,切实保障耕地利用效率的提升。

六、南昌市耕地利用效率空间演化特征分析

按照时间尺度对南昌市耕地利用效率进行测算后,根据超效率 SBM 模型测算出的综合效率值,可以进一步从各个县(区)层面进行对比分析。依据研究期内各县(区)每年的耕地利用综合效率状况计算其均值,与南昌市耕地利用综合效率均值对比如图 11-4 所示。

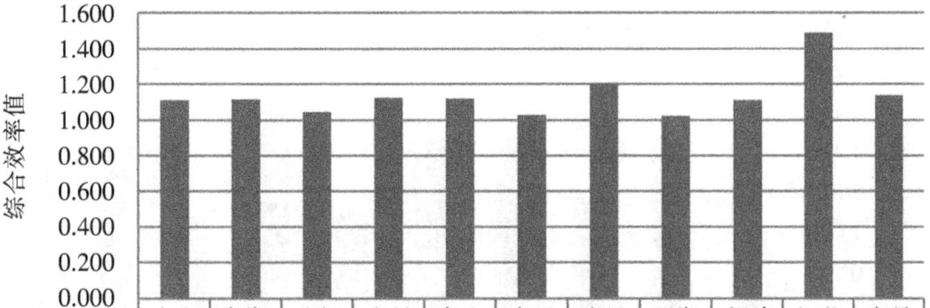

	安义县	东湖区	进贤县	南昌县	青山湖区	青云谱区	湾里区	西湖区	新建区	红谷滩区	南昌市
■综合效率	1.109	1.114	1.042	1.119	1.117	1.026	1.201	1.021	1.106	1.485	1.134

图 11-4　2011—2019 年南昌市各县(区)耕地利用综合效率

从图 11-4 可以看出,南昌市各县(区)耕地利用效率不一,耕地利用状况存在一定差距。耕地利用效率的最高均值出现在红谷滩区,高达 1.485,远超其他县(区),原因在于红谷滩区为南昌市新设区,相较于其他县(区),红谷滩区有着良好的资金技术及人才储备优势,能够有效带动当地农业发展与耕地高效利用;最低均值出现在西湖区,约为 1.021,作为南昌市老城区,西湖区耕地资源有限且农村劳动力短缺限制了耕地资源的高效利用,相比其他县(区),仍有较大的进步空间。除此之外,进贤县、青云谱区的耕地利用综合效率分别为 1.042、1.026,处于南昌市各县(区)耕地利用综合效率的末端且小于 1.1,可见这两地在后续发展中需调整自身的农业结构,以期耕地利用综合效率的提升。南昌市耕地利用综合效率的总体均值为 1.134,仅有湾里区和红谷滩区两个区超过了全市均值,表明其他县(区)在后续耕地利用中亟须扩大要素投入规模或提高技术投入水平,以达到较高水平。结合实际情况,红谷滩区于 2019 年设立,仅能测算出 2019 年的效率值,且该年效率值远超其他县(区),或对整体评价结果产生影响,因此先将红谷滩区剔除后再做进一步分析,如图 11-5 所示。

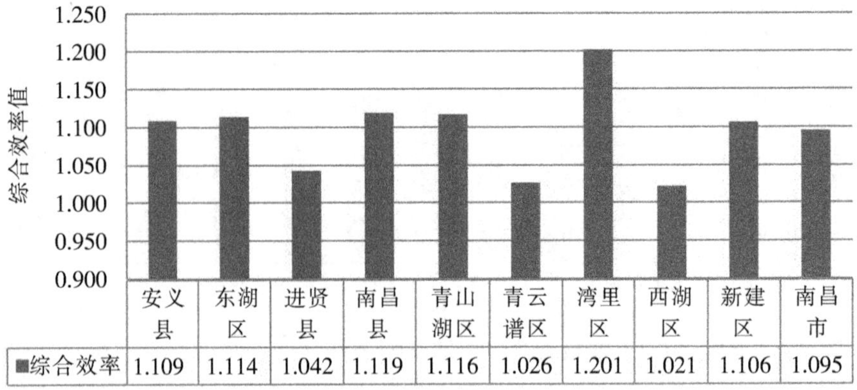

图 11-5 2011—2019 年南昌市各县(区)耕地利用综合效率(除红谷滩区外)

剔除红谷滩区后,南昌市耕地利用综合效率均值降至 1.095,此时综合效率最高均值出现在湾里区,最低均值仍为西湖区。可见,研究期内湾里区和西湖区的耕地利用综合效率是长期以来的投入产出造成的结果。对比全市与各县(区)耕地利用综合效率均值,发现进贤县、青云谱区和西湖区 3 个县(区)未达到全市平均水平,即这 3 个县(区)耕地利用综合效率有待提高,需要改变要素投入与产出结构来提升耕地利用水平。从具体效率值来看,达到平均水平的县(区),测算出的耕地利用综合效率值在平均值以上的年份均在 6—8 个之间,其中湾里区综合效率均值每年均在全市平均水平以上。研究期内,进贤县与西湖区每年综合效率均未达到全市平均水平,耕地利用状况相对较差,基础较为薄弱,亟须寻找行之有效的方法加以改善。

(1)K 均值聚类分析

基于 2011—2019 年南昌市各县(区)的耕地利用综合效率、规模效率和纯技术效率,在 SPSS 22.0 平台进行 K 均值聚类分析,对研究区进行快速分类,并将聚类结果划分为高效率区、中效率区和低效率区三种类型,如表 11-9 所示。

表 11-9　2011—2019 年南昌市耕地利用效率分区状况

年份	高效率区	中效率区	低效率区
2011	湾里区、安义县	东湖区、青山湖区、新建区、南昌县、进贤县	西湖区、青云谱区
2012	青山湖区、新建区、安义县	东湖区、南昌县、湾里区	西湖区、青云谱区、进贤县
2013	新建区、南昌县、安义县	东湖区、青山湖区、湾里区	西湖区、青云谱区、进贤县
2014	湾里区	东湖区、青山湖区、新建区、南昌县、安义县、进贤县、	西湖区、青云谱区
2015	湾里区、新建区	东湖区、青山湖区、南昌县、安义县	西湖区、青云谱区、进贤县
2016	湾里区	东湖区、新建区、南昌县、安义县	西湖区、青山湖区、青云谱区、进贤县
2017	湾里区、南昌县	安义县、新建区、青山湖区、东湖区	西湖区、青云谱区、进贤县
2018	湾里区、青山湖区、南昌县	安义县、新建区、东湖区	进贤县、青云谱区、西湖区
2019	红谷滩区	安义县、南昌县、新建区、青山湖区	进贤县、青云谱区、西湖区、东湖区

整体上看，南昌市耕地利用效率分区变化不大，高效率区主要以湾里区为主，低效率区主要包含西湖区、青云谱区和进贤县。下面分别以 2018 年及 2019 年两年分区结果为例进行分析。

2018 年低效率区主要包括西湖区、青云谱区和进贤县，其中西湖区和青云谱区位于全市中心区，耕地面积较小且农业劳动力短缺，要素投入规模不足进而无法满足耕地利用需求，导致耕地利用效率相对较低；进贤县耕地利用效率也低于其他县(区),主要表现为农业财政支出冗余而农业总产值产出不足,财政支出对于农业生产效率提升的针对性不强故使得综合效率偏低,因此可以考虑对政策进行适应性调整,以期获得更多期望产出。2019年,东湖区耕地利用效率值降至研究期内最低,该区从中效率区变为低效率区,主要表现为农业总产值和农民人均纯收入不足,表明耕地利用的经济效益有所降低,这可能是由于市场需求下降及农副产品价格波动,可以通过提供财政补贴或发展新型农业等方式,着重提高耕地利用的经济效益。

中效率区在2018年主要包括安义县、新建区和东湖区,这些地区的耕地利用效率基本能达到全市平均水平,要素投入较合理,冗余率与不足率普遍不高,仍存在一定的提升空间。如东湖区农民人均纯收入不足、新建区粮食总产量和农业总产出不足、安义县农业财政支出冗余,均可以进行针对性的调整,以求获得合理的产出。在2019年,南昌县和青山湖区加入了中效率区,其中南昌县出现了农业总产值的不足,其他指标冗余率与不足率总体不高。值得注意的是青山湖区耕地利用效率总体上波动较大,2016年青山湖区为低效率区,2017年及2019年均为中效率区,而2018年为高效率区,这表明青山湖区尚未探索出符合自身农业发展条件的投入产出结构,仍需要进一步有计划地调整,进而稳定耕地利用效率,带动农业高质量发展。

2018年与2019年高效率区主要包括湾里区、青山湖区、南昌县和红谷滩区。这些地区邻近全市中部区域,能够较好地为南昌市区庞大的需求市场提供农副产品,社会经济水平较高,农业科技创新成果与人才储备丰厚,政策落实效果较好,且产出的农产品具有运输成本优势,要素资源能够得到合理配置,较有利于取得良好的收益,从而使耕地利用效率提高。相对来说,湾里区和南昌县是全市耕地利用效率最为稳定且高效的两个县(区),可适当地推广两地农业发展的经验做法,以期带动全市农业发展及耕地高效利用。

(2)重心转移分析

根据2011—2019年南昌市各县(区)综合效率值,以各县(区)的质心坐标为基准,绘制南昌市耕地利用综合效率重心转移路径(见图11-6)。该重心所代表的是耕地利用综合效率水平在各个方向上的均衡点,在本研究中取决于各县(区)耕地利用效率的大小差异及空间关系,其迁移方向代表了耕地利用综合效率高值地区的空间变化状况。研究耕地利用综合效率重心及其迁移方向,有利于了解耕地利用综合效率水平每年在南昌市内的平衡点及发展方向,有助于客观把握耕地利用综合效率的空间演化。

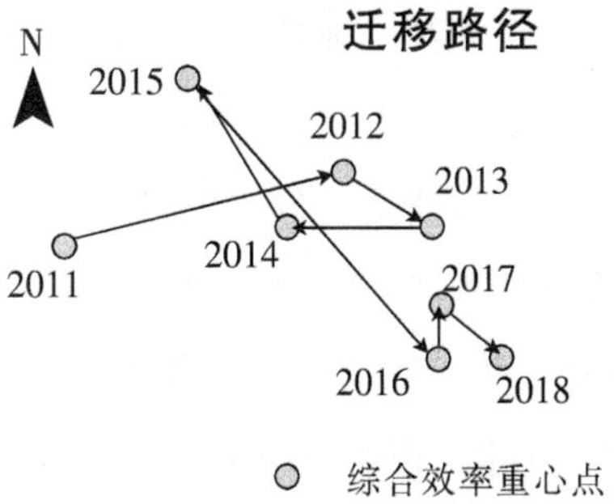

图 11-6　2011—2018 年南昌市耕地利用综合效率重心转移路径示意图

总体上,2011—2018 年,南昌市耕地利用综合效率重心主要落在东湖区。2011 年耕地利用综合效率最高值为湾里区,安义县、青山湖区和东湖区效率值超过了全市均值,这 4 个县(区)在南昌市西北相互衔接,因而效率值重心点大致落在 4 个县(区)中心区域。2012 年,全市耕地利用综合效率最高值为南昌县,除西湖区、青云谱区和进贤县外,其余县(区)均超过全市平均水平,且西湖区效率值远小于其他县(区),因此重心点总体上向着背离西湖区、接近南昌县的方向迁移。2013—2014 年,效率最高值回到湾里区,其中 2013 年仅安义县效率值降至全市平均水平以下,导致效率重心点相较之前略向东南迁移;到 2014 年,仅青山湖区和湾里区效率值超过全市平均水平,效率重心向西回收,重心点位置大致处于青山湖区及湾里区中间。2015 年,效率最高值变为新建区,湾里区效率值比新建区略低,除进贤县、南昌县、青云谱区及西湖区外,其余地区效率值均大于均值,效率重心向西北方向移动。2016—2018 年,效率最高值地区均为湾里区,其中 2016 年青山湖区综合效率值降至全市平均水平以下,南昌县效率值上升,导致效率重心点向东南方向移动;2017—2018 年各县(区)

整体变化不大，2017 年只有南昌县、青山湖区和新建区效率值增加较明显，进贤县、青云谱区及西湖区效率值仍低于均值，东湖区效率值降至均值以下，而 2018 年青山湖区和新建区均有较明显变动，进贤县、青云谱区及西湖区三地耕地利用综合效率仍低于均值，因此耕地利用综合效率重心也随之略有移动，移动路程较短。到 2019 年，由于新设区红谷滩区的效率值水平较之南昌市其他县（区）明显更高，导致全市耕地利用综合效率重心被牵引至南方西湖区位置。

（3）趋势面分析

结合 ArcGIS 10.2 平台，运用地统计分析模块中的趋势分析可以清晰地看出耕地利用效率的空间分布状态和演化趋势。在 ArcMap 中点击地统计分析工具条中的探索数据功能，选择趋势分析对 2011—2019 年南昌市耕地利用综合效率进行分析，得到研究期内每年南昌市耕地利用综合效率趋势面如图 11-7 所示。

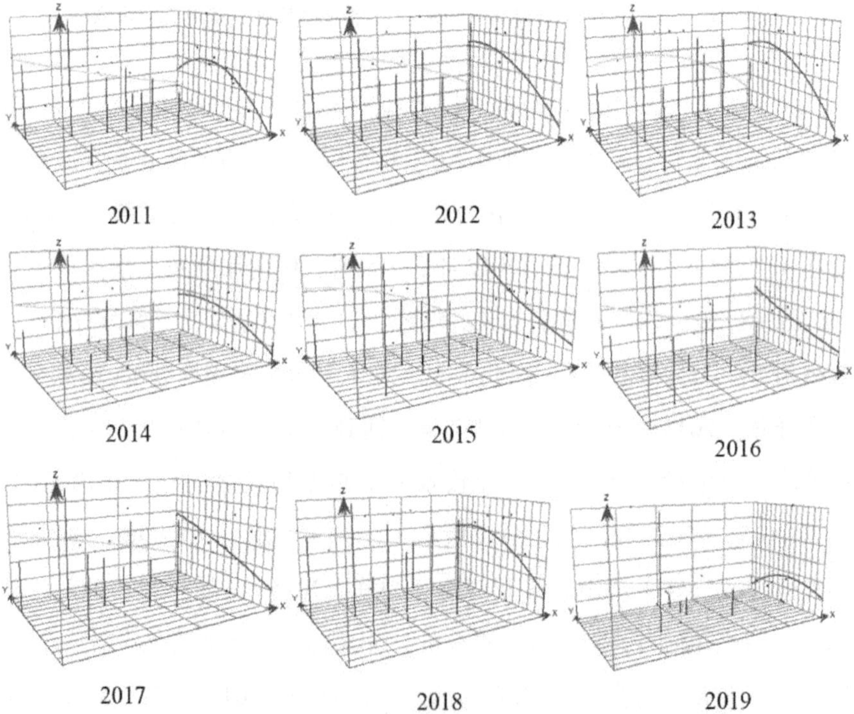

图 11-7　2011—2019 年南昌市耕地利用综合效率趋势面示意图

图 11-7 中,坐标轴 X、Y 分别对应各县(区)几何中心的经纬度,竖轴 Z 对应各县(区)耕地利用综合效率;若将图上曲线均投影于水平面上,则垂直于 X 轴或 Y 轴的曲线代表耕地利用综合效率的空间变化趋势,其中垂直于 X 轴的曲线代表南北方向,垂直于 Y 轴的曲线代表东西方向。

整体来看,南昌市在研究期内的耕地利用综合效率呈现出“西高东低、北高南低”的空间趋势格局,其中南北方向上的趋势面由较陡峭过渡到较平缓,说明南昌市耕地利用综合效率在南北方向上的空间差异正逐渐缩小;东西方向上的趋势面除 2013 年和 2015 年较陡峭外,其他年份均为较平缓状态,因此在东西方向上,耕地利用综合效率的空间差异变化不大,总体上仍处于西高东低的状态。

就变化趋势来看,南北方向上,研究期内综合效率表现为逐渐由倒“U”形演化成直线形,又恢复为倒“U”形的分布格局,表明南昌市耕地利用综合效率南北差异逐渐平缓,其间效率差异虽有缩小但仍然存在。2019 年趋势面变得较平缓时仍保持为倒“U”形状态,此时南北差异仍然存在,效率高值出现在中部。东西方向上,在研究期内均处于“西高东低”状态,区别仅在于曲线下降速率的不同。同时西面整体高于东面,即表明综合效率东西差异较明显,在研究期末虽然有所缓解但未有较大改变。

(4)泰尔指数

泰尔指数常用于衡量经济系统内各地区之间某项指标的差异,最初主要用于反映居民收入差距以衡量社会财富分配公平程度。本研究尝试借助泰尔指数衡量南昌市耕地利用效率水平的空间差异,并将该指数分解为组间差异和组内差异及其对整体差异的贡献度(见表 11-10)。首先,按照泰尔指数计算的要求,将南昌市各县(区)按地域分为东部、中部和西部 3 个组,东部为进贤县和南昌县,中部为东湖区、西湖区、青山湖区和青云谱区,西部包括安义县、湾里区、红谷滩区和新建区。泰尔指数变化趋势如图 11-8 所示。

表 11-10　2011—2019 年南昌市耕地利用效率泰尔指数表

年份	总泰尔指数	组间指数	贡献率/%	组内指数	贡献率/%
2011	0.002148	0.000422	19.63	0.001726	80.37
2012	0.001907	0.000384	20.12	0.001523	79.88
2013	0.001501	0.000212	14.09	0.001289	85.91
2014	0.002473	0.000664	26.86	0.001809	73.14
2015	0.001355	0.000770	56.83	0.000585	43.17
2016	0.001055	0.000499	47.28	0.000556	52.72
2017	0.001207	0.000526	43.62	0.000680	56.38
2018	0.001121	0.000284	25.37	0.000837	74.63
2019	0.045329	0.002069	4.56	0.043260	95.44

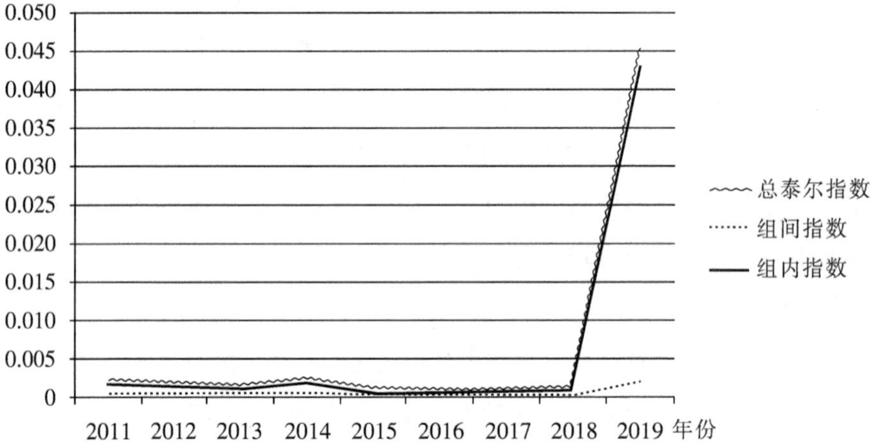

图 11-8　2011—2019 年南昌市耕地利用效率泰尔指数变化趋势图

从总泰尔指数来看，其在 2011—2013 年不断减少，在 2014 年有所上升后又迅速下降，到 2019 年又达到较高状态且远超其他年间总泰尔指数，这主要是 2019 年新设立红谷滩区所导致。综合来看，南昌市耕地利用效率总体空间差异虽有波动，但整体上表现为差异缩小的趋势，在 2014 年左右较不稳定。同时，除 2019 年外，南昌市总泰尔指数均在 0.0010—0.0025 水平上变化，泰尔指数值最终趋向于减小,说明南昌市各县(区)耕地利用效率存在均衡化的趋势。组间指数主要衡量南昌市西、中、东部三个区域的耕地利用效率差异,反映了先降后增再降的反"N"形总体趋势,表明三个区域之间由于资源禀赋和利用水平不同,耕地利用效率的差异呈波动式变化,经历了先缩小后增大再缩小的过程,但贡献率较低,并非全市总泰尔指数变化的主因。组内指数与总泰尔指数变化趋势基本相似,均表现为波动式下降,说明各区域内县(区)的耕地利用效率差异正在逐渐减小。且组内指数在研究期内对总泰尔指数的贡献率除 2015 年外均有 50%以上,对总泰尔指数趋势走向的影响极大,表明南昌市耕地利用效率差异主要受各区域内县(区)耕地利用效率差异的影响。因此,若要缩小差距、形成全市协同发展的局面,应着重发挥各区域内资源及要素的集聚效应,统筹协调要素投入规模与技术水平,全面提高各区域内各县(区)耕地利用效率水平,缩小组间差异。

第三节　南昌市耕地利用效率影响因素分析

一、数据相关性和共线性检验

本研究拟采用回归法对南昌市耕地利用效率的影响因素进行筛选分析,为了确定适用回归模型的类型,需要对数据的性质进行评估,就数据是否符合回归分析原则进行论证,因此先进行数据的相关性和共线性检验。基于乡村振兴战略角度,将研究期内南昌市各县(区)投入、期望产出、非期望产出指标与耕地利用综合效率汇总,作为相关性和共线性检验的源数据,利用 SPSS 22.0 软件进行检验。

参考赵春雨(2020)、宫彦双(2021)、程元(2021)等人的研究,本书采用 Pearson 系数法对 22 个指标进行双变量相关分析。Pearson 相关系数是衡量变量之间线性相关关系的常用方法,两个变量之间的 Pearson 相关系数等于它们之间协方差的值除以各自标准差的乘积。相关系数的取值在-1 到 1 之间,通常认为相关系数接近0的变量之间相关性较弱，而越接近-1或1的变量之间相关性越强。在SPSS 22.0软件中对投入变量、期望产出变量和非期望产出变量进行双变量相关分析，计算指标间的Pearson相关系数，截取部分结果见表11-11。

表11-11 Pearson相关系数表（部分）

	农业从业人数	农作物播种面积	耕地面积	有效灌溉面积	人均播种面积	化肥施用折纯量	新增耕地面积	人均耕地面积
农业从业人数	1	—	—	—	—	—	—	—
农作物播种面积	0.942**	1	—	—	—	—	—	—
耕地面积	0.921**	0.985**	1	—	—	—	—	—
有效灌溉面积	0.930**	0.981**	0.951**	1	—	—	—	—
人均播种面积	0.300**	0.357**	0.345**	0.335**	1	—	—	—
化肥施用折纯量	0.893**	0.974**	0.940**	0.976**	0.349**	1	—	—
新增耕地面积	0.263*	0.231*	0.241*	0.264*	0.200	0.220*	1	—
人均耕地面积	0.185	0.234*	0.237*	0.212	0.802**	0.221*	0.146	1

注：*表示在0.05级别（双尾）相关性显著，**表示在0.01级别（双尾）相关性显著。

经过双变量相关分析，源数据共产生231对样本，其中有135对样本在99%水平上表现为相关，有32对样本在95%水平上表现为相关，因此研究所选取的指标与耕地利用效率相关变量之间普遍存在相关关系，且相关程度较高。这说明耕地利用中各投入要素之间普遍具有较强的联系，各指标间存在一定关联，且各投入要素对于期望产出多表现为较强的正相关，仅人均播种面积、人均耕地面积对农民人均纯收入和农村居民消费水平有负相关作用；对于非期望产出则均表现为正相关，均有95%以上的相关水平。期望产出方面，*NDVI*、人均粮食产量主要与耕地面积和农作物播种面积相关，农业总产值及其增加量与有效灌溉面积相关，农村居民人均纯收入增加率、人均农业产值与人均播种面积相关，粮食总产量与农作物播种面积和化肥施用折纯量相关。

通常,多重共线性多伴随强相关性出现,一些自变量之间的关联看似是非线性的,但往往会接近于线性,从而造成多重共线性问题。若数据存在较严重的多重共线性问题,可能会增加回归模型标准误差,使得结果可靠性降低。通常情况下,在进行影响因素分析前,均要对各指标间的多重共线性进行检验。常用的检验或避免多重共线性的方法包括方差膨胀因子法、特征值检验法及条件数法。特征值检验是指利用自变量矩阵的特征值来判断指标间是否存在多重共线性,如果一个或多个特征值接近于0,则可能存在多重共线性问题。条件数是特征值的平方根,通常用于评估多重共线性的程度,如果条件数大于30,则表明存在较为严重的多重共线性问题。本研究使用方差膨胀因子法来检验数据是否存在多重共线性。方差膨胀因子(VIF)是指变量之间存在多重共线性时的方差与不存在多重共线性时的方差之比,反映的是由于多重共线性造成的方差的增长幅度(丁晓瑛,2019)。计算公式如下:

$$VIF = \frac{1}{1 - R^2} \tag{11-3}$$

式中,R^2 是线性回归的相关系数,由因变量与自变量之间的复相关系数的平方得到,或取回归方程的残差平方和与总平方和的比值。本研究选择综合效率为因变量,其他指标为自变量,在 SPSS 22.0 中进行共线性诊断,结果见表 11-12。

表 11-12　共线性诊断结果

自变量	共线性统计	
	允差	VIF
投入 1 农业从业人数	0.020	49.862
投入 2 农作物播种面积	0.002	541.585
投入 3 耕地面积	0.004	246.196
投入 4 有效灌溉面积	0.009	112.004
投入 5 人均播种面积	0.030	33.103
投入 6 化肥施用折纯量	0.008	134.647

续表

自变量	共线性统计	
	允差	*VIF*
投入 7 新增耕地面积	0.692	1.444
投入 8 人均耕地面积	0.084	11.968
投入 9 农村用电量	0.029	34.645
投入 10 农业财政支出	0.059	17.083
投入 11 第一产业固定资产投资额	0.241	4.151
期望 1 *NDVI*	0.267	3.749
期望 2 农业总产值增加量	0.367	2.723
期望 3 农村居民人均纯收入增加率	0.064	15.593
期望 4 农民人均纯收入	0.014	69.729
期望 5 人均农业产值	0.020	49.560
期望 6 人均粮食产量	0.042	23.980
期望 7 农村居民消费水平	0.014	69.689
期望 8 粮食总产量	0.002	547.133
期望 9 农业总产值	0.015	67.007
非期望 1 农用塑料薄膜使用量	0.005	184.025
非期望 2 面源污染等标排放量	0.004	269.515

利用方差膨胀因子进行多重共线性检验时，通常认为 $VIF > 10$ 时变量具有严重的多重共线性。诊断结果表明，除新增耕地面积、第一产业固定资产投资额、*NDVI* 和农业总产值增加量以外，其他变量的 *VIF* 值都在 10 以上，表明该数据存在多重共线性问题。根据这一特性，选取逐步回归分析法对各指标的显著与否进行筛查。

二、逐步回归分析

为避免或消除多重共线性问题，可利用增加数据量、合并高相关变量等方法。增加数据量可以降低自变量之间的相关性，进而减少多重共线性的影响，还可以提高模型的可靠性及泛化能力。然而，增加数据的类型及数量的选择需要进一步研究探索。若多个自变量间存在高度相关性，则可以将这些变量进行合并，使这些自变量成为一个新变量。这两种方法相较其他方法来说较为主观，适用性较低。因此，学术界通常采取主成分分析（PCA）、岭回归、Lasso 回归、逐步回归分析等方法消除数据的多重共线性。

主成分分析是一种通过对自变量进行线性变换来减少自变量间相关性的方法。该方法消除多重共线性的原理在于通过对原始数据进行降维处理，将多个自变量转换为少数几个互不相关、不存在线性关系的变量，这些转换后的变量称为主成分。这样的转换过程可以保留数据的主要特征并随之减少其复杂性和冗余，从而有助于后面的数据分析。经转换得到的新变量相互正交、互不相关，消除了变量之间可能存在的多重共线性。

岭回归是一种用于处理多重共线性问题的线性回归拓展方法，它的原理是在普通最小二乘法的基础上增加一个 L2 正则化项，以此限制模型的参数值，从而减少多重共线性对模型的影响。其优点在于可稳定模型的参数估计，减少参数估计的方差，从而提高模型的泛化性能。然而，与传统的线性回归相比，岭回归引入了正则化项，可能会导致参数估计的偏差增加，降低回归精度。

Lasso 回归是一种线性回归的拓展方法，它通过在最小二乘法的基础上增加一个 L1 正则化项来限制模型参数值。与岭回归相比，Lasso 回归在处理多重共线性问题时，可以更加有效地进行特征选择，将不显著的变量系数压缩为 0，从而达到稀疏化的效果。

逐步回归分析是一种常用来消除多重共线性、选取最佳回归方程模型的方法，主要思路是从大量变量中自动选取较重要的变量，建立用于回归分析或预测的模型。在逐步回归的过程中，各自变量逐个被引入，检验其偏回归平方和（F 检验）后留下显著的变量，剔除不显著的变量，直到全部变量均被筛查完毕为止，这样可以保证分析后所得到的每一个变量都具有显著性。逐步回归分析法可以自动识别对因变量具有较强影响的自变量，剔除影响较小的变量，辨识出各自变量相对于因变量的显著性，不仅能解决变量的共线问题，还能达到筛选重要影响因素的目的（吴若景，2021；葛皓天，2022）。基于此，本研究以耕地利用综合效率为因变量，将各投入产出指标作为自变量，在 SPSS 22.0 软件的线性回归模块中选择“逐步”方法进行回归，结果见表 11-13。

表 11-13 逐步回归分析结果

		非标准化系数		标准化系数	T	显著性
		B	标准误差	Beta		
1	（常数）	1.033	0.018		57.338	0.000
	期望 7 农村居民消费水平	0.135	0.034	0.413	4.029	0.000
2	（常数）	1.049	0.017		61.504	0.000
	期望 7 农村居民消费水平	1.080	0.241	3.300	4.479	0.000
	期望 4 农民人均纯收入	-0.946	0.239	-2.911	-3.951	0.000
3	（常数）	0.932	0.046		20.120	0.000
	期望 7 农村居民消费水平	1.112	0.232	3.396	4.786	0.000
	期望 4 农民人均纯收入	-0.978	0.231	-3.009	-4.241	0.000
	投入 7 新增耕地面积	0.201	0.074	0.245	2.705	0.008
4	（常数）	0.917	0.046		20.027	0.000
	期望 7 农村居民消费水平	1.141	0.227	3.485	5.017	0.000
	期望 4 农民人均纯收入	-0.986	0.225	-3.033	-4.374	0.000
	投入 7 新增耕地面积	0.177	0.074	0.215	2.402	0.019
	投入 8 人均耕地面积	0.113	0.052	0.203	2.147	0.035

经过逐步回归分析，共有 4 个自变量通过了 F 检验，分别为农村居民消费水平、农民人均纯收入、新增耕地面积和人均耕地面积，其显著性水平在 0.05 以下，表明在 0.05 的显著性水平下这 4 个自变量对耕地利用效率的影响是显著的。按照影响程度排序为农村居民消费水平≈农民人均纯收入>新增耕地面积>人均耕地面积，其中农村居民消费水平与农民人均纯收入同属于期望产

出,对耕地利用效率的影响相差不大,且二者具有较强的相关性,因此彼此间显著性差异不大。其他自变量均未能通过 0.05 的显著性水平下的 F 检验(见表 11-14),对耕地利用效率影响的显著性不强。

表 11-14　耕地利用效率其他自变量显著性

自变量	Beta 系数	T	显著性
投入 1 农业从业人数	-0.100^e	-1.032	0.305
投入 2 农作物播种面积	-0.098^e	-1.042	0.301
投入 3 耕地面积	-0.087^e	-0.919	0.361
投入 4 有效灌溉面积	-0.105^e	-1.097	0.276
投入 5 人均播种面积	0.001^e	0.006	0.995
投入 6 化肥施用折纯量	-0.127^e	-1.355	0.180
投入 9 农村用电量	-0.150^e	-1.572	0.120
投入 10 农业财政支出	-0.188^e	-1.985	0.051
投入 11 第一产业固定资产投资额	0.023^e	0.246	0.806
期望 1 *NDVI*	-0.093^e	-1.030	0.307
期望 2 农业总产值增加量	0.000^e	0.001	0.999
期望 3 农村居民人均纯收入增加率	0.035^e	0.369	0.713
期望 5 人均农业产值	0.013^e	0.109	0.914
期望 6 人均粮食产量	-0.113^e	-1.246	0.217
期望 8 粮食总产量	-0.126^e	-1.336	0.186
期望 9 农业总产值	-0.102^e	-1.033	0.305
非期望 1 农用塑料薄膜使用量	-0.093^e	-0.991	0.325
非期望 2 面源污染等标排放量	-0.127^e	-1.355	0.180

三、显著性变量分析

根据上述研究,在 0.05 的显著性水平下,农村居民消费水平对于因变量的解释力较为显著,即对耕地利用效率具有较大的影响力。作为期望产出,农村居民消费水平是耕地所带来的正面收益,也是农民生活水平提高的重要标志。耕地利用综合效率的提升将有效带动农民收益增长进而促进消费水平的提高,农民生活水平的提升也将反哺农业生产活动。耕地是农民的重要生产资料,当耕地资源得到有效利用时,农民的生活水平有了切实提高,表明研究区内农民对耕地的依赖性较高。耕地利用状况的改善有助于为当地农民创造优越的生活,即耕地利用效率的提升可以带来一定的社会效益和经济效益,从而促进乡村振兴,带动农村区域的协同发展。同时,农村居民消费水平的提高有利于农村居民认识到耕地利用所产生的效益,提高农民从事农业生产的积极性,从而自觉加大要素投入规模,以获取更高的收益。消费水平的提高,一定程度上也可以使农民拥有比以往更开阔的眼界,转变发展农业生产的思路,自觉借鉴科学、现代化的生产经验,引入并使用更加先进的农业生产技术,从技术投入方面间接作用于耕地利用,有效促进耕地利用效率的提高。

同样地,农民人均纯收入起到了类似的作用。根据常理,人均纯收入与消费水平应为正相关关系。本研究中,农民人均纯收入与农村居民消费水平之间的 Pearson 相关系数达到了 0.992,相关性较强。农民人均纯收入也是度量农村居民生活水平的重要指标,研究表明农民人均纯收入与耕地利用效率之间表现出较强的显著性,这进一步说明了农民生活水平对耕地利用效率的依赖性。本研究中农民人均纯收入也是经济效益的象征,经济效益的增加有利于提高农民继续发展农业生产的积极性,同时,农民人均纯收入的提高也使得农民有更强的经济实力加大耕地利用过程中的投入规模,增加技术投入,以求取得更高的效益。农民人均纯收入与耕地利用效率之间的显著性,也说明了耕地资源的充分有效利用对于农民生活水平的提高做出了不小的贡献,耕地利用效率的提高对于实现乡村振兴具有一定的推动作用。

投入要素方面,新增耕地面积的作用较为显著。耕地是农民最主要的生产资料之一,也是农村地区重要的自然资源之一,耕地的利用与农村社会经济的发展息息相关。耕地的面积象征着可利用的生产资源的多少,新增耕地面积表明在同一区域内的不同时点有了更多的资源，相当于增加了要素投入规模，在进行适度合理利用的情况下，将有利于取得更多的收益，促进耕地利用效率的提高。同时，耕地面积的新增通常是由于当地政府开展了国土资源综合整治工程，如开发未利用地、整理零碎耕地、复垦废弃土地等，在整治时通常会对山、水、路、林、村一并进行治理，包括零星地块归整、零散村落撤并、村庄环境美化、生态环境修复、公共设施配套等。这些措施有助于挖掘耕地利用潜力、提高耕地质量、完善农业基础设施建设，为农业生产创造良好的外部条件，从而有利于耕地利用效率的提高。耕地面积的增加，一定程度上缓解了人地关系，农民得以分配到更多的生产资料，从而提高农业产出的经济效益，保障区域粮食安全，并能有效促进耕地利用的规模化和集中化，形成更科学合理的农业经营方式，助力耕地利用效率的提高。

此外，人均耕地面积也是对耕地利用效率影响较为显著的投入要素之一，并且与耕地利用效率正相关。人均耕地面积为总耕地面积与总人口的比值，因此主要受到耕地总面积和区域总人口的影响。在“十分珍惜、合理利用土地和切实保护耕地”这一基本国策下，耕地资源是有限、相对稳定的，虽然在出现土地整治或压占、毁损等状况时，耕地面积会出现变动，但总体上与人口的变动幅度相比较小，因此人均耕地面积的变动受人口数量影响较大。人均耕地面积还是衡量人地关系紧张程度的直接指标，人均耕地面积较多时，平均每个人可以受到较多的耕地的供养，有利于保证粮食安全、缓解人地矛盾，为社会经济发展提供强有力的基础资源保障，满足第二、三产业高速发展中的资源需求。人均耕地面积增加，通常意味着耕地资源显著增加或人口增长趋势减缓，代表着耕地资源与人口之间的关系相对缓和，社会经济的发展将不会对耕地的正常生产造成很大的威胁。即使有轻微的诸如占用耕地、破坏耕作层、污染环境之类的现象，通常也在可以接受的范围之内，总体上耕地可以维持正常的功能，同时农民也能安心从事农业生产，适当加大要素投入规模，从而使耕地资源能够得到较好的利用，提高耕地利用效率。

四、非显著性变量分析

本研究所选取的显著性水平为 0.05，即要求显著性变量的置信水平在 95%以上，此时变量对耕地利用效率产生显著影响的概率至少在 95%。而在非显著性变量中，农业财政支出的显著性水平达到了 0.051，虽然未能通过设定为 0.05 的显著性水平检验，但也说明了农业财政支出对耕地利用效率的较大影响力。农业是国民经济的基础，具有为其他非农产业提供原材料的重要作用。中国农村人口众多，农村地区各项事业的发展相对落后，要解决“三农”问题，特别是在当前乡村振兴战略要求下，若不加大财政投入，相关措施很难真正得到落实。在耕地利用中，农业财政支出表现为投入要素，实际情况中多以各种惠农补贴政策的形式出现，可以辅助提升技术水平和加大投入规模，间接促进耕地利用效率的提高。如粮农补贴的出台为农业发展提供了一定的资金支持，可提高农民种植粮食的积极性，为农民分忧解难，提高农民收入水平，发挥国家对粮食生产的激励作用；农机购置补贴鼓励农民自觉提高农业机械化、现代化水平，有助于规模化、现代化耕作的实现，农业综合生产能力的提高，对于促进农村剩余劳动力转移、农业机械化技术进步也有重要意义。此外，农业财政支出作为一项政策，落实过程中难免会遇到一定的疏漏与阻碍，将导致政策的效果欠佳。各项政策的制定与落实还需结合实际进行不断完善与发展。

未通过 0.05 显著性水平检验的自变量中，农村用电量、化肥施用折纯量、面源污染等标排放量、粮食总产量、人均粮食产量、有效灌溉面积、农作物播种面积、农业总产值、农业从业人数、*NDVI*、农用塑料薄膜使用量和耕地面积的显著性小于 0.5，非显著性较强。其中，农村用电量、耕地面积、农业从业人数、有效灌溉面积和农作物播种面积作为投入要素，在耕地利用的过程中扮演着重要角色，但由于这些要素投入的对象并不全为耕地利用，因此该类要素在实际情况中存在损耗现象，对耕地利用的影响力不如显著性因素强，从而其在逐步回归过程中显著性降低。化肥施用折纯量、面源污染等标排放量、*NDVI* 和农用塑料薄膜使用量主要与农业环境状况密切相关，农业环境的恶化会导致农业生产力下降,进而农产品的产量和质量的下降。在研究期内,虽然南昌市出现了对环境有负面影响的因素,但整体上均在正常范围之内,波动较小,因而对耕地利用效率的显著性不强。而粮食总产量、人均粮食产量和农业总产值属于期望产出指标,在实际情况中多以耕地利用的结果出现,以此可以评价耕地利用效率状况,但其对耕地利用效率的影响有限,大多属于间接作用,对耕地利用效率的显著性不强。

此外,非显著性要素还包括农村居民人均纯收入增加率、第一产业固定资产投资额、人均农业产值、人均播种面积和农业总产值增加量,这些要素的显著性水平均在 0.7 以上,非显著性很强,对耕地利用效率的解释力弱。其中,各地农村居民人均纯收入增加率每年变化幅度不大,且属于耕地利用所带来期望产出的间接影响,对耕地利用的直接影响不如农民人均纯收入显著,因此在逐步回归过程中被排除。第一产业固定资产投资额通常包括设备安装、建设工程相关费用,有利于农业机械化与现代化的实现,能对农业发展起到促进作用,但由于目前农业技术应用还未被广泛推广,因此其影响力远不如农业财政支出明显。人均农业产值是耕地利用所带来的结果,代表着耕地利用的经济效益,但耕地的经济产出未必都会对其利用效率有影响,因此其表现为非显著性要素。研究结果显示,人均播种面积对耕地利用效率的影响并不显著,是由于农作物不仅包括种植在耕地上的农作物,还包括种植在非耕地上的,因此农作物播种面积对耕地利用状况的影响不够强烈。农业总产值增加量是耕地利用所带来经济效益的重要体现,主要从侧面体现了耕地利用效率状况,其可作为分析耕地利用效率的角度之一,但对耕地利用效率的作用程度比较有限。

小结

基于乡村振兴战略背景,本章主要运用定量方法研究 2011—2019 年南昌市耕地利用效率及其影响因素,从投入、产出两个角度建立南昌市耕地利用效率测度指标体系,利用考虑非期望产出的超效率 SBM 模型对南昌市各县(区)耕地利用效率进行时序分析和分解测度,并做了冗余分析和空间演化分析,然后使用 SPSS 22.0 软件中的逐步回归分析对耕地利用效率影响因素进行了研究，最后结合南昌市实际情况及存在的问题，在乡村振兴战略背景下提出了针对性建议。研究结论如下：

(1)2011—2019 年南昌市耕地利用综合效率均处于有效状态，2011 年全市耕地利用综合效率为 1.112，2019 年为 1.074，总体呈有波动的下降趋势。通过分解效率可以看出纯技术效率与综合效率的变化程度较为趋同，说明纯技术效率对综合效率的贡献度相对较高。

(2)2011—2019 年南昌市耕地利用效率存在部分要素投入冗余与产出不足的情况，其中西部区域主要存在人均粮食产量、农业总产值、人均农业产值和 *NDVI* 的不足；中部区域出现农业从业人数和农村用电量的冗余，以及农民人均纯收入和农村居民消费水平的不足；东部区域主要是农业财政支出和第一产业固定资产投资额的冗余，以及粮食总产量和农业总产值的不足。说明这部分要素的投入未达到良好的规模，相关指标也未能获得理想的产出。

(3)2011—2019 年南昌市耕地利用综合效率最高均值出现在湾里区，且研究期内湾里区多属于高效率区，最低均值出现在西湖区。其中进贤县、青云谱区和西湖区属于低效率区，耕地利用综合效率未达到全市平均水平，耕地利用水平有待提高。全市耕地利用综合效率重心主要落在东湖区，只有 2019 年落在西湖区，均衡点转移幅度不大，主要受各县(区)耕地利用效率变动的影响。空间分布上，南昌市各县(区)耕地利用效率表现为“西高东低、北高南低”的格局，各县(区)耕地利用效率存在均衡化趋势，各区域内耕地利用效率差异对全局影响较大。

(4)运用逐步回归模型分析耕地利用效率的影响因素，发现在 0.05 的显著性水平下共有 4 个因素表现出明显的显著性，显著影响因素排序为农村居民消费水平≈农民人均纯收入>新增耕地面积>人均耕地面积，其他要素对耕地利用效率并无显著影响。

第十二章 乡村振兴背景下提高农地利用效率的调控对策

第一节 研究区农地利用中存在的问题分析

一、乡村振兴战略解读

乡村是广大农村居民生产、生活的重要空间，具有生产、生活、生态等多种功能，与城市相互促进、共生共长。中华文明起源于农耕文明，广袤的乡村孕育了我国的传统文化、政治和社会形态。乡村振兴战略，是2017年党的十九大报告中针对农业农村发展提出的战略举措，明确指出了农业农村农民问题是关系国计民生的根本性问题，必须始终把解决好“三农”问题作为全党工作的重中之重。乡村振兴战略的提出将解决“三农”问题的解决提升到了一个新的历史高度，是我国经济发展的关键所在。乡村振兴战略不仅涵盖了农业、农村和农民三个方面，还包含“产业兴旺、生态宜居、乡风文明、治理有效、生活富裕”五大要求，旨在让农业成为有奔头的产业，让农民成为有吸引力的职业，让农村成为安居乐业的美丽家园。习近平总书记在2020年中央农村工作会议上强调，脱贫攻坚取得胜利后，要全面推进乡村振兴，这是“三农”工作重心的历史性转移。乡村振兴包括五个方面的振兴：一是产业振兴，时代要发展，产业是基础，实现乡村振兴要将农业发展摆在突出位置；二是人才振兴，人才是国家振兴和社会发展的关键；三是文化振兴，文化作为思想保障，能在更深层次上促进人的思想道德建设；四是生态振兴，良好的生态是人们生存生活的根本；五是组织振兴，基层党组织是党在社会基层组织中的战斗堡垒，是凝聚力量的核心。

2018 年中央一号文件《中共中央　国务院关于实施乡村振兴战略的意见》提出乡村振兴战略的实施纲要。2021 年，十三届全国人大常委会第二十八次会议表决通过《中华人民共和国乡村振兴促进法》，自此乡村振兴战略的实施有了充分的法律依据。2023 年，《中共中央　国务院关于做好 2023 年全面推进乡村振兴重点工作的意见》发布，这是我国 21 世纪以来发布的第 20 个、乡村振兴战略提出以来的第 3 个指导“三农”工作的中央一号文件，文件中明确提出，要推动乡村产业高质量发展、拓宽农民增收致富渠道、扎实推进宜居宜业和美乡村建设。强国必先强农，乡村振兴战略的实施为加快建设农业强国奠定了坚实基础，也是建设现代化强国的应有之义和重要支撑。

二、进贤县农地利用中存在的问题分析

实证分析发现，进贤县农地利用中存在的问题主要包括县域内农业发展水平不均衡，科学技术水平较低，农业劳动力受教育程度低、管理水平低，农民的平均播种面积较小、规模化生产不够，生态破坏与农地利用效率挂钩等。

1. 县域内农业发展水平不均衡

进贤县农业发展水平不均衡体现在以下几个方面。一是实证研究发现，进贤县整体农地利用效率从 2011 年起一直处于有效状态，但是乡镇（包含省红壤研究所与省五里垦殖场）间差异较大，最大差异值在 2 以上，这将阻碍进贤县整体农地的可持续发展。进贤县处于低效率区的乡镇单元较多是全县农地利用效率总体不高的主要原因，其中温圳镇、泉岭乡、架桥镇及张公镇等的农地利用效率在研究序列内虽有所上升，但仍相对较低。这些乡镇属于低山丘陵地区，地势起伏大，地块细碎且面积较小，农田生产条件较差，特别是长山晏乡及白圩乡等，靠近金山旅游风景区，林地覆盖率 40%以上，且较多梯田，交通相对不够

便利，土地整治难度大，无法形成大地块耕地，规模效益难以形成，农地利用规模效率不易提高，综合效率相对较低。二是进贤县农林牧渔总产值增长缓慢，且各个乡镇单位面积农林牧渔总产值差异较大。以 2017 年为例，单位面积农林牧渔总产值最低的为前坊镇 4.63 万元/公顷，高的则有省红壤研究所、省五里垦殖场及李渡镇等地，超过 9 万元/公顷。三是进贤县农业技术水平和机械化程度低。虽然该县正在积极发展现代农业，推广机械化、智能化农机技术，但不同地区的农机化水平和技术应用程度仍存在差异，导致农业发展水平不均衡。四是进贤县的农业发展还受到政策支持和资金投入的影响。目前进贤县各个地区得到的政策支持和资金投入程度不均衡，导致不同地区的农业发展速度与进程也不一致。

2. 科学技术水平较低

当前，科学技术在农业生产中的作用不容忽视，先进的科学技术已经成为助力农业发展和耕地利用的重要推动力。根据前文对进贤县农地利用效率的影响因子分析可知，单位面积农业机械动力对农地利用效率呈现显著性影响。这可以进一步反映出进贤县农民在农地利用过程中存在科学技术水平较低的问题。2011—2017 年，进贤县农药化肥用量整体呈现上升趋势，通过 DEAP 2.1 测算效率可发现农药化肥都有冗余，说明进贤县农民还单纯地认为增加农药化肥投入就可以增加农地产出。此外，净碳排放量也在逐年增长，由 2011 年的 8677 吨增加至 2017 年的 10224 吨，与林地面积减少有一定的关系，2011 年进贤县林地面积为 38498 公顷，2017 年减少至 35741 公顷，减少了 2757 公顷。造成碳排放量不断增加的关键原因还包括，进贤县近几年并没有过多关注碳排放问题，也没有使用相关的科学技术方法去减缓碳排放进程。科学技术水平会直接影响农地利用效率，其提高可以促进农业生产技术的进步和农用机械的使用，进而增加粮食产量，提高农地利用效率。目前，进贤县科学技术水平较低，科技投入不足会使得农民在农业生产中缺乏足够的支持和指导，从而无法有效地提高农地利用效率。

3. 农业劳动力受教育程度低,管理水平低

目前,进贤县农业劳动力主要存在两个问题。一是受教育程度低。经过对进贤县的实地调研发现,务农人员平均年龄较高且受教育程度低。农业现代化的实现过程实际是农业劳动力不断向非农业转移和农业经营者取代传统农民的过程,农业劳动力的质量与其文化水平的高低有着直接的联系。随着社会经济的高速发展,年轻劳动力为提高收入向城市转移。在此情况下,农业劳动力具备的基本科学素养水平明显偏低,导致先进的农业机械技术、化肥施用技巧等无法完全传达到每一农户,普及肥料实用知识与先进农业机械技术是提高农业收入、降低农业生产成本的有效途径。进贤县近年来乡村从业人员减少趋势明显,在互联网产业高速发展的今天,农业劳动力一般只具备与农业生产相关的技术与知识,农业发展缺少向特色农业发展的机会。若能紧跟时代潮流,发展特色农业,开展灵活多样的实用培训,必能达到依靠科技进步与劳动力生产技能的提高来发展农村经济、提高农地利用效率的目标。二是管理水平较低。目前进贤县农村基础设施、农业机械技术及农用化肥施用过程中都存在不同程度的问题,而提升这些技术都依赖于农业劳动力专业化水平与管理水平的提高,由此可以看出农业劳动力管理水平的重要地位。由于进贤县部分农村劳动力市场混乱、从事农业生产人员老龄化现象严重,因此目前即使大量增加农地面积,也容易因为务农人员短缺与管理程度不高而造成农村土地荒废。但进贤县仍存在部分农业劳动力密集的区域,大量的剩余劳动力导致了这部分地区农业劳动力投入过大,因而,通过有效方式促进这部分劳动力转移,也可在一定程度上提高区域内的农地利用效率。此外,某些乡镇由于农村劳动力市场混乱,农民获取信息的渠道不畅,以及地处偏远山区等因素,目前的人口移动已经有些过度,农业劳动力出现严重不足,撂荒问题形势严峻,单纯从事农业生产的人员已步入老龄化。因此,政府需要加强农村劳动力市场宏观调控体系的建设,科学引导农村剩余劳动力,保障合理有序地转移。

4. 农民的平均播种面积较小,规模化生产不够

根据前文对进贤县农地利用效率的影响因子分析可知,农民的平均播种面

积是显著正相关因子。同时根据相关年份统计年鉴与实地访谈发现,进贤县整体上为中老年人种植、自给自足的耕种状况。在李渡镇做调查时发现大多户人家的年轻人选择进城务工,仅留60多岁的老人在家耕作,由于老人文化程度较低,对科学技术没有能力也没有想法去了解,因此目前仍采用较为传统的耕作方式;由于老人的耕作能力有限,可耕种面积很小,没有能力也没有想法进行规模化生产。访谈中也了解到目前进贤县有意愿进行大规模承包的人员较少,规模化生产还处于发展初期。总之,由于农业生产周期长、生产效益低,大部分农民更愿意选择收益更高的第二、三产业,因此有必要进行一定的规模化生产的相关宣传,让广大农民看到规模化生产带来的效益,才能有助于进贤县进一步发展农业规模化生产,促进整体农业产业的发展。

5. 生态破坏与农地利用效率挂钩

根据前文对进贤县农地利用效率的影响因子分析可知,单位面积净碳排放量虽没有通过5%的显著性分析,但是对进贤县农地利用效率产生负向作用。结合前文进行的农地利用效率时空分析,我们发现单位面积净碳排放量越高的乡镇,效率值越高;农药施用量越高的乡镇,效率值也越高。比如长山晏乡,效率值一直处于较低水平(2011年EE效率为0.42,2017年EE效率为1.01),单位面积净碳排放量(2011年为0.42吨/公顷、2017年为1.01吨/公顷)与单位面积农药施用量(2011年为0.012吨/公顷、2017年为0.013吨/公顷)都属于相对较小的值;省红壤研究所,效率值一直处于高水平(2011年EE效率为1.03、2017年EE效率为1.66),单位面积净碳排放量(2011年为0.73吨/公顷、2017年为1.86吨/公顷)与单位面积农药施用量(2011年为0.016吨/公顷、2017年为0.020吨/公顷)也属于相对较高的值。可见,目前进贤县碳排放与农药施用对农地利用效率的作用还处于上升阶段,但这种发展的模式是不健康的,以生态破坏与农地利用效率挂钩,后期将付出更大的代价进行生态修复。换言之,以生态破坏提高农地利用效率不是长久之计,会拉低农地利用效率。例如,牺牲生态带来的地下水污染和土壤板结硬化等问题会导致农作物的生长环境受损,影响农作物的生长和品质,从而降低农地利用效率。此外,生态问题还会通过影响农民的生活质量和农业经济发展水平来影响农地利用效率。例如,生态恶化会增加农民的生活成本,降低农民的生活质量,从而影响农民对农业生产的积极性和投入程度,导致农地利用效率下降。同时,农业生态环境的恶化也可能会降低农业经济的发展水平,从而农民减少对农地的需求,导致农地利用效率下降。

第二节 研究区农地利用效率提升途径探析

2018 年 4 月 17 日,进贤县紧跟党的十九大提出的乡村振兴战略发布《关于全面实施乡村振兴战略扎实做好 2018 年农业农村工作的意见》(以下简称《意见》),特别提出针对进贤县的农业农村工作意见。因此,本书针对目前进贤县农地利用中存在的问题,结合该《意见》及乡村振兴的部分具体路径(产业振兴、人才振兴、文化振兴、生态振兴)提出针对性调控对策。

一、产业振兴:建设现代农业生产体系与现代农业产业体系

产业振兴是乡村振兴战略的重要组成部分,是乡村全面振兴的基础和关键,关系脱贫攻坚成果的巩固与拓展,也是拉动城乡经济、构建新发展格局的重要内容。要实现产业兴旺,需要优化乡村发展路径,将精准脱贫的成果与乡村振兴战略有效衔接,提升农业生产的质量与效益,促进产业优化升级,由以种养为主向全产业链集中发展过渡,推动一二三产业融合。针对进贤县农业发展水平不高,本书认为可进行产业振兴,主要包括现代农业生产体系建设与现代农业产业体系建设两方面。①现代农业生产体系建设上,于进贤县而言,主要措施可以包括把控耕地质量、土地流转及“一村一品”农业生产。耕地质量上,进贤县耕地质量自然等级处于 8—12 等,耕地质量较差,利用等级一般。针对耕地质量自然等级较低,可以实施田间基础设施建设工程、耕地基础地力提升工程、耕地环境整治工程及建立耕地质量监督与耕地质量科技支撑体系。土地流转是加速农户与土地资源优化配置的过程,有利于发展多种形式的适度规模经

营，解放劳动力，提高农户收入。对于进贤县而言，单位农户耕作面积依旧太小，土地流转有利于解放部分劳动力，并扩大专业种植农户的耕作面积，从而提高农地利用效率。“一村一品”则表明进贤县各个乡镇已经存在或者正在寻找适合发展的特色农业，比如白圩乡、钟陵乡在养殖生猪上有经验且有一定的名气，可进行生态养猪增加农户收入；张公镇、温圳镇及泉岭乡等由于耕地较为破碎化，耕地利用效率较低，可发展较有优势的家禽产业；长山晏乡、白圩乡、下埠集乡、钟陵乡等地处丘陵地带，可以发展草食畜牧业，进一步优化农业发展结构，减少乡镇间农地利用效率差异。②现代农业产业体系建设上，根据相关年份统计年鉴数据可以发现进贤县2011—2017年农林牧渔服务业产值均很低，因此进贤县应该按照现代农业发展的现实需求，发展社会化服务、农产品加工、市场流通服务、循环农业等现代农业支撑产业，提高农林牧渔服务业产值。

二、人才振兴：分类引导农民，提高农民综合素质

人才是参与乡村生产建设活动的主体。一直以来，由于乡村长期相对落后于城镇，多数乡村存在人才不足、优质人才外流等问题，使得乡村发展动力不足，总体发展水平难以达到乡村振兴战略的要求。农民技术水平低是造成进贤县农地利用过程中科技水平较低的原因，因此有必要提高农民的整体素质。结合人才振兴思路，提高农地利用技术水平亟须优质人才的参与，具体可分为引进培养技术人才和培育高素质农民两个方面。一方面，需要从外部引进优秀人才，大力实施“一村一名大学生”工程、“三支一扶”计划和基层农林水特岗人员定向培养计划，鼓励高校毕业生、乡贤等在基层工作、创业，重点实施农业技术推广服务，引进现代农业技术，完善人才激励机制，让乡村留住人才。“一村一名大学生”工程需要健全“一村一名大学生”培养机制，组织选送符合条件的农村优秀青年参加入学考试和深造，重点推荐符合条件的村“两委”干部、新型农业经营主体带头人、乡村新产业新业态创业者等进入培养体系，提升培养质量。另一方面，加快本土优秀人才培育，集中培养一批高素质农民，定期为农民开展技术培训。劳动者本身是否具备专业化技能，在较大程度上影响土地的利用方

式及属性，培养新型职业农民也是农业产业化转型升级进程中的重要一环。在分类引导农民上，主要针对职业农民与传统农民。须积极发展职业农民，政府部门可以开展相关培训来发展职业农民，采取多种方式强化农民的农业素养，打造一支有文化、懂技术、善经营的农民队伍。比如可通过现场辅导、微信群、QQ群等形式，以田间、学校为场所，针对职业农民进行定期培养，并为参加过培训的新型农民提供专业化跟踪服务，举办农村劳动力资格考试及实用技能考试等。同时可以发展某项农业产业，鼓励并引导部分有意愿人员朝着生产技能型、经营管理型、技术服务型和市场营销型等职业农民转型。对于培养传统农民（没有意愿做职业农民），主要有两种途径：一是加大农地保护及可持续发展理念的宣传，发放并解读相关宣传册，加深农民对耕作重要性的进一步认识，提高农民对农地保护的感性认知；二是相关部门指导农民在生产过程中使用农药、化肥的方式和合理施用量，尤其是教导种植绿肥、增施有机肥等土壤改良方式，让农民种植粮食作物与经济作物有一定方法可循。另外，还可以通过把产量加入对粮食补贴的评判原则中，鼓励农民实行一年多轮或者一年多种作物的耕作制度，甚至鼓励农民种养业融合发展，形成家庭小产业乃至规模产业，进一步改进农业生产方式，吸引人才回流。

三、文化振兴：宣传智慧农业，加强土地流转

长期以来，乡村地区处于相对落后状态，由于人才的外流和城镇化进程的加快，不少农民存在思想落后、封闭的状况，不能主动接受前沿的政策与技术，导致乡村地区产业发展迟缓，落后局面加剧。为了实现乡村振兴、提振农民信心、激发农民力量，文化振兴就成了为乡村铸魂的关键。文化能起到凝聚人心、汇聚民力的作用，可以带动农民转变观念，帮助农民更好地领悟时代内涵，成为乡村振兴的内在支撑。针对单位面积农业机械动力对农地利用效率影响较大及农户的平均播种面积较小问题，可以通过文化振兴来解决。首先，进一步引进现代农业理念，宣传智慧农业，帮助相关部门及农民甚至广大群众对现代新型农业有新的认知，使智慧农业、生态农业、休闲观光农业等新业态逐渐为农民

所接受。要以农业为基础发展加工业、旅游业等，构建新型农村产业链，让农民真正感受到现代科技对农业效益的提升，让农民意识到利用互联网大规模发展农业是有利可图、有前景的，从而转变农民的传统发展思维，探索更高效、科学、高附加值的耕地利用新方式。其次，加强土地流转宣传，调整农地利用结构，使其趋向规范化、专业化、空间有序化。迅速处置闲置土地，综合整治农地上的废弃沟渠、田埂，整合散地、荒地、废地，做到整体规划、综合利用。改进农地流转制度，采用市场化手段，优化农地资源，鼓励长期农地承包，逐步实现永久化农地承包，实现农业集约高产。让更多专业农户愿意租用其他农户耕地，加大规模生产，专业种植大户专门从事农业生产，其他农户从土地中解放出来，从而增加农户收入，提高农地利用效率。再次，推动数字乡村建设，加强农村信息基础设施建设。建设农业数据监测系统，实时发布重要农产品供需和价格信息，建立集数据整理、分析、发布和服务于一体的综合性农业数据云平台，实施农产品市场信息平台建设。最后，很多乡镇乃至村都有自己独有的特色农业文化，要使特色文化与互联网结合起来，积极发展“互联网+农业”。比如长山晏乡可发展“互联网+公众服务平台”，公众服务平台重点对其特色产业“草食畜”进行宣传引导，包括技术指导与销售渠道拓展等。

四、生态振兴：践行绿色发展理念，建设生态宜居村园体系

生态振兴是乡村振兴的应有之义，与生态文明建设相契合。良好的生态环境是农村重要的资源与优势，因此要牢固树立和践行绿色发展理念，推进人与自然和谐共生，落实生态治理与保护行动，将绿水青山作为乡村振兴的底色。前文分析得出环境因素显著影响进贤县农地利用效率，因此有必要进行生态振兴，践行绿色发展理念，建设生态宜居村园体系。其中最重要的是进行土地整治，要注意环境保护，遵循统筹规划、改善生态环境、内涵挖潜与外延开发结合等原则，协同发展耕地的数量和质量，坚持绿色、可持续发展，确保耕地数量不减少、耕地质量不降低。在耕地利用的过程中，化肥和农药的使用容易对农田的土壤及水体造成污染，导致土壤、水体质量降低，影响土壤、水体生物的生存

及其生态系统的稳定性,降低耕地生产能力。基于此,当前亟须进行化肥和农药的减量控害,可以积极推广缓释肥、生物肥、水溶肥等新型有机肥料,并针对不同区域的耕地进行测土配方施肥,减少由肥料过量投入造成的污染。同时,逐步推行病虫害的绿色防控来替代传统的施药防控,重点推动生物防控,结合新型职业农民培训等推广科学用药方式,倡导耕地绿色利用和农业绿色生产理念,组织介绍减量控害经验与成效,营造绿色发展、生态优先的氛围。为进一步增强生态振兴效果,还可以建立生态农业示范区,实施耕地质量提升、土地平整、有机肥试点、水肥一体化等工程项目,提高耕地生产能力,合理布局各类产业,延长产业链,促进耕地利用基础设施的建设与完善,为生态振兴提供坚实的基础与保障,更好地服务于乡村振兴。除此之外,还可充分发挥林地、园地的作用,装点村庄或者发展特色旅游农业。多管齐下,才能构建进贤县良好生态环境,促进可持续农业发展。

主要参考文献

Manjunatha A. V., Anik A. R., Speelman S., et al.. Impact of Land Fragmentation, Farm Size, Land Ownership and Crop Diversity on Profit and Efficiency of Irrigated Farms in India[J]. *Land Use Policy*, 2013(31): 397-405.

Aigul Y., Sara I., Leila J., et al.. Efficiency of Using Agricultural Land in Kazakhstan[J]. *Entrepreneurship and Sustainability Issues*, 2018(6): 558-576.

Alemdar T., Oren M.. Determinants of Technical Efficiency of Wheat Farming in Southeastern Anatolia Turkey: A Nonparametric Technical Efficiency Analysis [J]. *Journal of Applied Sciences*, 2006, 6(4): 827-830.

Amos K. Quaye, Charles A. S. Hall, Valerie A. Luzadis. Agricultural Land Use Efficiency and Food Crop Production in Ghana[J]. *Environment, Development and Sustainability*, 2010(12): 967-983.

Anthony R., Rene C.. Nitrogen Yield and Land Use Efficiency in Annual Sole Crops and Intercrops[J]. *Agronomy Journal*, 2006, 98(4): 1030-1040.

Anwar M., Zulfiqar F., Ferdous Z., et al.. Productivity, Profitability, Efficiency, and Land Utilization Scenarios of Rice Cultivation: An Assessment of Hybrid Rice in Bangladesh[J]. *Sustainable Production and Consumption*, 2021, 26: 752-758.

Farrell M. J.. The Measurement of Productive Efficiency[J]. *Journal of the Royal Statistical Society*, 1957, 30(12): 253-281.

Ball V. E. , Bureau J. C. , Butault J. P. , et al.. Levels of Farm Sector Productivity: An International Comparison[J]. *Journal of Productivity Analysis*, 2001, 15(1): 5-29.

Baltas H. , Sirin M. , Gökbayrak E. , et al.. A Case Study on Pollution and A Human Health Risk Assessment of Heavy Metals in Agricultural Soils around Sinop Province, Turkey[J]. *Chemosphere*, 2020, 241: 125015.

Banker R. D. , Charnes A. , Cooper W.. Some Models for Estimating Technical and Scale Inefficiencies in Data Envelopment Analysis[J]. *Management Science*, 1984, 30(9): 1078-1092.

Babcock B. A. , Barnett V. , Payne R. W. , et. al.. Agricultural Sustainability: Economic, Environmental and Statistical Considerations[J]. *Biometrics*, 1995, 78(1): 261-263.

Basset-Mens C. , Ledgard S. , Boyes M.. Eco-Efficiency of Intensification Scenarios for Milk Production in New Zealand[J]. *Ecological Economics*, 2009, 68(6): 1615-1625.

Bayyurt N. , Yılmaz S.. The Impacts of Governance and Education on Agricultural Efficiency: An International Analysis[J]. *Procedia-Social and Behavioral Sciences*, 2012, 58: 1158-1165.

Bjurek H. , Hjalmarsson L. , Forsund F. R.. Deterministic Parametric and Nonparametric Estimation of Efficiency in Service Production: A Comparison[J]. *North-Holland*, 1990, 46(1-2): 213-227.

Bommarco R. , Kleijn D. , Potts S. G.. Ecological Intensification: Harnessing Ecosystem Services for Food Security[J]. *Trends in Ecology & Evolution*, 2013, 28(4): 230-238.

Boubacar O. , Hui-Qiu Z. , Rana M. A. , et al.. Analysis on Technical Efficiency of Rice Farms and Its Influencing Factors in South-Western of Niger[J]. *Journal of Northeast Agricultural University (English Edition)*, 2016, 23(4): 67-

77.

Badgley C.. The Farmer as Conservationist[J]. *American Journal of Alternative Agriculture*, 2003, 18(4): 206-212.

Charnes A., Cooper W. W., Golany B., et al.. Foundation of Data Envelopment Analysis for Pareto-Koopmans Efficient Empirical Production Functions[J]. *Journal of Econometrics*, 1985, 30(1-2): 91-107.

Charnes A., Cooper W. W., Rhodes E.. Measuring the Efficiency of Decision Making Units[J]. *European Journal of Operational Research*, 1978, 2(6): 429-444.

Chavas J. P., Petrie R., Roth M.. Farm Household Production Efficiency: Evidence from The Gambia[J]. *American Journal of Agricultural Economics*, 2005, 87(1): 160-179.

Chen Y., Nasrabadi N. M., Tran T. D.. Hyperspectral Image Classification Using Dictionary-Based Sparse Representation[J]. *IEEE Transactions on Geoscience and Remote Sensing*, 2011, 49(10): 3973-3985.

Chen Y., Wen X., Wang B., et al.. Agricultural Pollution and Regulation: How to Subsidize Agriculture? [J]. *Journal of Cleaner Production*, 2017, 164: 258-264.

Chuvieco E.. Integration of Linear Programming and GIS for Land-Use Modeling[J]. *International Journal of Geographical Information System*, 1993(1): 32-35.

Coelli T. J., Rao D. S. P.. Total Factor Productivity Growth in Agriculture: A Malmquist Index Analysis of 93 Countries, 1980-2000[J]. *Agricultural Economics*, 2005, 32(s1): 115-134.

Coluccia B., Valente D., Fusco G., et al.. Assessing Agricultural Eco-Efficiency in Italian Regions[J]. *Ecological Indicators*, 2020, 116: 106483.

Conradie B., Piesse J., Stephens J.. The Changing Environment: Efficiency,

Vulnerability and Changes in Land Use in the South African Karoo, 2012-2014 [J]. *Environmental Development*, 2019, 32: 100453.

De Boer I. J. M.. Environmental Impact Assessment of Conventional and Organic Milk Production[J]. *Livestock Production Science*, 2003, 80(1): 69-77.

Ligade D. N.. Application of GIS Techniques for Spatial Analysis of Agricultural Land Use Efficiency in the Solapur District, Maharashtra[J]. *Golden Research Thoughts*, 2015.

Suryawanshi D. S.. Application of GIS Techniques for Spatial Analysis of Agricultural Landuse Efficiency in the Nashik District, Maharashtra[J]. *Golden Research Thoughts*, 2012.

Jinfeng D., Thill J. C., Peiser R. B.. Land Pricing and Its Impact on Land Use Efficiency in Post-Land-Reform China: A Case Study of Beijing[J]. *Land Use Policy*, 2016, 50: 68-74.

Echevarria. *Transport Energy Management Policies: Potential in New Zealand* [M]. Wellington: Ministry of Commerce, 1992.

Elhorst J. P.. Dynamic Spatial Panels: Models, Methods, and Inferences[J]. *Journal of Geographical Systems*, 2012, 14(1): 5-28.

Jabarin A. S., Epplin F. M.. Impacts of Land Fragmentation on the Cost of Producing Wheat in the Rain-Fed Region of Northern Jordan[J]. *Agricultural Economics*, 1994(11): 191-196.

Erdal G., Esengün K., Erdal H., et al.. Energy Use and Economical Analysis of Sugar Beet Production in Tokat Province of Turkey[J]. *Energy*, 2007, 32 (1): 35-41.

Fetzel T., Niedertscheider M., Haberl H., et al.. Patterns and Changes of Land Use and Land-Use Efficiency in Africa 1980-2005: An Analysis Based on the Human Appropriation of Net Primary Production Framework[J]. *Regional Environmental Change*, 2016, 16(5): 1507-1520.

Fafchamps M. , Gabre-Madhin E. , Minten B. . Increasing Returns and Market Efficiency in Agricultural Trade[J]. *Journal of Development Economics*, 2005, 78(2): 406-442.

Ferreira M. D. P. , Féres J. G. . Farm Size and Land Use Efficiency in the Brazilian Amazon[J]. *Land Use Policy*, 2020, 99: 104901.

Forman R. T. T. . *Land Mosaics: The Ecology of Landscape and Regions*[M]. Cambridge: Cambridge University Press, 1995.

Giannakas K. , Schoney R. , Tzouvelekas V. . Technical Efficiency, Technological Change and Output Growth of Wheat Farms in Saskatchewan[J]. *Canadian Journal of Agricultural Economics/Revue Canadienne D Agroeconomie*, 2001, 49(2): 135-152.

Gomes E. G. , Grego C. R. , de Mello J. C. , et al. . Spatial Dependence of Land Use Efficiency in An Amazon Rural Settlement[J]. *Scientific Electronic Library Online*, 2009, 2(19): 417-432.

Gómez-Limón J. A. , Picazo-Tadeo A. J. , Reig-Martínez E. . Eco-Efficiency Assessment of Olive Farms in Andalusia[J]. *Land Use Policy*, 2012, 29(2): 395-406.

Guo J. H. , Liu X. J. , Zhang Y. , et al. . Significant Acidification in Major Chinese Croplands[J]. *Science*, 2010, 327 (5968): 1008-1010.

Murai H. , Omatu S. . Remote Sensing Image Analysis Using a Neural Network and Knowledge-Based Processing[J]. *Intermational Joumal of Remote Sensing*, 1997, 18(4): 811-828.

Huynh V. ,Khai H. V. , Yabe M. . Technical Efficiency Analysis of Rice Production in Vietnam[J]. *Journal of International Society for Southeast Asian Agricultural Sciences*, 2011, 17(1): 135-146.

Haibin Han, Xiaoyu Zhang. Static and Dynamic Cultivated Land Use Efficiency in China: A Minimum Distance to Strong Efficient Frontier Approach[J]. *Jour-*

nal of Cleaner Production, 2020, 246(10): 1-15.

Hansen B., Alrøe H. F., Kristensen E. S.. Approaches to Assess the Environmental Impact of Organic Farming with Particular Regard to Denmark[J]. *Agriculture, Ecosystems & Environment*, 2001, 83(1): 11-26.

Herzig A., Nguyen T. T., Ausseil A. E., et al.. Assessing Resource-Use Efficiency of Land Use[J]. *Environmental Modelling & Software*, 2018, 107:34-49.

Jadhav O. W.. Agricultural Land Use Efficiency of Latur and Nilanga Taluka of Latur District[J]. *International Journal of Scientific Research and Management*, 2017(5): 6466-6468.

James Odeck. Statical Precision of DEA and Malmquist Indices: A Bootstrap Application to Norwegian Grain Producers[J]. *Omega*, 2009, 37(5): 1007-1017.

Kawagoe T., Hayami Y., Ruttan V. W.. The Intercountry Agricultural Production Function and Productivity Differences among Countries[J]. *Journal of Development Economics*, 1985, 19(1-2): 113-132.

Skevas T., Lansink A. O.. Reducing Pesticide Use and Pesticide Impact by Productivity Growth: The Case of Dutch Arable Farming[J]. *Journal of Agricultural Economics*, 2014, 65(1): 191-211.

Latruffe L., Balcombe K., Davidova S., et al.. Determinants of Technical Efficiency of Crop and Livestock Farms in Poland[J]. *Applied Economics*, 2004, 36(12): 1255-1263.

Lesage J., Pace R. K.. *Introduction to Spatial Econometrics*[M]. New York: Chapman and Hall/CRC, 2009.

Lin H. C., Hülsbergen K. J.. A New Method for Analyzing Agricultural Land-Use Efficiency, and Its Application in Organic and Conventional Farming Systems in Southern Germany[J]. *European Journal of Agronomy*, 2017, 83: 15-27.

Liu Y. Y., Myers R.. Model Selection in Stochastic Frontier Analysis with An

Application to Maize Production in Kenya[J]. *Journal of Productivity Analysis*, 2009, 31(1): 33-46.

Li Y. S., Xie W. Y., Li H. Q.. Hyperspectral Image Reconstruction by Deep Convolutional Neural Network for Classification[J]. *Pattem Recognition*, 2016, 63: 371-383.

Luh Y. H., Chang C. C., Huang F. M.. Efficiency Change and Productivity Growth in Agriculture: A Comparative Analysis for Selected East Asian Economies [J]. *Journal of Asian Economics*, 2008, 19(4): 312-324.

Koondhar M. A., Lingling Qiu, Magsi H., et al.. Comparing Economic Efficiency of Wheat Productivity in Different Cropping Systems of Sindh Province, Pakistan[J]. *Journal of the Saudi Society of Agricultural Sciences*, 2018, 17(4): 398-407.

Koondhar M., Houjian Li, Qiu L., et al.. Analysis of the Agricultural Land Use Efficiency: Based on DEA Model: A Case Study of Asian Agricultural Developing Countries[J]. *Transylvanian Review*, 2016(24): 12-14.

Marchand S.. The Relationship between Technical Efficiency in Agriculture and Deforestation in the Brazilian Amazon[J]. *Ecological Economics*, 2012, 77: 166-175.

Martin D., Saha S. K.. Land Evaluation by Integrating Remote Sensing and GIS for Cropping System Analysis in a Watershed[J]. *Current Science*, 2009, 96 (4): 569-575.

Matthews K. B., Buchan K., Sibbald A. R., et al.. Combining Deliberative and Computer-Based Methods for Multi-Objective Land-Use Planning[J]. *Agricultural Systems*, 2004, 87(1): 18-37.

Mianji F. A., Zhang Y.. Robust Hyperspectral Classification Using Relevance Vector Machine[J]. *IEEE Transactions on Geoscience & Remote Sensing*, 2011, 49 (6): 2100-2112.

Micó C. , Recatalá L. , Peris M. , et al.. Assessing Heavy Metal Sources in Agricultural Soils of An European Mediterranean Area by Multivariate Analysis[J]. *Chemosphere*, 2006, 65(5): 863-872.

Molden D. , Oweis T. , Steduto P. , et al.. Improving Agricultural Water Productivity: Between Optimism and Caution[J]. *Agricultural Water Management*, 2010, 97(4): 528-535.

Moutinho V. , Madaleno M. , Macedo P. , et al.. Efficiency in the European Agricultural Sector: Environment and Resources[J]. *Environmental Science and Pollution Research International*, 2018(6): 17927-17941.

Wang N. ,Zu J. ,Li M. , et al.. Spatial Zoning of Cultivated Land in Shandong Province Based on the Trinity of Quantity, Quality and Ecology[J]. *Sustainability*, 2020, 12(5): 1849.

Narinbaeva G. , Menglikulov B. , Siddikov Z. , et al.. Application of Innovative Technologies in Agriculture of Uzbekistan[J]. *E3s Web of Conferences*, 2021, 284: 02009.

Neema M. N. , Ohgai A.. Multi-Objective Location Modeling of Urban Parks and Open Spaces: Continuous Optimization[J]. *Computers Environment & Urban Systems*, 2010, 34(5): 359-376.

Neumann K. , Verburg P. H. , Stehfest E. , et al.. The Yield Gap of Global Grain Production: A Spatial Analysis[J]. *Agricultural Systems*, 2010, 103(5): 316-326.

Peña C. R. , Serrano A. L. M. , De Britto P. A. P. , et al.. Environmental Preservation Costs and Eco-Efficiency in Amazonian Agriculture: Application of Hyperbolic Distance Functions[J]. *Journal of cleaner production*, 2018, 197: 699-707.

Pierce J. T.. Resource and Economic Considerations in the Allocation of Agricultural Land in Peri-Urban Areas: A Canadian Perspective[J]. *Landscape Plan-*

ning, 1983, 10(4): 363-386.

Pongpanich R., Peng K., Wongchai A.. The Performance Measurement and Productivity Change of Agro and Food Industry in the Stock Exchange of Thailand [J]. *Agricultural Economics-Zemedelska Ekonomika*, 2018, 64(2): 89-99.

Poor P. J., Brule R.. An Investigation of the Socio-Economic Aspects of Open Space and Agricultural Land Preservation[J]. *Journal of Sustainable Agriculture*, 2007, 30(3): 165-176.

Quinlan J. R.. Induction of Decision Trees[J]. *Machine Learning*, 1986, 1(1): 81-106.

Quiroga S., Suárez C., Fernández-Haddad Z., et al.. Levelling the Playing Field for European Union Agriculture: Does the Common Agricultural Policy Impact Homogeneously on Farm Productivity and Efficiency? [J]. *Land Use policy*, 2017, 68: 179-188.

Rabbinge R.. The Ecological Background of Food Production[J]. *Ciba Found Symp*, 1993, 177: 2-22.

Rada N. E., Fuglie K. O.. New Perspectives on Farm Size and Productivity [J]. *Food Policy*, 2019, 84: 147-152.

Ramirez-Contreras N. E., Fontanilla-Díaz C. A., Pardo L. E., et al.. Integral Analysis of Environmental and Economic Performance of Combined Agricultural Intensification & Bioenergy Production in the Orinoquia Region[J]. *Journal of Environmental Management*, 2022, 303: 114137.

Rao K. M. L.. Remote Sensing for Land-Use Planning[J]. *International Journal of Remote Sensing*, 1995(16-1): 43-48.

Rasul G., Thapa G. B.. Sustainability Analysis of Ecological and Conventional Agricultural Systems in Bangladesh: An Assessment Based on Environmental, Economic and Social Perspectives[J]. *Agricultural Systems*, 2004, 79(3): 327-351.

Ray S. C., Ghose A.. Production Efficiency in Indian Agriculture: An Assessment of the Post Green Revolution Years[J]. *Omega*, 2014, 44: 58-69.

Reig-Martínez E., Picazo-Tadeo A. J.. Analysing Farming Systems with Data Envelopment Analysis: Citrus Farming in Spain[J]. *Agricultural Systems*, 2003, 68(3): 219-229.

Ringler C., Bhaduri A., Lawford R.. The Nexus Across Water, Energy, Land and Food (WELF): Potential for Improved Resource Use Efficiency? [J]. *Current Opinion in Environmental Sustainability*, 2013, 5(6): 617-624.

Rahman S.. Determinants of Agricultural Land Rental Market Transactions in Bangladesh[J]. *Land Use Policy*, 2010, 27(3): 957-964.

Shanmugam K., Venkataramani A. S.. Technical Efficiency in Agricultural Production and Its Determinants: An Exploratory Study at the District Level[J]. *Indian Journal of Agricultural Economics*, 2006, 61(2): 84-169.

Sharift M. A., Keulen H. V.. A Decision Support System for Land Use Planning at Farm Enterprise Level[J]. *Agriculture Systems*, 1994(3): 27-34.

Sorensen A.. Conflict, Consensus or Consent: Implications of Japanese Land Readjustment Practice for Developing Countries[J]. *Habitant International*, 2000 (24): 51-73.

Thirtle C., Piesse J., Lusigi A., et al.. Multi-Factor Agricultural Productivity, Efficiency and Convergence in Botswana, 1981-1996[J]. *Journal of Development Economics*, 2003, 71(2): 605-624.

Tichenor N. E., van Zanten H. H. E., De Boer I. J. M., et al.. Land Use Efficiency of Beef Systems in the Northeastern USA from A Food Supply Perspective [J]. *Agricultural Systems*, 2017, 156: 34-42.

Todorovic M., Mehmeti A., Scardigno A.. Eco-Efficiency of Agricultural Water Systems: Methodological Approach and Assessment at Meso-Level Scale[J]. *Journal of Environmental Management*, 2016, 165: 62-71.

Linh V. H.. Efficiency of Rice Farming Households in Vietnam[J]. *Interna-*

tional Journal of Development Issues, 2012, 11(1): 60–73.

Vēveris A., Leimane I., Krievina A.. Efficiency Analysis of Agricultural Sector in Latvia Compared to Other Eu Countries, Based on Fadn Data[J]. *Economic Science for Rural Development Conference Proceedings*, 2007(13): 13–19.

Vicente J. R.. Economic Efficiency of Agricultural Production in Brazil[J]. *Brazilian Journal of Rural Economy and Sociology*, 2004, 42(2): 201–222.

Vollrath D.. Land Distribution and International Agricultural Productivity[J]. *American Journal of Agricultural Economics*, 2007, 89(1): 202–216.

Vortia P., Nasrin M., Bipasha S. K., et al.. Extent of Farm Mechanization and Technical Efficiency of Rice Production in Some Selected Areas of Bangladesh [J]. *GeoJournal*, 2021, 86(2): 729–742.

Wallace J. S.. Increasing Agricultural Water Use Efficiency to Meet Future Food Production[J]. *Agriculture, Ecosystems & Environment*, 2000, 82(1–3): 105–119.

Wang K., Zhang P.. The Research on Impact Factors and Characteristic of Cultivated Land Resources Use Efficiency–Take Henan Province, China as A Case Study[J]. *IERI Procedia*, 2013(5): 2–9.

Wang M., Ma L., Strokal M., et al.. Exploring Nutrient Management Options to Increase Nitrogen and Phosphorus Use Efficiencies in Food Production of China[J]. *Agricultural Systems*, 2017, 163: 58–72.

West T. O., Marland G.. A Synthesis of Carbon Sequestration, Carbon Emissions, and Net Carbon Flux in Agriculture: Comparing Tillage Practices in the United States[J]. *Agriculture, Ecosystems & Environment*, 2002, 91: 217–232.

Xie H. L., He Y. F.. Spatio–Temporal Difference Analysis of Cultivated Land Use Intensity Based on Emergy in the Poyang Lake Eco–Economic Zone of China [J]. *Journal of Geographical Sciences*, 2016(10): 1412–1430.

Feng X. J., Gao J., Sriboonjit J., et al.. The Impact of Urbanization on Cultivated Land Use Efficiency in the Yangtze River Economic Belt in China[J]. *Agriculture*, 2023, 13(3): 1-9.

Yilmaz B., Yurdusev M. A., Harmancioglu N. B.. The Assessment of Irrigation Efficiency in Buyuk Menderes Basin[J]. *Water Resources Management*, 2009, 23(6): 1081-1095.

Zhang F., Chen X., Vitousek P.. Chinese Agriculture: An Experiment for the World[J]. *Nature*, 2013, 497(7447): 33-35.

Zhu W., Chayes V., Tiard A., et al.. Unsupervised Classification in Hyperspectral Imagery with Nonlocal Total Variation and Primal-Dual Hybrid Gradient Algorithm[J]. *IEEE Transactions on Geoscience & Remote Sensing*, 2017, 55(5): 2786-2798.

陈美球.耕地经营者的耕地保护责任与权益探析[J].中国土地,2023(2):12-14.

全为民,严力蛟.农业面源污染对水体富营养化的影响及其防治措施[J].生态学报,2002(3):291-299.

施卫明,王远,闵炬.中国农业面源污染防控研究进展与工程案例[J].土壤学报,2023,60(5):1309-1323.

王微恒,朱会义.现阶段中国农地利用专业化的主要限制因素[J].自然资源学报,2018,33(3):361-371.

叶裕民,戚斌,于立.基于土地管制视角的中国乡村内生性发展乏力问题分析:以英国为鉴[J].中国农村经济,2018(3):123-137.

朱海英,张琰飞.秦巴山片区中心城市人口、产业、土地城镇化耦合协调度演变研究[J].地域研究与开发,2017,36(1):40-44.

白志远,陈英,谢保鹏,等.ARCGIS 支持下的景观细碎化与耕地利用效率关系研究——以甘肃省康乐县为例[J].干旱区资源与环境,2014,28(4):42-47.

包博建,陆汝成,周兴.广西耕地利用效率空间差异及驱动机制[J].江西农业学报,2021,33(4):123-131.

蔡运龙,傅泽强,戴尔阜. 区域最小人均耕地面积与耕地资源调控[J]. 地理学报,2002(2):127-134.

陈晨,伍国勇. 基于四阶段 DEA 的安徽省耕地利用效率分析[J]. 水土保持通报,2018,38(4):288-294.

陈丹玲,卢新海,匡兵. 基于随机森林的耕地利用效率测度模型构建及其应用[J]. 自然资源学报,2019,34(6):1331-1344.

陈海喜,钟九生,兰安军,等. 基于灰色关联模型的贵州省耕地利用效率及其影响因素研究[J]. 贵州科学,2018,36(6):61-68.

陈伟,彭建超,吴群. 基于容积率指数和单要素 DEA 方法的工业用地利用效率区域差异研究[J]. 自然资源学报,2015,30(6):903-916.

陈欣欣,史清华,蒋伟峰. 不同经营规模农地效益的比较及其演变趋势分析[J]. 农业经济问题,2000(12):6-9.

程国强,邓秀新. 新阶段巩固拓展脱贫攻坚成果面临的挑战与政策建议[J]. 中国工程科学,2021,23(5):148-156.

崔许锋. 土地利用效率的空间格局与溢出效应[J]. 经济与管理,2014,28(5):19-25.

戴劲,彭文英,连莉,等. 基于 DEA 的东北黑土区耕地利用效率研究——以嫩江县为例[J]. 干旱区资源与环境,2017,31(6):38-43.

方方,何仁伟,何砚. 京津冀地区乡村就业非农化对耕地利用效率的影响[J]. 农业现代化研究,2019,40(2):234-242.

封永刚,彭珏,邓宗兵,等. 面源污染、碳排放双重视角下中国耕地利用效率的时空分异[J]. 中国人口·资源与环境,2015,25(8):18-25.

冯晓红. 优化城乡用地结构和布局研究——以重庆市涪陵区为例[C]. 地理学核心问题与主线——中国地理学会 2011 年学术年会暨中国科学院新疆生态与地理研究所建所五十年庆典论文摘要集,2011:32.

付若岚,朱小盼. 粮食主产区农地利用状况分析[J]. 当代经济,2017(34):

77-79.

盖兆雪,孙萍,张景奇.环境约束下的粮食主产区耕地利用效率时空演变特征[J].经济地理,2017,37(12):163-171.

宫攀,韩振铃.基于DEA模型的山东省耕地投入产出效率研究[J].中国农业资源与区划,2015,36(5):123-131.

郭贯成,熊强.城市工业用地效率区域差异及影响因素研究[J].中国土地科学,2014,28(4):45-52.

郭永奇.基于生态安全的新疆兵团农地利用评价及优化研究[D].石河子:石河子大学,2011.

韩超然.沈阳市农村土地利用效率及其影响因素研究[D].沈阳:辽宁大学,2019.

韩天宇.基于生态足迹法的齐齐哈尔市土地资源优化配置研究[D].哈尔滨:东北农业大学,2015.

何登,杨如军,詹长根.基于DEA模型的耕地利用效率评价[J].江苏农业科学,2018,46(4):327-330.

侯薇.基于GIS的关中地区水土资源优化配置研究[D].西安:西北农林科技大学,2012.

胡倞,邓楚雄,范双云,等.基于DEA交叉效率模型的湖南省耕地利用动态评价[J].安徽农业科学,2013,41(23):9783-9785.

黄和平,王智鹏.农业土地资源利用效率评价及改善路径研究——以江西省11个设区市为例[J].中国生态农业学报(中英文),2019,27(5):803-814.

黄和平,彭小琳.脱钩视角下城市土地利用效率变化与提升策略——以南昌市为例[J].资源科学,2016,38(3):493-500.

黄珂,张安录,张雄.中国城市群农地城市流转效率研究——基于三阶段DEA与Tobit模型的实证分析[J].经济地理,2014,34(11):74-80.

黄祥芳.面源污染视角下江西省耕地利用效率研究[J].中国农业资源与区划,2018,39(12):177-183.

冀正欣，王秀丽，李玲，等. 南阳盆地区耕地利用效率演变及其影响因素[J]. 自然资源学报，2021，36(3)：688-701.

姜晗，杨皓然，吴群. 东部沿海经济区耕地利用效率的时空格局分异及影响因素研究[J]. 农业现代化研究，2020，41(2)：321-330.

孔祥斌. 中国耕地保护生态治理内涵及实现路径[J]. 中国土地科学，2020，34(12)：1-10.

匡兵，卢新海，韩璟，等. 考虑碳排放的粮食主产区耕地利用效率区域差异与变化[J]. 农业工程学报，2018，34(11)：1-8.

雷国平，刘子宁. 基于 DEA-Tobit 两步法的耕地生产效率研究[J]. 东北农业大学学报，2014，45(12)：82-87.

李波，刘雪琪，王昆. 中国农地利用结构变化的碳效应及时空演进趋势研究[J]. 中国土地科学，2018，32(3)：43-51.

李方方，王瑷玲，刘凤荣，等. 基于主成分分析法和层次分析法的宁阳县农地效益评价及方法比较[J]. 山东农业大学学报(自然科学版)，2015，46(1)：69-73.

李谷成，冯中朝，范丽霞. 小农户真的更加具有效率吗？来自湖北省的经验证据[J]. 经济学(季刊)，2010，9(1)：95-124.

李明艳. 劳动力转移对区域农地利用效率的影响——基于省级面板数据的计量分析[J]. 中国土地科学，2011，25(1)：62-69.

李俏，谷国锋，姚丽，等. 黑龙江垦区耕地利用效率变化分析[J]. 干旱区资源与环境，2016，30(4)：30-35.

李晓亮，吴克宁. 耕地占补平衡约束下实现乡村振兴战略的土地资源管理[J]. 土壤通报，2019，50(2)：298-303.

梁流涛，曲福田，王春华. 基于 DEA 方法的耕地利用效率分析[J]. 长江流域资源与环境，2008(2)：242-246.

梁雪石，郑福云，郭文栋，等. 基于 SBM 模型的黑龙江省耕地集约利用的碳排放效率研究[J]. 国土资源情报，2017(12)：9-14+28.

廖柳文，高晓路，龙花楼，等. 基于农户利用效率的平原和山区耕地利用形态比较[J]. 地理学报,2021,76(2):471-486.

刘成武,李秀彬. 1980—2002 年中国农地利用变化的时序特征[J]. 农业工程学报,2006(4):194-198.

刘成武,李秀彬. 1980 年以来中国农地利用变化的区域差异[J]. 地理学报,2006(2):139-145.

刘传江,赵晓梦. 长江经济带全要素碳生产率的时空演化及提升潜力[J]. 长江流域资源与环境,2016,25(11):1635-1644.

刘慧. 中国农业资源配置现状研究[J]. 资源科学,1998(5):21-28.

刘蒙罢,张安录,文高辉. 长江中下游粮食主产区耕地利用生态效率区域差异与空间收敛[J]. 自然资源学报,2022,37(2):477-493.

刘蒙罢,张安录,文高辉. 长江中下游粮食主产区耕地利用生态效率时空格局与演变趋势[J]. 中国土地科学,2021,35(2):50-60.

刘新平,孟梅,罗桥顺. 基于数据包络分析的新疆农用地利用效益评价[J]. 干旱区资源与环境,2008(1):40-43.

刘轩,牛海鹏,董国权,等. 基于 Kohonen 网络和 DEA 交叉评价耕地利用效率聚类分析[J]. 浙江农业学报,2015,27(9):1652-1658.

娄诚. 长江中游地区耕地利用效率时空演变特征及影响因素研究[D]. 南昌:江西财经大学,2019.

卢新海,黄善林. 我国耕地保护面临的困境及其对策[J]. 华中科技大学学报(社会科学版),2010,24(3):79-84.

卢新海,匡兵,李菁. 碳排放约束下耕地利用效率的区域差异及其影响因素[J]. 自然资源学报,2018,33(4):657-668.

陆柳霖,卢远. 基于 GIS 和熵值法的农用地利用效率评价[J]. 广西师范学院学报(自然科学版),2011,28(4):55-61.

栾敬东,焦丽娟,朱乾隆. 耕地利用效率时空差异及影响因素研究——基于乡村振兴战略[J]. 山西农业大学学报(社会科学版),2018,17(6):45-53.

罗冲,姜博,张文琦,等. 东北地区耕地利用效率时空差异及其影响因素分析[J]. 中国农业资源与区划,2017,38(10):38-44.

吕晓晓. 基于土地生态服务价值的微山县土地利用结构优化研究[D]. 泰安:山东农业大学,2012.

孟梅. 新疆农业产业结构调整与农地资源优化配置研究[D]. 乌鲁木齐:新疆农业大学,2014.

牛善栋,方斌,崔翠,等. 乡村振兴视角下耕地利用转型的时空格局及路径分析——以淮海经济区为例[J]. 自然资源学报,2020,35(8):1908-1925.

屈小博. 不同规模农户生产技术效率差异及其影响因素分析——基于超越对数随机前沿生产函数与农户微观数据[J]. 南京农业大学学报(社会科学版),2009,9(3):27-35.

石玉林,封志明. 开展农业资源高效利用研究[J]. 自然资源学报,1997(4):2-7.

史洋洋,吕晓,黄贤金,等. 江苏沿海地区耕地利用转型及其生态系统服务价值变化响应[J]. 自然资源学报,2017,32(6):961-976.

税丽,潘洪义,张秋月,等. 成渝城市群城市土地—耕地利用效率时空耦合研究[J]. 水土保持通报,2017,37(6):261-268.

宋敏,张安录. 湖北省农地资源正外部性价值量估算——基于对农地社会与生态之功能和价值分类的分析[J]. 长江流域资源与环境,2009,18(4):314-319.

宋小青,欧阳竹,柏林川. 中国耕地资源开发强度及其演化阶段[J]. 地理科学,2013,33(2):135-142.

苏洋,马惠兰,颜璐. 新疆农地利用碳排放时空差异及驱动机理研究[J]. 干旱区地理,2013,36(6):1162-1169.

孙燕君,王璐,刘振华,等. 耕地资源承载力关键影响因素识别与典型评价模型研究进展[J]. 农业资源与环境学报,2020,37(6):829-844.

谭永忠,何巨,岳文泽,等. 全国第二次土地调查前后中国耕地面积变化的空间格局[J]. 自然资源学报,2017,32(2):186-197.

唐放,蔡广鹏.贵州省耕地利用效率与经济发展的时空耦合关系研究[J].技术经济,2020,39(5):99-106.

田玉军,李秀彬,辛良杰,等.农业劳动力机会成本上升对农地利用的影响——以宁夏回族自治区为例[J].自然资源学报,2009,24(3):369-377.

汪险生,郭忠兴.基于 DEA 方法的农地非农化效率研究[J].自然资源学报,2014,29(6):944-955.

王成军,费喜敏,吕晓瑶.农民职业非农化对小麦生产中耕地利用效率的影响[J].贵州大学学报(社会科学版),2016,34(5):30-36.

王刚,廖和平,李涛,等.精准扶贫背景下贫困农户识别对耕地利用效率的影响——以重庆市石柱土家族自治县为例[J].西南大学学报(自然科学版),2019,41(1):1-9.

王海力,韩光中,谢贤健.基于 DEA 模型的西南地区耕地利用效率时空格局演变及影响因素分析[J].长江流域资源与环境,2018,27(12):2784-2795.

王静,林春野,陈瑜琦,等.中国村镇耕地污染现状、原因及对策分析[J].中国土地科学,2012,26(2):25-30+43.

王丽娜,李世平.沈阳市城市土地利用效率评价及影响因素分析[J].水土保持研究,2014,21(5):311-315.

王丽英,雷鹏程,刘晏彤.要素投入、经营规模对农地利用效率的影响——基于四川省 418 户农户调查数据[J].农村经济,2017(7):39-44.

王良健,李辉,石川.中国城市土地利用效率及其溢出效应与影响因素[J].地理学报,2015,70(11):1788-1799.

王良健,李辉.中国耕地利用效率及其影响因素的区域差异——基于 281 个市的面板数据与随机前沿生产函数方法[J].地理研究,2014,33(11):1995-2004.

王希睿,许实,杨兴典,等.江苏省建设用地利用效率和全要素生产率的时空差异分析[J].中国土地科学,2015,29(5):77-83.

王秀丽,李程秀,刘瑜歆,等.基于宜耕性评价的耕地利用效率分区与提升路径[J].农业机械学报,2021,52(5):212-218.

王云,周忠学.多功能性的都市农业用地效率评价——以西安市为例[J].经济地理,2014,34(7):129-134.

魏下海,余玲铮.中国全要素生产率变动的再测算与适用性研究——基于数据包络分析与随机前沿分析方法的比较[J].华中农业大学学报(社会科学版),2011(3):76-83.

吴冬林,何伟,李政,等.基于 DEA-ESDA 的四川省耕地利用效率时空分异及影响因素研究[J].四川师范大学学报(自然科学版),2020,43(2):270-276.

吴昊玥,黄瀚蛟,何艳秋,等.净碳排放约束下的中国耕地利用效率评价及空间关联研究[J].浙江农业学报,2019,31(9):1563-1574.

谢高地,成升魁,于贵瑞,等.中国自然资源消耗与国家资源安全变化趋势[J].中国人口·资源与环境,2002(3):24-28.

谢高地,甄霖,鲁春霞,等.中国发展的可持续性状态与趋势——一个基于自然资源基础的评价[J].资源科学,2008(9):1349-1355.

谢花林,张道贝,王伟,等.鄱阳湖生态经济区耕地利用效率时空差异及其影响因素分析[J].水土保持研究,2016,23(5):214-221.

谢花林,邹金浪,彭小琳.基于能值的鄱阳湖生态经济区耕地利用集约度时空差异分析[J].地理学报,2012,67(7):889-902.

辛芸娜,孔祥斌,郧文聚.北京大都市边缘区耕地多功能评价指标体系构建——以大兴区为例[J].中国土地科学,2017,31(8):77-87.

熊强,郭贯成.中国各省区城市工业用地生产效率差异研究[J].资源科学,2013,35(5):910-917.

徐秋,雷国平,杨厚翔.黑龙江省耕地利用效率时空差异及影响因素研究[J].中国农业资源与区划,2017,38(12):33-40.

徐秋,雷国平,杨厚翔.黑龙江省县域尺度耕地利用效率空间非均衡及其动态演变[J].资源开发与市场,2019,35(3):335-340.

徐勇. 农业资源高效利用评价指标体系初步研究[J]. 地理科学进展,2001(3):239-245.

许玉光,杨钢桥,文高辉. 耕地细碎化对耕地利用效率的影响——基于不同经营规模农户的实证分析[J]. 农业现代化研究,2017,38(4):688-695.

燕雪艳,张全景,吕晓. 山东省农用地利用效率的综合测度与空间分异[J]. 山东农业科学,2014,46(8):93-98.

杨俊,李争. 耕地转入稻农生产行为及其耕地利用技术效率研究——以赣抚平原农区的农户样本为例[J]. 华中农业大学学报(社会科学版),2016(6):109-114+146.

杨俊,杨钢桥,胡贤辉. 农业劳动力年龄对农户耕地利用效率的影响——来自不同经济发展水平地区的实证[J]. 资源科学,2011,33(9):1691-1698.

杨朔,于文海,李世平. 基于 DEA 非有效改进的陕西省耕地生产效率研究[J]. 中国土地科学,2013,27(10):62-68.

杨州,陈万旭,朱丽君. 河南省城镇化对耕地利用效率影响的空间计量分析[J]. 水土保持研究,2018,25(2):274-280+287.

叶浩,濮励杰. 我国耕地利用效率的区域差异及其收敛性研究[J]. 自然资源学报,2011,26(9):1467-1474.

俞勇军,陆玉麒. 江阴市耕地变化驱动因素及耕地利用效率定量研究[J]. 经济地理,2002(4):440-443+447.

张浩,李世平,靳亚亚,等. 河北省耕地利用效率空间差异及影响因素[J]. 水土保持研究,2016,23(3):185-191.

张红梅,宋戈. 黑龙江垦区耕地利用生态效率及其内部协调性[J]. 华中农业大学学报(社会科学版),2019(4):160-168.

张乐,孙良媛,郑晶. 中国农业综合资源配置效率[J]. 华南农业大学学报(社会科学版),2013,12(4):19-26.

张立新,朱道林,杜挺,等. 长江经济带土地城镇化时空格局及其驱动力研究[J]. 长江流域资源与环境,2017,26(9):1295-1303.

张丽峰. 基于 DEA 模型的全要素碳生产率与影响因素研究[J]. 工业技术经济,2013,32(3):142-149.

张玲玲,丁雪丽,沈莹,等. 中国农业用水效率空间异质性及其影响因素分析[J]. 长江流域资源与环境,2019,28(4):817-828.

张鹏岩,秦明周,闫江虹,等. 河南省耕地资源利用效益的影响因素及特征分析[J]. 中国人口·资源与环境,2013,23(1):162-169.

张荣天. 安徽省农用地利用效率测度及区域差异分析[J]. 安徽农业大学学报(社会科学版),2017,26(3):21-25.

张荣天. 长江三角洲农用地效率评价及类型分区[J]. 农业现代化研究,2014,35(6):769-774.

张田方,何多兴,席险峰,等. 璧山县耕地利用效率空间差异及优化路径研究[J]. 西南师范大学学报(自然科学版),2015,40(5):120-126.

张英男,龙花楼,戈大专,等. 黄淮海平原耕地功能演变的时空特征及其驱动机制[J]. 地理学报,2018 73(3):518-534.

张玉娇,陈英,刘洋,等. 农民土地价值观对耕地利用效率的影响[J]. 干旱区资源与环境,2017,31(10):19-25.

赵晨,王远,谷学明,等. 基于数据包络分析的江苏省水资源利用效率[J]. 生态学报,2013,33(5):1636-1644.

赵可,徐唐奇,李平,等. 不同规模城市土地利用效率的差异及收敛性研究[J]. 干旱区资源与环境,2015,29(12):1-6.

赵茜宇,张占录. 中国县级农地利用效率的变化特征及原因解析[J]. 中国人口·资源与环境,2019,29(4):77-86.

赵倩石,潘佩佩,王晓旭,等. 基于 DEA-Malmquist 指数的河北省耕地利用效率及其影响因素研究[J]. 干旱区研究,2021,38(4):1162-1171.

赵彦锋,程道全,陈杰,等. 耕地地力评价指标体系构建中的问题与分析逻辑[J]. 土壤学报,2015,52(6):1197-1208.

郑海霞,封志明,张陆彪,等. 甘肃省县域农业资源利用效率综合评价——

基于遗传投影寻踪方法[J]. 经济地理,2006(4):632-635.

中华人民共和国国家质量监督检验检疫总局. 土地基本术语:GB/T 19231—2003[S]. 北京:中国标准出版社,2003.

钟成林,胡雪萍. 中国城市建设用地利用效率、配置效率及其影响因素[J]. 广东财经大学学报,2015,30(4):62-73.

周迪,邵景安,刘金萍,等. 不同类型农户耕地利用效率差异研究——以重庆武隆为例[J]. 西南大学学报(自然科学版),2017,39(1):141-149.

周倩,乔观民,梅思雨,等. 浙江省农业用地效率及其空间自相关研究——基于三阶段 DEA 模型[J]. 资源开发与市场,2020,36(12):1313-1319.

周晓林,吴次芳,刘婷婷. 基于 DEA 的区域农地生产效率差异研究[J]. 中国土地科学,2009,23(3):60-65.

周沂,贺灿飞,黄志基,等. 地理与城市土地利用效率——基于 2004—2008 中国城市面板数据实证分析[J]. 城市发展研究,2013,20(7):19-25+56.

朱琳,黎磊,刘素,等. 大城市郊区村域土地利用功能演变及其对乡村振兴的启示——以成都市江家堰村为例[J]. 地理研究,2019,38(3):535-549.

朱明月,王钊,李海央. 土地经营权流转、农户种植偏好与农业经济效益——基于 8 省 779 户农户微观调研数据的实证[J]. 农村经济,2018(9):28-35.

邹秀清,王英,武婷燕,等. 江西省农业人口转移对耕地利用效率影响的门槛效应[J]. 资源科学,2019,41(8):1576-1588.

祖健,张蚌蚌,孔祥斌. 西南山地丘陵区耕地细碎化特征及其利用效率——以贵州省草海村为例[J]. 中国农业大学学报,2016,21(1):104-113.

陈荣. 城市土地利用效率论[J]. 城市规划汇刊,1995(4):28-33+63.

[美]冯·贝塔朗菲. 一般系统论:基础、发展和应用[M]. 林康义,魏宏森,译,北京:清华大学出版社,1987.

樊杰,吕昕. 简论人地关系地域系统研究的核心领域:土地利用变化[J]. 地学前缘,2002(4):429-430.

樊杰. 人地系统可持续过程、格局的前沿探索[J]. 地理学报,2014, 69(8):

1060-1068.

冯悦,黄烈佳,张波清. 湖北省耕地资源安全时空特征及其障碍因子[J]. 现代商贸工业,2021,42(28):155-161.

高吉喜. 新世纪生态环境管理的理论与方法[J]. 环境保护,2002(7):9-14.

李旭旦. 大力开展人地关系与人文地理的研究[J]. 地理学报,1982(4):421-423.

厉以宁. 经济学的伦理问题[M]. 北京:生活·读书·新知三联书店,1999.

李振泉,杨万钟,陆心贤. 中国经济地理[M]. 上海:华东师范大学出版社,1999.

李智国,杨子生. 中国土地生态安全研究进展[J]. 中国安全科学学报,2007(12):5-12+197.

刘书楷. 土地经济学[M]. 北京:中国农业出版社,1996.

刘勇. 实施土地集约利用战略需采取的若干措施[J]. 红旗文稿,2005(18):7-9.

陆大道,郭来喜. 地理学的研究核心——人地关系地域系统——论吴传钧院士的地理学思想与学术贡献[J]. 地理学报,1998(2):97-105.

魏楚,沈满洪. 能源效率及其影响因素:基于 DEA 的实证分析[J]. 管理世界,2007(8):66-76.

吴传钧. 论地理学的研究核心——人地关系地域系统[J]. 经济地理,1991(3):1-6.

杨青山,梅林. 人地关系、人地关系系统与人地关系地域系统[J]. 经济地理,2001(5):532-537.

杨宇,李小云,董雯,等. 中国人地关系综合评价的理论模型与实证[J]. 地理学报,2019,74(6):1063-1078.

白秀莲. 基于决策树方法的遥感影像分类研究[D]. 呼和浩特:内蒙古师范大学,2012.

丁杨,赵乐文,李飞翔. 基于非监督分类和图优化的 GNSS 多路径误差削弱方法[J]. 大地测量与地球动力学,2023,43(10):1015-1019+1031.

付青,郭晨,罗文浪. 基于高分一号卫星遥感影像的土地利用变化检测[J]. 激光与光电子学进展,2020,57(16):356-363.

付晓宇. 遥感技术在土地资源方面的应用及展望[J]. 产业与科技论坛,2018,17(17):40-41.

李国明,赵海燕. 遥感图像的目视解译及信息自动提取[C]. 吉林省测绘学会 2008 年学术年会论文集(下),2008:259-264.

李昆. 土壤监测信息系统建设初探[J]. 西南农业学报,2003(S1):38-42.

李天. 面向图像分类的遥感影像综合评价方法研究[J]. 北京测绘,2019,33(2):157-160.

刘小芳. 基于核理论的遥感图像分类方法研究[D]. 成都:电子科技大学,2011.

马凯,梁敏. 基于 BP 神经网络高光谱图像分类研究[J]. 测绘与空间地理信息,2017,40(5):118-121.

马铭,苟长龙. 遥感数据最小距离分类的几种算法[J]. 测绘通报,2017(3):157-159.

马腾,刘全明,孙红. 多源遥感技术在土地利用分类中的应用[J]. 测绘通报,2018(8):56-61.

毛宁,刘慧平,刘湘平,等. 基于 RMNE 方法的多尺度分割最优分割尺度选取[J]. 国土资源遥感,2019,31(2):10-16.

牟雪融. 基于领域自适应的高光谱图像分类方法研究[D]. 大连:大连理工大学,2021.

沈照庆,舒宁,龚衍,等. 基于改进模糊 ISODATA 算法的遥感影像非监督聚类研究[J]. 遥感信息,2008(5):28-32.

宋景峰. 农业生态环境污染监测技术及措施[J]. 皮革制作与环保科技,2021,2(13):85-86.

宋相法,焦李成.基于稀疏表示及光谱信息的高光谱遥感图像分类[J].电子与信息学报,2012,34(2):268-272.

孙丽娟.基于支持向量机的高光谱图像分类技术研究[D].哈尔滨:哈尔滨工程大学,2011.

苏伟,朱德海,苏鸣宇,等.基于时序LAI的地块尺度玉米长势监测方法[J].资源科学,2019,41(3):601-611.

王履华,孙在宏,曾微波,等.省级国土资源海量遥感影像数据管理技术研究[J].中国土地科学,2013,27(7):69-73+2+97.

王萍.遥感技术在农业生产过程中的应用浅析[J].农业与技术,2022,42(2):43-45.

王圆圆,李京.基于决策树的高光谱数据特征选择及其对分类结果的影响分析[J].遥感学报,2007(1):69-76.

吴炳方,张峰,刘成林,等.农作物长势综合遥感监测方法[J].遥感学报,2004(6):498-514.

许锋,卢建刚,孙优贤.神经网络在图像处理中的应用[J].信息与控制,2003(4):344-351.

杨邦杰,裴志远,周清波,等.我国农情遥感监测关键技术研究进展[J].农业工程学报,2002(3):191-194.

张蓓.高光谱遥感图像分类方法研究[D].西安:长安大学,2018.

张裕,杨海涛,袁春慧.遥感图像分类方法综述[J].兵器装备工程学报,2018, 39(8):108-112.

赵春霞,钱乐祥.遥感影像监督分类与非监督分类的比较[J].河南大学学报(自然科学版),2004(3):90-93.

赵鑫,那晓东.基于综合指标的农作物长势遥感监测研究——以松嫩平原为例[J].地理与地理信息科学,2022,38(4):34-39.

周珂,杨永清,张俨娜,等.光学遥感影像土地利用分类方法综述[J].科学技术与工程,2021,21(32):13603-13613.

淳阳,朱晚秋,潘洪义,等. 重心转移视角下新型城镇化与生态足迹时空差异及其耦合关系研究——以四川省为例[J]. 长江流域资源与环境,2018,27(2):306-317.

葛莹,姚士谋,蒲英霞,等. 运用空间自相关分析集聚经济类型的地理格局[J]. 人文地理,2005(3):21-25.

黄梦婷,朱家明. 基于逐步回归法对中国煤炭价格影响因素的实证分析[J]. 哈尔滨师范大学自然科学学报,2021,37(2):28-33.

刘宇峰,原志华,郭玲霞,等. 陕西省城市绿色增长水平时空演变特征及影响因素解析[J]. 自然资源学报,2022,37(1):200-220.

蒲晓川,黄俊丽,祁宁,等. 基于密度信息熵的 K-Means 算法在客户细分中的应用[J]. 吉林大学学报(理学版),2021,59(5):1245-1251.

齐亚伟. 中国区域经济增长、碳排放的脱钩效应与重心转移轨迹分析[J]. 现代财经(天津财经大学学报),2018,38(5):17-29.

王劲峰,徐成东. 地理探测器:原理与展望[J]. 地理学报,2017,72(1):116-134.

王俊松,颜燕,胡曙虹. 中国城市技术创新能力的空间特征及影响因素——基于空间面板数据模型的研究[J]. 地理科学,2017,37(1):11-18.

王兆峰,谢佳亮,吴卫. 环长株潭城市群旅游业高质量发展水平变化及其影响因素[J]. 经济地理,2022,42(3):172-181+221.

王志斌,程培堽,殷志扬. 新型农业经营主体经营效益及其影响因素分析——基于江苏省苏州市的调查[J]. 江苏农业科学,2018,46(19):376-381.

翁钢民,唐亦博,潘越,等. 京津冀旅游—生态—城镇化耦合协调的时空演进与空间差异[J]. 经济地理,2021,41(12):196-204.

夏骕鹔,郭淑芬. 黄河流域生态效率:时空特征与影响因素——基于 51 个地级市面板数据的研究[J]. 统计学报,2021,2(6):43-57.

向云波,王圣云,邓楚雄. 长江经济带化工产业绿色发展效率的空间分异及驱动因素[J]. 经济地理,2021,41(4):108-117.

杨斌.生态文明背景下国土空间利用效率研究——以长江中游城市群为例[D].武汉:中国地质大学,2021.

杨思思.重庆沙坪坝区耕地利用效率研究[D].重庆:西南大学,2017.

杨友健,郭林,林乐曼,等.基于K-means雨型分类方法的温州市台风暴雨时空演变特征研究[J].水利水电技术(中英文),2022,53(4):55-70.

赵丹,赵华甫,饶杰,等.基于趋势面的耕地质量空间分异特征及影响因素[J].水土保持研究,2015,22(6):219-223.

赵志龙,罗娅,余军林,等.贵州高原1960—2016年降水变化特征及重心转移分析[J].地球信息科学学报,2018,20(10):1432-1442.

范辉.新型城镇化进程中农地资源保护研究——基于伦理学的视角[J].国土资源科技管理,2018,35(1):43-53.

黄祖辉,李懿芸,毛晓红.我国耕地"非农化""非粮化"的现状与对策[J].江淮论坛,2022(4):13-21.

方精云,郭兆迪,朴世龙,等.1981—2000年中国陆地植被碳汇的估算[J].中国科学(D辑:地球科学),2007(6):804-812.

方琳,吴凤平,王新华,等.基于共同前沿SBM模型的农业用水效率测度及改善潜力[J].长江流域资源与环境,2018,27(10):2293-2304.

高旭.太行山贫困区农地利用效率测度与影响因素分析[D].西安:西北农林科技大学,2017.

李小康,王晓鸣,华虹.土地利用结构变化对碳排放的影响关系及机理研究[J].生态经济,2018,34(1):14-19.

李克让.土地利用变化和温室气体净排放与陆地生态系统碳循环[M].北京:气象出版社,2002.

周圣杰.基于DEA-Malmquist模型的江汉平原农业生产效率时空分析[D].武汉:华中师范大学,2018.

张荣天,焦华富.长江经济带城市土地利用效率格局演变及驱动机制研究[J].长江流域资源与环境,2015,24(3):387-394.

陈丹玲，卢新海，张超正. 区域一体化背景下城市土地利用效率的空间关联及其解释——以长江中游城市群为例[J]. 华中农业大学学报(社会科学版)，2019(4)：151-159+177-178.

成刚. 数据包络分析方法与 MaxDEA 软件[M]. 北京：知识产权出版社，2014.

陈新华，王厚俊. 基于生态效率评价视角的广东省农业生产效率研究[J]. 农业技术经济，2016(4)：94-104.

江激宇，陶崔，何玲玲. 安徽省农地生产效率及其影响因素研究[J]. 长春理工大学学报(社会科学版)，2017，30(6)：84-88+94.

刘雪琪，李波. 碳中和目标下中国农地利用效率的影响因素及时空异质性[J]. 华中农业大学学报(社会科学版)，2023(1)：197-209.

向敬伟，李江风. 贫困山区耕地利用转型对农业经济增长质量的影响[J]. 中国人口·资源与环境，2018，28(1)：71-81.

尹传斌，朱方明，邓玲. 西部大开发十五年环境效率评价及其影响因素分析[J]. 中国人口·资源与环境，2017，27(3)：82-89.

丁宝根，杨树旺，赵玉，等. 中国耕地资源利用的碳排放时空特征及脱钩效应研究[J]. 中国土地科学，2019，33(12)：45-54.

郭旋，张良茂，胡荣桂，等. 华中地区种植业生产碳排放驱动因素分析[J]. 长江流域资源与环境，2016，25(5)：695-701.

韩海彬，杨冬燕. 农业产业集聚对农业绿色全要素生产率增长的空间溢出效应研究[J]. 干旱区资源与环境，2023，37(6)：29-37.

黄贤金，张秀英，卢学鹤，等. 面向碳中和的中国低碳国土开发利用[J]. 自然资源学报，2021，36(12)：2995-3006.

李波，张俊飚，李海鹏. 中国农业碳排放时空特征及影响因素分解[J]. 中国人口·资源与环境，2011，21(8)：80-86.

林树高，陆汝成，叶宗达，等. 广西国土空间格局演变特征与形成机理[J]. 地理科学，2022，42(11)：1963-1974.

卢照地,张正峰.京津冀国土空间格局演变及其驱动因素的区域差异性研究[J].中国土地科学,2022,36(10):42-52.

宁发金,鲁茸拉木,杜发春.云南省县域农业生态效率时空分异及其影响因素[J].中国农业资源与区划,2024,45(2):49-61.

孙英彪,苏雄志,许皞.河北省耕地集约利用水平与碳排放效率的相关性[J].农业工程学报,2016,32(19):258-267.

王莉,刘莹莹,张亚慧,等.河南省农田生态系统碳源/汇时空分布及影响因素分解[J].环境科学学报,2022,42(12):410-422.

魏建飞,高威,李强,等.长江经济带国土空间效率差异演进及驱动机理研究[J].中国土地科学,2023,37(5):101-112.

张玉,张道军.地形位指数模型改进及其在植被覆盖评价中的应用[J].地理学报, 2022,77(11):2757-2772.

曹芳,朱永忠.基于多重共线性的 Lasso 方法[J].江南大学学报(自然科学版),2012,11(1):87-90.

程元,梁军,谢宪,等.昆嵛山赤松天然次生林群落植物物种与赤松枯梢病的关联性[J].林业科学,2021,57(7):111-120.

丁晓堧.农户参与乡村生态宜居建设意愿及其影响因素——基于浙江省丽水市的调查分析[D].武汉:中南财经政法大学,2019.

葛皓天.短租异质性房源定价问题研究——基于 Airbnb 平台不同房东类型的数据分析[D].杭州:浙江工商大学,2022.

宫彦双,谷坛,安超,等.基于 Pearson 相关系数的集输管道流动腐蚀主控因素分析[J].石油与天然气化工,2021,50(2):93-99.

李靖华,郭耀煌.主成分分析用于多指标评价的方法研究——主成分评价[J].管理工程学报,2002(1):39-43+3.

刘传福,曹建民,卫冕,等.粮食产区耕地利用效率评价——基于吉林省 39 个县市的数据分析[J].农业经济,2023(7):18-20.

刘传福,王云霞,曹建民.城镇化对粮食产区耕地利用效率的影响[J].农业现代化研究,2022,43(5):803-813.

刘蒙罢,胡贤辉,文高辉.环境约束下的洞庭湖平原耕地利用效率动态演变特征分析[J].中国农业资源与区划,2022,43(4):108-118.

李永乐,舒帮荣,吴群.中国城市土地利用效率:时空特征、地区差距与影响因素[J].经济地理,2014,34(1):133-139.

吕承超,崔悦.乡村振兴发展:指标评价体系、地区差距与空间极化[J].农业经济问题,2021(5):20-32.

沈剑波,王应宽,朱明,等.乡村振兴水平评价指标体系构建及实证[J].农业工程学报,2020,36(3):236-243.

吴若景.黄淮海流域水土资源空间网络及其匹配特征研究[D].武汉:华中农业大学,2021.

杨光宗,吕凯,李峰.基于格网尺度的南昌市土地利用变化及生态系统服务价值时空相关性分析[J].中国土地科学,2022,36(8):121-130.

杨楠.岭回归分析在解决多重共线性问题中的独特作用[J].统计与决策,2004(3):14-15.

张利国,鲍丙飞,潘丹.鄱阳湖生态经济区粮食生产技术效率时空演变及环境协调性探究[J].经济地理,2016,36(11):116-123.

张沥今,魏夏琰,陆嘉琦,等.Lasso回归:从解释到预测[J].心理科学进展,2020,28(10):1777-1791.

赵春雨,温瑞霞,杨娜.皖西地区贫困空间分异的影响机制[J].自然资源学报,2020,35(12):2916-2928.